Erich Ziebarth

Beiträge zur Geschichte des Seeraubs und Seehandels im Alten Griechenland

Erich Ziebarth

Beiträge zur Geschichte des Seeraubs und Seehandels im Alten Griechenland

ISBN/EAN: 9783955640644

Auflage: 1

Erscheinungsjahr: 2013

Erscheinungsort: Bremen, Deutschland

@ EHV-History in Access Verlag GmbH, Fahrenheitstr. 1, 28359 Bremen. Alle Rechte beim Verlag und bei den jeweiligen Lizenzgebern.

EHV
HISTORY

HAMBURGISCHE UNIVERSITÄT

Abhandlungen
aus dem
Gebiet der Auslandskunde
(Fortsetzung der Abhandlungen des Hamburgischen Kolonialinstituts)

Band 30

Reihe A. Rechts- und Staatswissenschaften

Band 2

Beiträge zur Geschichte des Seeraubs und Seehandels im alten Griechenland

von

Erich Ziebarth

HAMBURG
FRIEDERICHSEN, DE GRUYTER & CO. m. b. H.
1929

ULRICH WILCKEN

GEWIDMET

Vorrede.

Im Jahre 1893 erschien die juristische Leipziger Dissertation: Das Seedarlehen im Altertum von Heinrich Sieveking, dem gegenwärtigen Rektor der Hamburgischen Universität. Eine kurze Besprechung dieser Schrift gab mir den ersten Anlaß, mich mit dem griechischen Seerecht zu beschäftigen. In meinem Buch: Das griechische Vereinswesen habe ich 1896 diese Studien mit Beziehung auf die kaufmännischen Verbände fortgesetzt und seitdem nicht wieder aus den Augen gelassen. Neue Anregungen gaben die Hermes-Aufsätze von J. Hasebroek über Das griechische Bankwesen und Die Betriebsformen des griechischen Handels im 4. Jahrhundert. Und nun ist 1928, als meine Arbeit nahezu abgeschlossen war, das Buch von J. Hasebroek: Staat und Handel im alten Griechenland, erschienen, das sich vielfach mit dem vorliegenden Buche berührt und seine Kritik fordert.

Die Anregung zur Beschäftigung mit den Seeräubern gab mir mein Freund Adolf Schulten. Wieviel ich dann dem Buche von H. A. Ormerod, Piracy in the Ancient World, 1924, verdanke, und wie ich mich bemüht habe, seine Arbeit weiterzuführen, werden namentlich die inschriftlichen Nachweise des Quellenanhangs deutlich machen.

Welche Bedeutung auch die Papyri für alle Fragen des griechischen Handels haben, hat der verehrte Mann, dem ich dieses Buch widmen durfte, oft gezeigt. Er gab auch die Anregung zur Gründung der Hamburger Papyrussammlung durch seinen Vortrag auf der Philologenversammlung in Hamburg 1905. Dem Hüter und Mehrer dieser Sammlung, dem Direktor der Staats- und Universitätsbibliothek Prof. Dr. Wahl, und seiner Bibliothek verdankt dieses Buch reiche Förderung, nicht minder auch der Kulturgeschichtlichen Bibliothek Warburg und ihrem verehrten Gründer und Leiter, Prof. Dr. A. Warburg.

Ahrensburg bei Hamburg, 15. Februar 1929.

Erich Ziebarth.

Inhalt.

1. Einleitung.

Seehandel und Seeraub sind so alt wie die griechische Geschichte. Ohne den Seehandel nach dem Pontos wäre die Argonautensage nicht zu verstehen, ohne den Frauenraub, den die Dipylonvasen darstellen, könnte die Sage vom trojanischen Kriege nicht entstanden sein. Aber unsere Quellen erzählen uns nur gelegentlich von der Entwicklung beider, wie sie auch sonst die wirtschaftlichen Dinge gern unbeachtet lassen.

So hat man längst begonnen, die Wege des griechischen Handels auf andere Weise, z. B. durch die archäologischen Funde festzustellen, die sichersten Zeugen für die schriftlose Zeit der kretisch-minoischen und für spätere Epochen.

Als Vorläufer des griechischen Handels ist der Handel der kretisch-minoischen Zeit besonders von Gustav Glotz in seiner Bedeutung gewürdigt worden. Seine Absatzgebiete sind durch die Funde festgestellt. Aber alle Einzelheiten über die Träger dieses Handels, ihre private Initiative oder etwa Unterstützung oder Aussendung durch die fürstlichen Monopolherren mancher Industrien sind bei der Art unserer Überlieferung, die allein auf den archäologischen Funden beruht, unbekannt. Sehr fein hat derselbe Glotz den mykenischen Handel als Gegenbild des kretisch-minoischen dargestellt.

Wo aber für den Anfang die Geschichte des Handels fehlt, beweist der blühende Seeraub das Bestehen des Seeverkehrs und des Handels. Eine Verfolgung des Seeraubs durch die Dichtung Homers und weiter hinauf, etwa bis zu den Seevölkern, die gegen Ägypten zogen, wie es Ormerod getan hat, ist von mir nicht beabsichtigt, zumal auch hier bereits G. Glotz gute Arbeit geleistet hat (Le travail dans la Grèce ancienne und La Civilisation égéenne). Ebensowenig soll dies für den Handel geschehen, obwohl für ihn durch die archäologischen Funde reiches Material vorliegt.

Unsere Darstellung will vielmehr für die historisch greifbare Zeit den griechischen Seehandel in seinem Verhältnis zum Seeraub, d. h. in seiner Abhängigkeit vom Seeraub, schildern und gibt mit der Geschichte des Seeraubs zugleich ein Stück der griechischen Handelsgeschichte. Weiter aber will sie verfolgen, wie und in welcher Form sich der Seehandel trotz des Seeraubs weiter hat entwickeln können.

Wer selbst oft Gelegenheit hatte, an Bord Hamburger und Griechischer Handelsschiffe im ägäischen Meere, den Dardanellen, dem Bosporus und weiter an den Küsten Vorderasiens bis nach Ägypten von Hafen zu Hafen zu fahren, dem drängen sich die Probleme der antiken Seehandelsgeschichte auf, wie sie von den geographischen Verhältnissen bedingt sind, und wie sie durch die Ausgrabungen antiker Häfen der Lösung näher geführt werden. Der begrüßt mit besonderer Freude ein Buch wie K. Lehmann-Hartleben, Die antiken Hafenanlagen des Mittelmeers, 1923, das reiches Tatsachenmaterial zur Handelsgeschichte bringt. Der lernt den praktischen Wert der Ausgrabungen in den Häfen von Eretria, Delos, Thasos, Milet, Ephesos u. a. doppelt schätzen, nicht minder aber den unschätzbaren Wert des Aktenmaterials zur Handelsgeschichte, wie es uns die Papyrusfunde gerade der neuesten Zeit geliefert haben. Aber auch die längstbekannten Akten zur attischen Handelsgeschichte, die attischen Gerichtsreden, gewinnen immer wieder neuen Wert, wenn man sie im Zusammenhang mit dem übrigen reichen Material betrachtet.

2. Der Seeraub in der griechischen Frühzeit.

Eine Geschichte des griechischen Seeraubs muß beginnen mit den bestimmten Angaben in der Archäologie des Thukydides. Er sagt dort (I 4, Anh. I 1), daß König Minos von Kreta gestützt auf seine Flotte das Meer weithin beherrschte, die meisten Kykladen besiedelte und den Seeraub auf dem Meere beseitigte, so weit er konnte, damit seine Einnahmen besser eingingen. Und er führt zur Erklärung weiter aus (I 5, Anh. I 2), daß damals Griechen wie Barbaren, soweit sie am Meere oder auf den Inseln wohnten, sich dem Seeraub zuwandten, sobald sie miteinander Schiffsverkehr begonnen hatten, und daraus den größten Teil des Lebensunterhalts gewannen, ohne daß diese Beschäftigung irgend etwas Entehrendes gehabt hätte, die vielmehr auch Ruhm einbrachte. Natürlich wurde der Raub auch zu Lande ausgeübt. Auch die vom Meere entfernte Anlage der ältesten Städte bringt er mit der allgemeinen Ausübung des Seeraubs in Verbindung (I 7 Anh. I 3). Die weitere Entwicklung war nun die, daß einzelne Städte begannen, eine Flotte zu begründen, und mit dieser den Seeräubern zu Leibe gingen und dadurch ihren eigenen Handel sicherten und hoben. Voran ging auf diesem Wege Korinth (I 13 Anh. I 4), das zuerst nur für den Landhandel infolge seiner günstigen Isthmoslage seinen Markt öffnete, dann aber, als die Griechen mehr und mehr zur See verkehrten, eine Flotte baute, den Seeraub bekämpfte[1]) und dann auch zur See seinen Markt eröffnete und durch die Einnahmen seine Macht wachsen sah. Als weitere Begründer von Flotten und Beherrscher ihres Meeresabschnittes nennt Thukydides in diesem Zusammenhang die Ionier zur Zeit des Kyros und Kambyses, ferner den Tyrannen Polykrates von Samos und die Phokäer, die Gründer von Massalia. Ihnen fügt er in Kap. 14 als die jüngsten Seemächte vor den Perserkriegen die Tyrannen von Sicilien und die Kerkyräer hinzu. Zeitweilig sind auch die Aigineten und die Athener als Seemächte damals schon zu betrachten. Und von diesen Seemächten wird dann Kap. 15 ganz allgemein gesagt: sie fuhren gegen die Inseln und unterwarfen sie und zwar besonders diejenigen, welche ein zur Selbsternährung nicht ausreichendes Gebiet hatten.

Die beste Erläuterung zu diesen Angaben des Thukydides geben die zahlreichen Einzelfälle von Seeraub, welche wir aus den Jahrhunderten des griechischen Mittelalters kennen. Zu ihnen kann man bereits die Seeräubergeschichten in der Odyssee rechnen, gut verwertet von G. Glotz, Le travail dans la Grèce ancienne, 1920, 63f., vgl. auch seine Histoire ancienne, I, 1925, 147, und weiter die An-

---

[1]) Hierzu bemerkt Hasebroek, Staat und Handel S. 56: „So taten sie es (Säuberung des Meeres von Piraterie) nicht, um einen Aktivhandel zu entwickeln, sondern um den Besuch ihres Emporiums, aus dem sie Abgaben zogen, den fremden Händlern zu ermöglichen und ihre Herrschaft zu konsolidieren". Und was wollten die fremden Händler in Korinth ?

gaben bei Herodot über einzelne griechische Seestaaten, in welchen Samos eine
besondere Rolle spielt. Durch seine Lage war es zur Beherrschung der wichtigsten Seestraßen an der kleinasiatischen Küste bestimmt. Seine Bedeutung
für den Seeraub war dementsprechend sehr groß. Zwar vermögen wir die Geschichte bei Plut. Quaest. Gr. 55, (Anh. I 5), nach welcher samische Verbannte
auf Grund eines Orakelspruches zehn Jahre an der Mykale lebten, nicht zu da-
tieren, werden aber gern glauben, daß sie in dieser Zeit ἀπὸ λῃστείας, also von
Land- und Seeraub, lebten. Denn solcher Gewinn aus σύλη, also Beuteertrag,
war in Samos eine so regelmäßige Einnahmequelle, daß Aiakes, der Vater des
Polykrates, kraft seines Amtes den Zehnten für die Hera aus solcher Beute ein-
trieb, wie an seiner Sitzstatue zu lesen ist (Anh. I 6). Es war also eine Abgabe
vom Verdienst, gerade wie der erfolgreiche Tartessos-Fahrer Kolaios den Zehnten
von seinem Verdienst der Hera weihen mußte (Herodot IV, 152). Auch der Tyrann
Polykrates schaltete auf dem Meere nach freiem Ermessen, griff Freund und
Feind ohne Unterschied an (Anh. I 7) und schleppte sie fort, gab aber auch manche
Prisen zurück, um sich bei Freunden beliebt zu machen (Herod. III 39).

Der Seeraub, wie ihn Polykrates ausübt, ist im wesentlichen Kaperei, berechtig-
ter Seeraub, wofür das griechische Recht den Ausdruck σύλη besitzt. Die Kaperei
war nicht nur dem Fürsten gestattet, sondern konnte auch jedem Privatmann
erlaubt werden, wie denn das attische Vereinsgesetz (Digest. XLVII 29, 4)
Anh. I 8) neben anderen Vereinigungen auch den auf Beute oder auf Handel
Ausfahrenden den Schutz ihrer genossenschaftlichen Abmachungen gewährt.
Wo Urkunden von dem Recht des συλᾶν sprechen, wird seine Entstehung oder
Begründung nicht berührt, wohl aber finden sich vertragsmäßige Einschrän-
kungen in seiner Ausübung, vgl. z. B. den Vertrag zwischen Oiantheia und
Chaleion (Anh. I 10), welcher festsetzt: Fremdes Gut, d. h. von den Delphi-Pilgern,
vom Meere wegzuführen, begründet kein Recht zur Vergeltung außer aus dem
Hafen bei der Stadt, wer aber unberechtigt fortnimmt, soll vier Drachmen zahlen,
wenn er aber länger als zehn Tage das unrechtmäßig Fortgeführte behält, soll
er das Anderthalbfache von dem, was er fortnahm, schuldig sein. Ähnliche Bestimmungen in anderen Verträgen beweisen vor allen Dingen, wie ausgedehnt
und häufig in seiner Anwendung das Syle-Recht war.

Das System der Sylai hat in der griechischen Frühzeit sicher auch sonst oft
zu Handlungen geführt, die dem Seeraub durchaus glichen. Im Zusammenhang
mit dem Küstenschutz gegen feindliche Überfälle ist die Einrichtung der Nau-
kraroi in Athen entstanden, welche W. Helbig mit den Darstellungen attischer
Schiffe auf den Dipylon-Vasen in einen gar nicht unwahrscheinlichen Zusammenhang gebracht hat, vgl. dazu Ormerod, 96; Ure, Tyranny 329f. Genau zu sagen,
wer die Urheber dieser Einfälle waren, vermögen wir nicht, Herodot nennt
VI, 137f. die Lemnier. Die Nachricht des Polyaen (V, 14), daß Hippias zu Leb-
zeiten seines Vaters Peisistratos Seeräuberbanden auf dem Meere verfolgt und
so eine Vorstufe zur späteren attischen Seemacht erreicht hätte, ist gar nicht
unglaubhaft.

Im übrigen scheint Polykrates nur samische Traditionen erfolgreich weiter
geführt zu haben, von denen bei Herod. III, 57f. mehr zu lesen ist, wie der Raub-

zug samischer Verbannter gegen Siphnos, wo es ihnen gelang, 100 Tal. zu erpressen, die Besetzung der Insel Hydreai durch dieselben Flüchtlinge und ebenso die Anlegung der Kolonie Kydonia auf Kreta, welche dieselben Samier fünf Jahre später den Aigineten übergeben mußten. Die Einmischung Aiginas auf Kreta, wo ihnen die Eroberung der Kolonie Kydonia mit Hilfe der Kreter gelang, wird von Herodot als Racheakt der Aigineten für einen früher unter dem samischen König Amphikrates, einem Vorgänger des Polykrates, gemachten Plünderungszug der Samier gegen ihre Insel bezeichnet (III, 59).

Daß im übrigen die Zeiten des erfolgreichen Seeraubs vom 7. Jahrhundert ab vorläufig zu Ende waren, zeigt sich auch in der charakteristischen Erscheinung der Umstellung ausgedienter Seeräuber in Söldner, Kaufleute oder Kolonisten, sei es in Ägypten (Herod. II, 152) oder in Zankle auf Sizilien (Thuk. VI. 4, 5) wie das bereits G. Glotz, Hist. grecque I 156 mit Recht hervorgehoben hat.

Alles in allem ergibt sich ein recht buntes Bild vom Seeraub auf den griechischen Meeren in der Zeit vor den Perserkriegen und von den zeitweilig einsetzenden Bemühungen der einzelnen Seemächte, diesen Raub zu bekämpfen. Indirekt bieten die Nachrichten über Seeraub uns aber auch Zeugnisse für die Bedeutung des griechischen Seehandels der damaligen Zeit.[1]

Die Anfänge des griechischen Seehandels zuverlässig zu schildern, ist bei der Beschaffenheit unserer Quellen nicht möglich. Daß aber der Grieche, sobald die Entwicklung der Schiffahrt es ihm erlaubte, dem angeborenen Triebe zum Handel gefolgt ist, und überall, wohin ihn sein Wagemut trieb, begonnen hat, griechische Erzeugnisse im Handel mit fremden Völkern zu vertreiben, darüber kann ein Zweifel nicht bestehen.

Wie man sich die Anfänge des Handels im einzelnen zu denken hat, darüber hat G. Glotz mehrfach gehandelt, so Hist. grecque I, 141 ff. vgl. auch den glänzenden Überblick in Le travail dans la Grèce ancienne 1920, 68 ff., ebenso W. Otto, Kulturgeschichte des Altertums 1925, 78 f. Aber eine vollständige Geschichte des griechischen Handels ist noch nicht geschrieben, vielleicht deshalb nicht, weil sie vielseitige Kräfte verlangt. Der Historiker allein kann dieser Aufgabe kaum gerecht werden, es sei denn, daß er auch als Archäologe und Topograph der altgriechischen Häfen im weitesten Sinne sich ausgebildet hat. Den Rahmen und die Basis für eine Handelsgeschichte kann er wohl aufstellen, die Epochen der Geschichte, die für die Entwicklung des Handels am wichtigsten gewesen sind, also das griechische Mittelalter, die Kolonisation und später den Alexanderzug und seine Folgen schildern, aber die Objekte des Handels, welche in unseren Quellen nur gelegentlich erwähnt werden, muß die archäologische Forschung uns zeigen, und eine umfassende Fundstatistik ist zweifellos die notwendige Grundlage der Handelsgeschichte, wie sie etwa H. Prinz, Funde aus Naukratis 1908, zu geben begonnen hat, und wie sie H. Francotte in seinem Artikel „Industrie und Handel" Pauly-Wissowa IX 2, 1382 f. und vor ihm schon K. Bücher, Beiträge zur Wirtschaftsgeschichte 1922, (1901), 84, mit Recht gefordert haben.

---

[1] Vgl. Pardessus, Collection des lois maritimes I 69. Toute piraterie suppose l'existence d'un commerce maritime aux depens duquel elle s'exercie. W. Otto, Griech. Kulturgesch. 78.

Ein zweiter Grund, weshalb die Lösung der Aufgabe einer griechischen Handelsgeschichte trotz der gewaltigen Erweiterung unserer Kenntnisse durch die archäologischen Funde immer wieder hinausgeschoben wurde, ist wohl der, daß ein be-
rühmter Gelehrtenstreit über die Frage der Ausdehnung der griechischen Wirt-
schaft über die Hauswirtschaft hinaus, d. h. über die Entwicklung einer Industrie,
entbrannt ist, der Streit zwischen Ed. Meyer und J. Beloch auf der einen und
K. Bücher auf der anderen Seite, dessen Beginn vom Jahre 1895 datiert und
dessen große Literatur mit einer sehr klug abwägenden Beurteilung F. Örtel
in seinem Anhange zur 3. Auflage von R. v. Pöhlmanns Gesch. d. soz. Frage u.
des Sozialismus II 1925, 517 ff. gegeben hat. In diesem Streit Stellung zu nehmen,
ist nicht jedermanns Sache, zumal er fast schon zu einem wissenschaftlichen
Glaubensbekenntnis für die nationalökonomische und die althistorische Auffassung der Probleme der griechischen Wirtschaftsgeschichte zu werden schien.
So hat sich die Forschung lange begnügt, Einzelprobleme der Handelsgeschichte
zu behandeln. In manchen Richtungen des Handels ist unsere Kenntnis immer
weiter gefördert, nirgends mehr als für die Griechenstädte in Süd-Rußland, wo
besonders drei Forscher zu nennen sind: E. von Stern, Die politische und soziale
Struktur der Griechenkolonien am Nordufer usw. Hermes 50, 202f.; Minns,
Scythians and Greeks. 1909; M. Rostovtzeff, Iranians and Greeks in South Russia
1922. Nicht minder ist unser Wissen vom Handel in Ägypten auf Grund der
Papyrusfunde sehr vielseitig bereichert worden. Aber an das Gesamtproblem
des griechischen Handels hat sich erst Joh. Hasebroek, Staat und Handel im
alten Griechenland. 1928, wieder herangewagt. Er sagt klar, wo er steht und
bekennt sich in weitgehendem Maße als Anhänger Büchers, ja er folgt ihm in
seiner kühnsten Hypothese, der von den griechischen Wanderarbeitern, die in
Italien, Süd-Rußland und überall sonst, wo die griechischen Vasen in besonderer
Menge gefunden sind, ihre fliegende Fabrik aufgeschlagen haben sollen, um
dort in fremdem Lande ihre attischen Fabrikate herzustellen. Aber er hat nicht
einmal den Versuch gemacht, sich etwa mit Hilfe eines Archäologen eine bessere
Fundstatistik zu verschaffen, als die von Bücher 1901 aufgestellte, die natürlich
völlig überholt ist. Ja, er empfiehlt sie den Archäologen zur Beachtung, kümmert
sich aber selbst erstaunlich wenig um neuere Ergebnisse der Archäologie, z. B.
um das ganze Gebiet der für die Handelsgeschichte doch gewiß wichtigen Hafen-
forschung.

Die maritime Entwicklung des Griechenvolkes, die Wichtigkeit der Schiffahrts-
wege als Verkehrswege und die überragende Bedeutung der griechischen See-
häfen hat neuerdings eingehend und sehr fördernd behandelt K. Lehmann-
Hartleben, Die antiken Hafenanlagen des Mittelmeeres, Beiträge zur Geschichte
des Städtebauwesens im Altertum, Leipzig 1923. Dieses Werk wird von Hasebroek nicht einmal genannt, und seine Ergebnisse sind, wie es scheint, nirgends
berücksichtigt, nicht einmal da, wo er vom Emporion spricht. Lehmann-Hartleben behandelt die Entwicklung des Wasserbaues von den ältesten Hafenmolen
bis zu dem im Boden durch Ausschachtung gewonnenen Hafenbecken oder dem
Neorion, dem innerhalb des Stadthafens gelegenen Bezirk mit einer Reihe von
Schiffshäusern. Er weist in seinem Buche klar nach, daß viele Seestädte bereits

sehr früh ein Emporion als ein gesondertes, oft außerhalb des Stadtgebietes gelegenes oder sonst durch eine Mauer vom übrigen Stadtgebiet getrenntes Gebiet besessen haben, ferner, daß es Emporien ohne Siedlung für die Zwecke des Tauschhandels mit den Eingeborenen gab, daß diese Emporien für die fremde, handeltreibende Bevölkerung bestimmt waren, später in Alexandreia Fremdenemporien (ξενικὸν ἐμπόριον) genannt, daß es also eine Trennung in Bürger- und Fremden-Emporien gegeben hat. Das sind alles Ergebnisse der topographischen Forschung, die auch für den griechischen Handel von höchster Bedeutung sind.

Die Hafenbauten sind doch die wichtigsten staatlichen Maßnahmen zur Förderung des Handels, denn sie kamen nicht nur der Kriegsmarine zu gute, sondern ebensogut auch der Handelsflotte. Und wer von Milets Handel spricht, muß doch zum mindesten erwähnen, was die archäologische Forschung über den ältesten Teil der Stadt, das Hafengebiet am Athenatempel mit seinen Lagerschuppen, Weinlagern und anderen Baulichkeiten festgestellt hat (vgl. Milet 1, 8 Kalabaktepe, Athenatempel und Umgebung von A. von Gerkan 1925, 80, 116f.).

Ein Teil dieser Emporien ist uns erst in hellenistischer Zeit nachweisbar, und Hasebroeks Buch will den griechischen Handel nur für die vorhellenistische Zeit behandeln. So zeigt gerade dieses Beispiel ebenso wie das Seedarlehen und vieles andere, daß eine solche zeitliche Trennung in zwei Epochen gerade beim griechischen Handel einfach unmöglich ist. Seine größte Bedeutung beginnt doch erst mit Alexander und seiner Stadt Alexandreia.

Endlich sind unter den Quellen für die Geschichte des griechischen Handels in älterer Zeit auch die Reste von Handelsgesetzen oder Hafenvorschriften, die wir besitzen (vgl. Anh. II 9f.) wichtig. Auch sie sind von Hasebroek kaum verwertet.

Sie belehren uns z. B., daß im Hafen von Eretria bereits im 6. Jahrhundert ein Hafengesetz aufgestellt war mit Bestimmungen über das Fährgeschäft von Eretria aus um Euboia herum auf dem Nord- oder Südweg.

Bei solcher Einstellung des Verfassers ist für den griechischen Handel nicht viel zu hoffen. Er wird stark negativ behandelt und mehr oder minder geleugnet. Lediglich einige Spezialartikel können die Griechen zum Export gebracht haben. Die Behandlung dieser Artikel durch Hasebroek bietet wertvolles Material zur älteren griechischen Handelsgeschichte. Aber jede staatliche Förderung des Handels ist für ihn von vornherein höchst unwahrscheinlich. Wenn die Griechen zahlreiche Kolonien an allen Küsten des Mittelmeeres gegründet haben, so ist das nicht etwa des Handels wegen geschehen, sondern lediglich zur Stütze der Macht der einzelnen Gründerstaaten! Diese hartnäckig festgehaltene Theorie vom Imperialismus der antiken Staaten, besonders des Attischen Reiches, beherrscht das Buch vollständig und führt zu den wunderbarsten Aussprüchen. Mir scheint der Grundfehler in einer starken Verkennung des griechischen Charakters zu liegen. Der Grieche war zu allen Zeiten so eng mit dem Meere und seiner Benutzung verwachsen, er wurde, wie oft gesagt ist, durch die unendlich vielseitige Küstenentwicklung geradezu auf das Meer hinausgedrängt. Er war der geborene Seemann und auch der geborene Kolonisator. Es ist unmöglich gerade bei Griechen zu unterscheiden, ob sie eine Kolonie z. B. am Sigeion oder in den Dardanellen zuerst aus machtpolitischen Gründen angelegt haben, und wann dann der Augenblick eingetreten ist, wo diese selbe Kolonie sich als ein wichtiger Träger neuen Handels erwiesen hat. Und Hasebroeks Satz (S. 112), daß die griechische Kolonie fast immer „keine Handelskolonie, sondern Militär- (Eroberungs-) oder Ackerbaukolonie war" ist sehr gewagt. Wir brechen hier ab und versagen es uns, alle die weiteren neuen und überraschenden Behauptungen dieses Buches anzuführen, dessen Grundeinstellung wir für verfehlt halten. Jedenfalls ist es nicht das Buch über die Geschichte des griechischen Handels, das die Wissenschaft schon lange fordert.

3. Der Seeraub im 5. und 4. Jahrhundert.

Nach den Perserkriegen sah es anders aus auf den griechischen Meeren. Zum ersten Mal erstand in Athen ein Staat, der planmäßig für den Handel sorgte und demgemäß auch den Seeraub bekämpfte. Die Grundlage seiner Macht war die Seeherrschaft, die Freiheit des Meeres. Wie er sie ausübte, dafür ist uns ein bezeichnendes Beispiel aus dem Anfang der attischen Seeherrschaft erhalten. Es war die Zeit nach Beendigung des langen Seekrieges, der mit dem ionischen Aufstand begann. Der Seeraub hatte eine Blütezeit gehabt, aus der wir nur einzelne Episoden kennen, z. B. wie Histiaios, aus Milet vertrieben, mit acht lesbischen Trieren in Byzanz sich festsetzte und dort die aus dem Pontos kommenden Trieren kaperte oder zum Anschluß zwang (Herod. VI 5, 26), oder wie der Admiral Dionysios von Phokaia nach dem Scheitern des ionischen Aufstandes mit drei eroberten Trieren zuerst an der phönikischen Küste Handelsschiffe versenkte und Beute machte, dann seinen Wirkungskreis in die sizilischen Gewässer verlegte und dort Seeräuber wurde, aber kein griechisches Schiff, sondern nur karthagische und tyrrhenische angriff (Anh. I 11). Wie es damals an der kleinasiatischen Küste herging, lehren die Flüche von Teos (Anh. I 12), die u. a. gerichtet sind gegen den, welcher Räuber zu Lande oder zu Wasser bei sich aufnimmt, wenn er weiß, daß sie aus dem Land- oder Seegebiet von Teos Beute wegführen, oder etwa selbst an ihrem Gewerbe teilnimmt. Im Westen aber des ägäischen Meeres sah es nicht anders aus. Plutarch (Anh. I 13) erzählt, daß die Bewohner der Insel Skyros zu den Dolopern gehörend, vom Seeraub lebten, aber auch die in ihren Hafen einlaufenden fremden Händler schließlich nicht verschonten, sondern thessalische Kaufleute, die am Ktesion vor Anker lagen, überfielen und gefangen wegschleppten. Es gelang ihren Opfern aber, zu entkommen, und sie strengten nun eine Klage bei den Amphiktyonen gegen die Doloper von Skyros an und erzielten auch ihre Verurteilung zu einer hohen Geldstrafe. Über die Bezahlung der Strafsumme entstand Streit in Skyros, und man wollte die Täter, die im Besitz der den thessalischen Kaufleuten geraubten Güter waren, zur Herausgabe ihrer Beute zwingen. Doch diese sandten eine Botschaft an Kimon, der mit seiner Flottenabteilung in den thrakischen Gewässern weilte 476 (vgl. Pros. Att. I 562), und baten ihn um sein Eingreifen. Er kam alsbald, nahm die Insel ein, vertrieb die Doloper und stellte die Sicherheit auf diesem Teile des ägäischen Meeres wieder her. Natürlich handelte Kimon dabei nicht auf eigene Verantwortung, wie nach der Erzählung bei Plutarch scheinen könnte, sondern die Athener benutzten gern die Gelegenheit, nun auch Skyros zu einem Stützpunkt ihrer Seemacht zu machen, wie es Thuk. I, 98, 2 (Anh. I 13) richtig auffaßt.

Lehrreich ist, wie hier die neue Seemacht zeigte, daß sie besser und praktischer für die Sicherheit der Seewege zu sorgen verstand, als der schwerfällige Apparat des Amphiktyonengerichts, dem es an der Macht seine Urteile zu vollstrecken, fehlte. Sehr zu bedauern aber ist, daß unsere Quellen uns weitere Beispiele aus der Praxis des Amphiktyonengerichts über sein Einschreiten zur Wahrung der Sicherheit des Meeres nicht erhalten haben[1]). Denn angerufen hat man es sicher oft, wie in uns bekannten Fällen anderweitiger schwerer Rechtsverletzungen, und für die Amphiktyonie von Kalaureia ist längst mit Recht die Vermutung ausgesprochen[2]), daß dieser Bund von sieben Seestaaten unter der Schutzherrschaft des Poseidon den Schutz des Meeres im saronischen Golf bezweckte. Betont sei noch, daß die Athener zur völligen Sicherung von Skyros Kleruchen dorthin sandten, ebenso wie sie es 452 im Chersones gemacht haben, zu deren Pflichten sicher auch der Schutz ihres Bezirks gegen Seeräuber gehörte (so Ormerod 108).

Welche Feldherren nach Kimon in die Lage gekommen sind, in ähnlicher Weise vorzugehen, darüber besitzen wir nur kurze Andeutungen. Denkbar wäre, daß bereits Themistokles die Begründung der attischen Seepolizei angestrebt hat, denn der Nachricht bei Nep. Them. 2,3 (Anh. I 14), ,,darauf machte er durch Verfolgung der Seeräuber das Meer sicher", kann sehr wohl etwas Tatsächliches zu Grunde liegen. Sicher hat Perikles die Bedeutung dieser Aufgabe klar erkannt und deshalb auf das Programm des von ihm einberufenen panhellenischen Kongresses gesetzt: Maßnahmen zur Sicherung des Meeres (Anh. I 15). Ebenso hat er wahrscheinlich selbst gegen die Seeräuber gekämpft bei seiner Unternehmung auf dem thrakischen Chersones im Jahre 447, von dem es bei Plut. Per. 19 (s. Anh. I 16) heißt, daß er von benachbarten und einheimischen Räuberbanden wimmelte.

Daß aber die Athener seit Perikles tatsächlich die Herren des Meeres gewesen sind und welchen praktischen Gebrauch sie davon gemacht haben, das setzt anschaulich auseinander der oligarchische Verfasser der Politeia Athenaion II § 11ff. Er hat klar erkannt, daß die Absatzmöglichkeiten für die Rohstoffe bedingt werden durch das Verhaltnis der z. B. Schiffbauholz oder Eisen, Erz, Leinen produzierenden einzelnen Staaten zu den Beherrschern der See, welche die Erlaubnis zum Transport dieser für den Schiffbau wichtigen Rohstoffe geben müssen, und er wiederholt zweimal die Frage: wohin soll der Produzent der Rohstoffe sie absetzen, wenn er nicht die Beherrscher der See auf seine Seite bringt (Anh. I 17)[3]). So spielt denn die Frage des χρῆσθαι τῇ θαλάττῃ, des Benutzens der See, eine wichtige Rolle in der Seepolitik Athens, und die hierzu nötige Erlaubnis bildet einen wichtigen Punkt in den von Athen als Bundesvormacht abgeschlossenen See- und Handelsverträgen und ähnlichen Urkunden. So ver-

---

[1]) Es handelt sich in Skyros um ein ᾿Αμφικτυονικὸν ἔγκλημα, wie es noch um 220 v. Chr. uns bezeugt ist in den Dekreten der Aitoler und Naupaktier zum Schutze ihrer Angehörigen gegen gewaltsames Fortführen zu Lande oder zur See. μήτε ποτ᾿ ᾿Αμφικτυονικὸν μήτε ποτ᾿ ἄλλο ἔγκλημα μηθέν Dittenberger Sylloge ³ 522, I, 4. II, 16. Über dieses Delikt gab es ein δόγμα τῶν ᾿Αμφικτυόνων zitiert in der delphischen Inschrift bei Pomtow G. G. Anz. 1913, 173 (Anh. I 13a). Diese Belege fehlen bei Ormerod S. 98, der im übrigen S. 96—97 zu vergleichen ist über strafgerichtliches Einschreiten der Amphiktyonen.

[2]) Von U. v. Wilamowitz-Moellendorff, Gött. Gel. Nachr. 1986, 167f., vgl. auch Ure, Origin of tyranny 1922, 330.

[3]) Zu diesen Fragen vgl. R. J. Bonner, Commercial Policy of Imperial Athens. Classic. Philology XVIII, 193f.

spricht Athen in dem Beschluß für Methone (Anh. I 18) vom Jahre 428/7 bei
König Perdikkas von Makedonien zu betonen, daß es gerecht sei, den Methonäern
die Freiheit zur See nicht einzuschränken, ihnen keine Grenzen dafür zu bestimmen und ihnen die freie Einfuhr in ihr Gebiet wie bisher zu lassen, auch
das Durchmarschrecht durch ihr Gebiet nicht gegen ihren Willen zu erzwingen.
Außerdem wird Methone dann von Athen die Erlaubnis erteilt, seinen jährlichen
Getreidebedarf bis zu einer bestimmten Höhe durch Einkauf in Byzanz zu decken,
und die Hellespontwächter werden angewiesen, diese Korntransporte nach
Methone, wenn sie gehörig angemeldet sind und die festgesetzte Anzahl von Scheffeln nicht überschreiten, frei durchfahren zu lassen. Auch wird dem Getreideschiff selbst ausdrücklich Schutz zugesichert (Z. 41).

Eine ähnliche Vorzugsbehandlung erfährt die Stadt Aphytis um dieselbe Zeit.
Sie erhält in dem Zusatzantrag I² 58, 10f. (Anh. I 19) zuerst eine Art General-
handelserlaubnis speziell für den Handelsplatz Athen, dann aber auch eine
Getreidehandelserlaubnis (Z. 14f.) mit Berufung auf die darüber ergangenen
Beschlüsse des Volkes und der Bundesgenossen. Auch einem Einzelnen konnte
die Handelserlaubnis erteilt werden, wie das Dekret für den Achäer Lykon zeigt,
I² 93 (Anh. I 21) etwa aus dem Jahre 419/8 oder 413/2, der für besondere Verdienste
gegenüber Athenern die Proxenie und den Rang als Wohltäter Athens erhält. Dazu wird auf seinen Antrag beschlossen, daß er zu einer Zeit, wo die Athener den
Korinthischen Golf mit der Flotte abgesperrt hatten, sein Schiff durch ihre
Linien führen und Handel auf dem gesamten athenischen Gebiet und in den
athenischen festen Plätzen treiben darf. Aber in den Golf darf er, wie es scheint,
nicht einfahren, weil er damals Kriegsgebiet war.

Wie Athen sich selbst die kriegswichtigen Exportartikel zu sichern wußte,
zeigt weiter sein Bündnis mit Perdikkas vom Jahre 423/2 I² 71 (Anh. I 21),
in welchem es sich von den Makedonen eidlich zusichern läßt, daß Ruderholz
aus Makedonien ausschließlich nach Athen ausgeführt werden darf, eine für die
Kriegszeit durchaus verständliche Maßnahme. Die Bestätigung dazu bietet
Andoc. II, 11, wo sich der Redner rühmt, für die Flotte bei Samos (411) Ruderholz aus Makedonien eingeführt zu haben und zwar zum Selbstkostenpreise,
weil König Archelaos ihm als altem Gastfreund erlaubt habe, soviel Ruderholz,
wie er wollte, abzuschneiden und auszuführen.

Das wichtigste Mittel aber, um das χρῆσθαι τῇ θαλάττῃ zu garantieren,
war für Athen naturgemäß die Bekämpfung des Seeraubs. Doch erfahren wir
bei unserer dürftigen Überlieferung nur zufällig etwas von seinen Bemühungen in dieser Richtung. Als z. B. für das nach dem euböischen Aufstand neu mit
Kleruchen besiedelte Hestiaia die grundlegenden Bestimmungen für sein Verhältnis zu Athen getroffen werden (I G I ² 42b, Anh. I 22), lesen wir, daß von der
Zahlung der Vermögensabgabe (Eisphora) eine Befreiung nur beantragt werden
darf für einen Hestiäer, der etwa bei der Ergreifung von Räubern oder Dieben
sich ausgezeichnet hat. Und als Athen vor 432 den Bündnisvertrag mit Philipp
von Makedonien beschließt, der uns leider nur in Bruchstücken erhalten ist
(I² 53, Anh. I 23) müssen beide Teile versprechen, Seeräubern keine Aufnahme
zu gewähren.

Wenn diese beiden Beispiele noch vor den peloponnesischen Krieg fallen, so wurde die Frage des χρῆσθαι τῇ θαλάττῃ naturgemäß besonders aktuell in der Kriegszeit. Denn beide Parteien haben im peloponnesischen Kriege das Meer für sich in Anspruch genommen. Von den Spartanern heißt es bei Thuk. II 69 direkt, daß die Raubschiffe der Peloponnesier (τὸ λῃστικὸν τῶν Πελοποννησίων) im Winter 430/29 an der karischen und lykischen Küste lauern, um die Frachtschiffe aus Phaselis, Phoinikien und der weiteren Festlandsküste abzufangen, was durch ein attisches Geschwader von sechs Trieren unter Melesandros verhindert werden sollte. Von der Wirksamkeit dieser Raubschiffe zeugt wohl die Nachricht Thuk. II 67, nach der die Spartaner alle Kaufleute der Athener und Bundesgenossen, welche sie in ihren Frachtschiffen auf der Fahrt um den Peloponnes abfingen, töteten, geradeso wie sie zu Anfang des Krieges mit allen andern auf dem Meere Gefangenen verfuhren ohne Unterschied, ob es Bundesgenossen der Athener oder Neutrale waren. Auch im Jahre 412 lesen wir (Thuk. VIII 35) von einer spartanischen Geschwaderabteilung, die auf Anraten der sachverständigen Milesier sich beim Triopion vor Knidos auf Wache legt, um dort aus Ägypten kommende Lastschiffe abzufangen. Diese sechs Schiffe werden von der athenischen Flotte, die von Samos herankam, genommen. Natürlich werden sich diese Vorgänge an der wichtigen Handelsstraße im Laufe des Krieges oft wiederholt haben, wie auch sonst ein messenisches Räuberschiff (λῃστρικὴ Μεσσηνίων τριακόντορος), aus dem Demosthenes vor Sphakteria seine Waffenvorräte ergänzt, vom Seeraub zeugt (Thuk. IV, 9), und wie für die Megarer der Seeraub in der Kriegszeit offenbar eine ganz alltägliche Erscheinung ist nach der Erzählung bei Thuk. IV 67.

Athen hatte dagegen, wie bereits Ormerod hervorgehoben hat, mit gutem Erfolg das Mittel versucht, kleine Inseln vor der feindlichen Küste als Beobachtungs und Stützpunkte zu besetzen, so die Insel Atalante, um zu verhindern, daß Seeräuber Opus als Vorstoßhafen gegen Euboia benutzten (Anh. 1 24), ferner die Insel Minoa vor Megara (Thuk. IV 67).

Natürlich nahm im weiteren Verlaufe des Krieges und besonders infolge der Schwächung der attischen Flotte der Seeraub immer mehr zu, wie es die Worte des Andokides I, 138 (Anh. I 25) schildern: ,,damals, als der Krieg noch andauerte, die Trieren immer in See waren und ebenso die Seeräuber, von denen viele Menschen ergriffen wurden, die dann ihre Habe verloren und als Sklaven ihr Leben hinbringen mußten,'' Worte, welche sich auf die Kriegsjahre vor 411 beziehen.

Der Zusammenbruch der attischen Seeherrschaft im Jahre 404 und schon die letzten Jahre des Krieges bedeuteten für den attischen Handel einen schweren Schlag, dessen Auswirkungen im einzelnen wir aus Mangel an Quellen nicht verfolgen können. Wie festgewurzelt aber dieser Handel in seinen weiten Absatzgebieten war, das zeigt sich in dem überraschend schnellen Wiederaufbau in den Nachkriegsjahren. Es beginnt mit ihnen die Zeit, wo wir durch Betrachtung der Einzelfälle von Handelsreisen und Handelsprozessen, wie sie uns die attischen Redner bieten, etwas tiefere Einblicke in den attischen Handel und seine Betriebsformen tun können.

Die Sicherheit zur See war natürlich nach Verschwinden der attischen Kriegsschiffe von dem Meere stark bedroht. Seeräuber waren eine gewöhnliche Erscheinung. Als Lysander die Siegesnachricht von Aigospotamoi nach Sparta senden will, benutzt er dazu den milesischen Seeräuber Theopompos, weil der am schnellsten fährt, nämlich nur drei Tage (Xen. Hell. II, 1, 30). Im Hauptquartier des Agesilaos in Ephesos gab es im Jahre 395 mehrfach, wie es scheint, Barbaren, welche von Seeräubern gefangen waren. Agesilaos läßt sie unter Heroldsruf verkaufen, muß also zu den Seeräubern gute Beziehungen gehabt haben (Xen. Hell. III 4, 19).

Der athenische Pontosfahrer Stratokles, der im Jahre 394 die beliebte Handelsstraße zum bosporanischen Getreidemarkt befuhr, wußte, daß das Risiko groß war, da die Lakedämonier das Meer beherrschten. So läßt er sich vielleicht nicht ungern von dem in Athen ansässigen Sohn des Sopaios, des Ministers des Getreidekönigs Satyros I. vom Bosporos, bestimmen, sein Bargeld in Athen bei diesem zurückzulassen und dafür die entsprechende Summe von dem pontischen Vater mitzubringen (Isokr. 17, 35) und die Abrechnung über Kapital und Zinsen mit dem Bankier Pasion zu regeln.

Trotz dieser Unsicherheit zur See liefen aber die Handelsschiffe längst wieder in großer Zahl im Peiraieus ein. Selbst in den letzten Kriegsjahren sehen wir aus Lysias 32, 16f. (Anh. I 26), daß die Geldgeschäfte auf Seedarlehen ihre Beliebtheit nicht verloren hatten. Denn im Testament des Diodotos, gefallen 410 bei Ephesos, waren aufgeführt, 7 Talente und 40 Minen ausgeliehen auf Seedarlehen, dazu 2000 Dr. ausgeliehen in der Chersones; und sein Bruder Diogeiton wußte alsbald die schriftlichen Aufzeichnungen über diese Seedarlehen an sich zu bringen mit der Begründung, daß er nur auf Grund schriftlicher Belege die Gelder eintreiben könnte, was er dann auch getan hat (Anh. I 26). Auch Lysias 19, 50 (gehalten etwa 387) lesen wir, daß der bekannte Feldherr Diotimos (388/7) 40 Talente mehr, als er selbst zugegeben hatte, an Seedarlehen besaß (Anh. I 27), und gerade der Trapezitikos des Isokrates, den wir bereits anführten, bietet ein lehrreiches Beispiel, wie bereits zehn Jahre nach 404 der reiche pontische Erbe für seine kaufmännischen Geschäfte keinen besseren Platz finden kann als Athen. Dorthin schickt ihn sein Vater mit zwei vollen Schiffen und dem nötigen Bargeld, (ἅμα κατ' ἐμπορίαν καὶ θεωρίαν § 4), zugleich auf Handel und auf Schau, sowie noch heute mancher griechische Student in Hamburg ankommt, um dort zu studieren, aber zugleich dort auch den väterlichen Tabak abzusetzen. Er muß dann in Athen mancherlei bittere Erfahrung machen. Sein Bankier Pasion, damals noch Metöke, nimmt sich zuerst mit begreiflichem Eifer des neuen vielversprechenden Kunden an und wird sein Vertrauter, nicht nur für die Geldangelegenheiten. Denn er hatte guten Rat nötig, als aus dem Pontos die Hiobsbotschaft kam, daß sein Vater bei Satyros in Ungnade gefallen und verhaftet sei, auch der Sohn selbst wegen seines Verkehrs mit politischen Flüchtlingen von dort sich verdächtig gemacht habe. Ja, es kam eine Botschaft von Satyros an die pontischen Untertanen in Athen (τοῖς ἐνθάδ' ἐπιδημοῦσιν ἐκ τοῦ Πόντου § 5), sie sollten die Gelder von dem Sohne in Empfang nehmen und ihn zur Rückfahrt veranlassen, widrigenfalls Satyros seine Auslieferung von Athen verlangen werde. In dieser Notlage hielt es der uns dem Namen nach unbekannte Sohn für das Beste, im Einverständnis mit seinem Bankier nur etwas Bargeld

abzuliefern, im übrigen aber den armen und arg verschuldeten Ausländer zu
spielen. Als dann aber eine Verständigung mit den pontischen Beauftragten
zustande kam, und der Sohn von Pasion seine Gelder zurückverlangte, um nach
Byzanz abzureisen, drehte dieser den Spieß um und leugnete gegenüber den zwei
Zeugen des Sohnes, noch irgend ein Guthaben für jenen zu besitzen. Dann kam
die Botschaft aus der Heimat, daß der Vater Sopaios bei Satyros wieder zu Gnaden
aufgenommen wäre und höher denn je stände. Aber der Bankier will nichts heraus-
rücken, läßt sogar den einzigen Zeugen der Bank, seinen Sklaven Kittos, der
mit den Geschäften Bescheid wußte, (ὃς συνῄδει περὶ τῶν χρημάτων § 11),
verschwinden. Der taucht dann wieder auf, soll gefoltert werden, wird aber
nach mancherlei Verhandlungen davor bewahrt, während Pasion und der pontische Ministersohn eine schriftliche Abmachung treffen, nach der Pasion verspricht, das Depot auszuzahlen, aber, um seine Geschäftsehre zu retten, heimlich und zwar im Pontos, wo dann im Notfalle Satyros selbst Schiedsrichter
zwischen beiden sein soll. Das Grammateion mit der schriftlichen Aufzeichnung dieses Vertrages wird einem bewährten Pontosfahrer, dem Pyron aus
Pherai, zur Aufbewahrung übergeben (§ 20), der es nach erfolgter Zahlung
durch Pasion verbrennen, aber im Falle der Nichtzahlung an Satyros persönlich
abliefern sollte. Natürlich gelingt es dann dem gerissenen Pasion, dieses
Grammateion trotz seiner scheinbar sicheren Aufbewahrung vernichten zu
lassen, und er bestreitet jede Abmachung. In den weiteren Verhandlungen
ist zunächst das bemerkenswert, was wir von den weiteren Geldgeschäften des
jungen Bosporaners noch erfahren. Dazu gehört einmal das schon erwähnte
Geldgeschäft mit Stratokles, dann die Seedarlehensgeschichte in § 42. Auf ein
Frachtschiff hatte er mehrfach Kapitalien geliehen. Darauf erfolgte die Anzeige
(Phasis), daß das Schiff einem Delier gehörte, also mit attischem Kapital nicht
beliehen werden dürfte. Nur mit Mühe gelang es ihm, den wahren Sachverhalt
vor Gericht aufzuklären. Auch erreichte er endlich, daß zwar nicht Pasion,
aber doch dessen Geschäftsführer Kittos in den Pontos fuhr, um vor Satyros
persönlich die Geldangelegenheiten des Bosporaners aufzuklären. Der Fürst
traf die weise Entscheidung, daß er über die in Athen abgeschlossenen Geldgeschäfte der beiden Parteien nicht entscheiden könnte, besonders nicht in Abwesenheit des Pasion. Um aber dem jungen Bosporaner zu seinem Recht zu
verhelfen, rief er die gerade im bosporanischen Hafen anwesenden Kapitäne
zusammen und bat sie, in Athen für seinen Untertan einzutreten, richtete auch
ein Schreiben an die Stadt Athen in dieser Sache.

Nicht der Einzelfall ist hier das Wichtige, auch nicht die Geschäftsehre des
Bankier Pasion, der oft behandelt ist,[1]) sondern das Typische dieser Rede aus
dem Jahre 390, der Verkehr nach dem Pontos, die Gruppen der attischen Kapitäne dort, die Satyros um sich versammelt, und der pontischen Untertanen in
Athen, ferner die Praxis der Geldgeschäfte und Seedarlehen.

Wie bekannt, glaubt man für das schnelle Wiederaufblühen des attischen

---

[1]) Vgl. auch T. R. Glover, From Pericles to Philip. London, 1917, der Pasions Bankhaus
behandelt, nachzutragen bei Hasebroek, Zum griechischen Bankwesen. Hermes 55, 1920,
170.

Hafenverkehrs eine ziffernmäßige Bestätigung zu besitzen in der vielbehandelten Angabe des Andokides Myst. 133 f. über die Hafenbewegung des Peiraieus im Jahre 400/399. Sie betrug im Minimum 1800 Tal., wie Beloch, Griech. Gesch. III² 1923, 424 f. aus der Angabe, daß der Hafenzoll der Pentekoste (2% des Wertes) für das genannte Jahr für 30, für das folgende Jahr für 36 Talente verpachtet wurde, berechnet hat. Der Sachwert der Ein- und Ausfuhr im Peiraieus hätte danach um 400 v. Chr. etwa 33 Millionen Goldmark betragen, wie Beloch weiter berechnet, dessen Berechnung allerdings umstritten ist (vgl. Hasebroek 83).

Diese Zahlen sind um so beachtenswerter, als Athen damals noch nicht die Möglichkeit besaß, selbst wieder für die Sicherheit der Meere zu sorgen. Es stehen zwar in dem Dekret für den Karystier Pythophanes (Anh. I 28) vom Jahre 399/ 8 bereits wieder stolze Worte von Geldern oder Waren, welche Pythophanes in Athen oder wo sonst die Athener herrschen, besitzt, aber bereits U. Köhler hat bemerkt, daß das Worte aus dem erneuerten alten Ehrenbeschlusse sind, der aus der Zeit des ersten attischen Reiches stammte.

Und 380 sagt Isokrates im Panegyrikos (Anh. I 29), daß das Meer damals von Seeräubern (κατωποντισταί) beherrscht wird, und auf dem Lande die Peltasten die Städte besetzen, auch sonst überall unruhige Zustände und Bürgerkriege herrschen. Überhaupt ist für die große soziale Not des 4. Jahrhunderts nicht nur das Überhandnehmen der Söldner, wie es Kaerst, Geschichte des Hellenismus I³ 114 f. geschildert hat, sondern auch das Anwachsen der Seeräuber bezeichnend.

Die Bestätigung gibt eine Reihe von vereinzelten Nachrichten. 388 eröffnen die Spartaner von Aigina aus, das sie besetzt hatten, den Kaperkrieg gegen Athen. Aigina blieb bis 373 immer wieder der Zufluchtsort für die Räuber (Anh. I 29 a). Noch kurz vor 370 war das Meer so unsicher, daß der Kaufmann Lykon, der eine Geschäftsreise vom Peiraieus nach Libyen angetreten hatte, auf der Höhe des Busens von Argolis von Seeräubern überfallen und durch Bogenschuß schwer verwundet wurde. Er konnte noch Argos erreichen, wo er seine Habe dem dortigen Konsul der Herakleoten übergab und dann starb (Anh. I 30). In dieselben Jahre (369 ?) fällt die Gefangennahme des Nikostratos, welcher bei der Verfolgung von entlaufenen Sklaven von einer Triere gefangen, nach Aigina geschleppt, dort als Sklave verkauft, später dann von seinem Bruder Deinon losgekauft wurde [Demosth.] 53, 6. Auch am Hellespont herrschte dauernd Kaperkrieg zwischen Iphikrates und Anaxibios (Anh. I 31). Was aber das kleine Aigina sich Athen gegenüber erlauben konnte, das wiederholten in größerem Maßstabe Alexander von Pherai und Philipp von Makedonien als Bundesgenossen von Theben und in Fortsetzung der mit Epameinondas' Tod bei Mantinea abgebrochenen thebanischen Offensive. Alexander schickte im Jahre 361 seine Raubschiffe gegen die Kykladen, landete besonders in Peparethos und belagerte die Hauptstadt, schlug auch die Athener, die unter Leosthenes zu Hilfe eilten. Im Anschluß an diesen Erfolg machte er dann den Handstreich auf das Deigma im Peiraieus, bei dem seine kühnen Matrosen auftragsgemäß nur die Barbestände von den Wechslertischen raubten (Anh. I 32). So versteht man Xenophons Gesamturteil über ihn: er war den Thessalern ein schwerer Herrscher,

schwer auch den Thebanern und Athenern, er war ein ungerechter Räuber zu
Lande und zur See.

Auch am Bosporos sah es 362 für die griechische Seefahrt schlecht aus, viele
Schiffe wurden bei der Ausfahrt aus dem Pontos von den Städten Byzanz,
Kalchedon und Kyzikos wegen der Getreideknappheit aufgebracht. In Athen
stiegen die Kornpreise, und man machte deshalb eine Flottenabteilung mobil
(Anh. I 33).

In die unmittelbar folgenden Jahre aber fallen die Anfänge Philipps von
Makedonien, sein schnelles Fortschreiten von Erfolg zu Erfolg im eigenen
Lande und in der Sicherung seiner Nordgrenze, dann in seinem Vordrängen
gegen die griechischen Handelsemporien seiner Küsten und über sie hinaus auf
das Meer. Gleichzeitig setzte im Bundesgenossenkrieg der schnelle Verfall des
attischen Seebundes ein. Mit jeder abgefallenen Insel büßte Athen einen
weiteren Stützpunkt für seine Schiffe ein. Die Seeräuber aber begannen
auf der wieder einmal unbewachten See sich zu einer Macht zu entwickeln, die
auch König Philipp alsbald zu tun gab. Sie spielen eine wichtige Rolle in den
beginnenden feindlichen Berührungen des athenischen und des makedonischen
Machtbereiches. Sie hatten ihre festen Stützpunkte auf den Inseln der nördlichen Ägäis und in den Buchten der thrakischen Chersones, die ganz sicher
nicht ohne Verbindung miteinander waren. Dort saßen sie besonders am Vorgebirge Alopekonnesos, das sich nach Imbros zu erstreckt, und lauerten auf die
Getreideschiffe, die aus dem Pontos kamen, und andere wertvolle Prisen. 360/59
hatten die Athener dort mit ihnen zu tun, konnten aber nicht viel gegen sie ausrichten, weil Charidemos ihre Unternehmungen hinderte (Anh. I 34). Er ver-
körperte in sich die Verbindung von Söldner- und Seeräubertum. Er begann seine
Laufbahn als Söldner und als Führer eines Räuberschiffes gegen Athens Bundesgenossen (Anh. I 35) und hat fast immer im Chersones und an Thrakiens Küsten
kommandiert.

Den nächsten wichtigen Stützpunkt für die Seeräuber zur Überwachung der
Handelsstraße nach dem Pontos boten die Inseln Halonnesos und Peparethos.
Wann sie sich dort dauernd festgesetzt haben, und wie groß ihr Aktionsradius von
dort aus war, können wir nicht feststellen. Sie scheinen aber mit System und
Erfolg in jenen Gegenden operiert zu haben, und es ist bezeichnend, daß wir hier
zum ersten Male eine Führerpersönlichkeit kennen lernen. Wir erfahren aus der
Rede des Hegesippos über Halonnesos (Dem. 7), gehalten im Jahre 342 v. Chr.,
daß Philipp diese Insel etwa 343 besetzte und sich Athen gegenüber, dem die
Insel untertan gewesen war, damit entschuldigte, daß er die Insel den Seeräubern
entrissen habe (Anh. I 36). Es wird dabei auch ein Vorschlag Philipps berichtet,
mit den Athenern gemeinsam die Wacht gegen die Seeräuber auszuüben. Darin
lag zunächst eine Anerkennung von Athen als Hüterin der Meereswege, aber
man verstand in Athen sofort, wie gefährlich es sein würde, dem König den
Zugang zu allen Inseln und Buchten zu gewähren, unter dem Vorwande der
Wacht gegen die Seeräuber, seine Offiziere wohl gar auf attische Trieren aufzunehmen, damit sie an der Seepolizei beteiligt wären; dies scheinen sie auch richtig
ausgenutzt zu haben, um in Thasos zu Philipp geflohene Verbannte durch attische

Feldherren zurückführen zu lassen und andere Inseln für Philipp zu gewinnen (§ 15) (Anh. I 36). Dabei lesen wir auch den Namen des Seeräuberführers Sostratos, der in seinem Fache eine Berühmtheit gewesen sein muß, da er bei Lukian in den Totengesprächen mit Minos eine Unterhaltung führt (Luk. Mort. dial. 30) und auch sonst zusammen mit den größten Bösewichten sprichwörtlich genannt wird (Plut. Alex. 4). Peparethos aber hat die Geschicke von Halonnesos geteilt, und wenn es bei Demosth. 18, 241 (Anh. I 37) heißt: infolge der aus Euboia hervorbrechenden Seeräuber wurde das Meer unbefahrbar, so sehen wir aus diesen Worten, daß auch die Buchten von Euboia Schlupfwinkel (ὁρμητήρια) für die Piraten gebildet haben.

Philipp verlangt seitdem dauernd an der Wacht gegen die Seeräuber beteiligt zu werden, und bei der Beratung über die Entwürfe zum Frieden des Philokrates (Anh. I 38) spielt die Frage des bei sich Aufnehmens der Seeräuber eine wichtige Rolle, der beste Beweis, daß die Seeräuber wie eine Macht zwischen Makedonien und den Athenern standen. Ihr Einfluß wuchs dadurch noch, daß beide Parteien, sowohl Philipp wie die Athener, im Kaperkrieg Erhebliches leisteten. Schon vor 351 erzählt Demosth. 4, 34 (Anh. I 39), daß Philipp im Kanal von Euboia bei Geraistos Schiffe wegfing und sehr viel Geld dabei erbeutete. Aber der berühmteste Kaperzug des Philipp ist der des Jahres 340/39, wo es ihm gelang, in Abwesenheit des attischen Kommandanten Chares bei Hieron am Bosporos die dort versammelten Handels- und Kriegsschiffe, deren Zahl Philochoros auf 230, Theopomp auf 180 angibt, abzufangen und aus ihnen 700 Talente zu gewinnen (Anh. I 40). Die dabei erbeuteten Kriegsschiffe ließ der König zerlegen und benutzte das gewonnene Schiffsmaterial, Holz, Felle usw. Auch sonst waren seine Kaperschiffe durch ihre Kühnheit berühmt. Den Athenern aber wirft Philipp vor, daß ihre Feldherren, z. B. Kallias, alle nach Makedonien fahrenden Handelsschiffe als feindlich behandelten und ihre Mannschaft in die Sklaverei verkauften (Dem. 12, 5). Nachweislich ist das Räuberausschicken (λῃστὰς ἐκπέμπειν) von den Athenern im Bundesgenossenkriege und auch gegen Philipp flott geübt worden (Anh. I 41).

Wenn man diese Marinepolitik Philipps verfolgt, wird man es verstehen, daß der König auch in den korinthischen Bundesvertrag die Bestimmung hineinbrachte, daß die Teilnehmer am Bunde die See frei befahren sollten, und keiner sie daran hindern oder ihre Schiffe aufbringen dürfte (Anh. I 42). Oder wie dieselbe Bestimmung deutlicher im Bundesvertrage der Könige Antigonos und Demetrios mit den Griechen vom Jahre 302, der dem älteren Vertrage manche Bestimmungen entnommen hat, wie das U. Wilcken ganz kürzlich entdeckt und überzeugend dargelegt hat, lautet: „daß das Meer rein wäre" (Anh. I 43).

Was aber tat Athen gegenüber dem Wiedererstarken des Seeraubs an so vielen Stellen seines früheren Reiches? Einen Versuch, dem zunehmenden Unheil zu steuern, werden wir in dem Psephisma des Moirokles erkennen dürfen, das in die Zeit vor 344/3 fällt, in welchen Jahren die Rede gegen Theokrines [Dem.] 58 gehalten ist. Dort wird § 53 von seinem Volksbeschluß zum Schutze der Kaufleute, der für reines Meer sorgen sollte, gesprochen, und die Bestimmung angeführt, daß, wer Seeräuber im Hafen aufnimmt, wie das damals in Melos geschehen war, einer hohen Geldstrafe verfiel (Anh. I 44).

Wie es aber auf dem Meere um 336/5 aussah, das beleuchtet der attische Beschluß für den Tyrannen von Methymna, Kleomis (Anh. I 45), der belobt wird, weil er die von den Piraten Gefangenen, von denen in der Begründung des Beschlusses erzählt war, losgekauft hat. So ist es leicht verständlich, daß mit Beginn des Alexanderzuges die Seeräuber an der kleinasiatischen Küste dauernd von sich reden machen. Als Führer von fünf Seeräuberschiffen erscheint 332 Aristonikos, der von den Persern eingesetzte Tyrann von Methymna. Er hatte das Mißgeschick, mit seinen Schiffen in den Hafen von Chios einzulaufen, ohne zu ahnen, daß diese Insel bereits von den Makedonen unter Hegelochos erobert war. So geriet er in die Gewalt des makedonischen Admirals, seine Piraten wurden hingerichtet, er selbst vor Alexander nach Ägypten geführt (Arr. Anab. III, 2, 4. Curt. IV 5, 19. Berve, Prosopogr. n. 131). Auch die Tyrannen Agonippos und Eurysilaos von Eresos erscheinen etwa gleichzeitig in Verbindung mit Seeräubern (Anh. I 46).

Weiter lesen wir bei Curtius, daß der makedonische Admiral Amphoteros 332/1 mit seiner Flotte nach Kreta segelte, um die Spartaner von dort zu vertreiben und um das Meer von den Seeräuberflotten zu befreien (Anh. I 47), eine Nachricht, die Berve, Pros. S. 33, 1 zwar unkontrollierbar nennt, die aber doch recht wahrscheinlich klingt.

Denn daß Kreta schon in dieser Zeit ein Mittelpunkt des Handels mit geraubten Menschen war, lehrt auch das attische Dekret für den Kydoniaten Eurylochos (Anh. I 48), der belohnt wird wegen seiner Bemühungen um die nach Kydonia kommenden Athener von denen er viele losgekauft und dann auf seine Kosten zurückgeschickt hatte.

Daß auch die attische Marineleitung ein wachsames Auge auf die Seeräuber hatte, sehen wir aus der Seeurkunde I G II, 804 = II² 1623, 276f., in der von der Ausfahrt zweier attischer schnellrudernder Trieren im Jahre 335/4 unter dem Strategen Diotimos berichtet wird, zur Wacht gegen die Seeräuber (ἐπὶ τὴν φυλακὴν τῶν λειστῶν), welche auf Grund eines Volksbeschlusses, beantragt durch Lykurg und Aristonikos, erfolgt, ohne daß wir etwas Näheres über ihre Aufgabe erfahren.

Auch das Dekret für einen reichen Reeder aus Salamis, I G II² 283 (Anh. I 49) vor 336/5, gehört wohl hierher. Er wird belobt, weil er Getreide aus Ägypten herbeigeschafft, ferner Gefangene aus Sizilien freigekauft und nach Athen auf eigene Kosten zurückgeschickt hat, endlich weil er εἰς τὴν φυλακήν ein Talent geschenkt hat. Raum für einen Zusatz nach diesen Worten ist nicht vorhanden, also muß wohl der ,,Schutz'' gemeint sein, der damals der wichtigste war, der gegen die Seeräuber.

Eine andere Flottenunternehmung findet im Jahre 325/4 in das Adriatische Meer statt und zwar als Wacht gegen die Tyrrhener (Anh. I 50). Wir treffen damit zum ersten Male auf die tyrrhenischen Seeräuber im Westmeer Griechenlands. Ephoros bei Strabon (Anh. I 51) bezeichnet sie als Vorgänger der Kreter und Kilikier im Seeraub und sagt von ihnen: ,,daß sie das Meer zu seiner Zeit am meisten geplündert hätten." Von der reichen Vorgeschichte der Tyrrhener auf seeräuberischem Gebiete sprechen wir weiter unten. Die athenische Unternehmung, welche mit Gründung der Kolonie Adria von unbestimmter Lage und der Anlegung eines Flottenstützpunktes verbunden werden sollte, zeigt, wie das Westmeer und seine Getreideküste im Nordwesten infolge der politischen Ereignisse im Osten für Athen, das die Getreidestraße zum Pontos längst nicht mehr beherrschte, wertvoller geworden war. Daß es sich um eine große Staatsaktion handelte, darauf weist die Tatsache, daß Hypereides eine Rede[1]) über die Wacht gegen die Tyrrhener (περὶ τῆς φυλακῆς τῶν Τυρρηνῶν) und Deinarch einen Tyrrhenikos gehalten hat. Es war ganz gewiß eine Maßnahme der Athener zum Schutze ihres Handels im adriatischen Meere, obwohl J. Hasebroek a. a. O. 113 behauptet, daß es „neben der Ausführung einer Ackerbaukolonie unter staatlicher Protektion nichts anderes sei als eine der zahllosen staatlichen Maßnahmen zur Getreideversorgung, und zwar die Sicherung des Getreidetransportes von dieser Kolonie nach Athen gegen Piraterie durch Kriegsfahrzeuge." Ja, er geht soweit, die „eigene Emporie" zu deuten als direkten Getreidetransport durch eigene Schiffe des Staates, von denen sonst nirgends die Rede ist, denn von einem athenischen Händler- oder Produzentenstand will er nichts wissen. Warum aber in aller Welt sollen nicht dieselben Sitopolai, deren Bedeutung hundert Jahre früher bereits sehr groß war, auch 325 ihre Leute, ihre Naukleroi, an der Hand gehabt haben, um das Getreide, wie früher aus dem Pontos und aus Kypros, so jetzt von Adria zu holen? Denn natürlich war die Gründung von Adria von größter Bedeutung für den attischen Handel, wenn auch dessen Schutz und Förderung nicht der einzige Grund zu seiner Anlage gewesen war. Und es scheint uns ein Streit um Worte, ob diese Gründung zum Schutze des athenischen Handels beschlossen war oder nicht, und ob Perikles aus demselben Grunde seine bekannte Pontosfahrt gemacht hat, was Hasebroek ebenfalls ausdrücklich leugnet, oder um die attische Seemacht dort zu zeigen, als Vertreter des Imperialismus. Wenn Perikles die attische Flagge im Pontos zeigte und damit Athens Macht weithin sichtbar vor Augen führte, war die Folge naturgemäß eine Stärkung des attischen Handels im Pontos, und M. Rostovtzeff hat längst als eins der Motive des Perikles die Anbahnung guter Beziehungen zu den neuen Herren des Getreides von Pantikapaion, den Archaianaktiden, vermutet (Iranians and Greeks in South Russia 1922, 68).

---

[1]) Darin kamen κομιστικὰ πλοῖα vor, d. h. wohl Schiffe, in welchen die Tyrrhener ihre Beute fortschleppten (fr. 166 Blass).

4. Der Seeraub in hellenistischer Zeit.

Wenn wir vom Seeraub, so lange Alexander regierte, abgesehen von den angeführten Fällen nichts weiter hören, so wird das seinen Grund darin haben, daß der große König es verstanden hat, auch auf dem Meere Ordnung zu halten. Gewiß ist auch die Vermutung von Ormerod S. 122 richtig, daß der bekannte Erlaß Alexanders über die Rückführung der politischen Flüchtlinge in ihre Heimat, dessen praktische Wirkung wir an dem Tegea-Dekret Syll³ 306 so schön beobachten können, auch für die Verminderung der Seeräuber von Bedeutung geworden ist. Denn eine steigende Zahl von politischen Flüchtlingen, Heimatlosen und Entwurzelten hat auch später ein Anwachsen der Zahl der Seeräuber zur Folge gehabt, wie es z. B. Dio Cassius XXXVI 20 (Anh. I 101) ausdrücklich bezeugt.

Als aber Alexander gestorben war, und sein Reich in den Diadochen-Kämpfen in kleinere Reiche auseinanderfiel, begann für die Seeräuber eine neue Periode des Aufstieges, da die Polizei auf dem Meere nicht mehr einheitlich ausgeübt wurde.

Nur zufällig lesen wir etwas von einer Episode dieser neuen Bedrohung der Freiheit der Meere in dem attischen Dekret für den Strategen Phaidros (Anh. I 51a). Der Vater des Phaidros hatte 315/4 als attischer Flottenstratege gegen den Seeräuber Glauketas zu kämpfen, der sich auf Kythnos festgesetzt hatte und von dort die See unsicher machte und Schiffe aufbrachte. Es gelang dem Thymochares, die Stadt Kythnos einzunehmen und den Glauketas zu fangen mit samt seinen Schiffen und so den Seefahrern wieder Sicherheit auf dem Meere zu schaffen. Die attische Flotte raffte sich also auch nach ihrer vernichtenden Niederlage bei Amorgos (322) damals noch ab und zu dazu auf, die Seepolizei stellenweise auszuüben.

Doch fand sich an der kleinasiatischen Küste ein erfolgreicher Nachfolger für die Meerespolizei, wie sie Athen hier ausgeübt hatte, in dem rhodischen Staat. Rhodos hat sein großes Jahr 305/4, wo es ihm gelang, den furchtbaren Angriff des Demetrios Poliorketes nach der berühmten Belagerung abzuwehren. Diodors Quelle schildert aus diesem Anlaß die Seebedeutung der Insel (Anh. I 52). So hoch war die Macht der Rhodier gestiegen, daß sie auf eigene Faust für die Griechen den Kampf gegen die Seeräuber aufnahmen und die See von den Übeltätern befreiten. Einzelheiten dieser Kämpfe kennen wir nicht. Wie weit ausgedehnt aber damals das Seegeschäft der Rhodier im ganzen Süden Kleinasiens war, zeigt die Nachricht von der zu Beginn der Belagerung erlassenen Proklamation des Antigonos, durch welche er allen rhodischen Kaufleuten und Kapitänen in Syrien, Phoinikien, Kilikien, Pamphylien die persönliche Sicherheit auf dem Meere garantierte, wenn sie nicht nach Rhodos führen (Anh. I 53).

Den besten Beweis aber für Rhodos' Bedeutung zur See bietet die Tatsache, daß

die Seeräuber in das Lager des Demetrios vor Rhodos von allen Seiten herbei-
strömten, und die verbündeten Piraten in seiner Flotte eine besondere Rolle
spielten. Sie gelten als besonders tüchtig zu Wasser und zu Lande und werden beim
Angriff auf die Stadt als Landungsabteilungen verwandt (Anh. I 54). Die Rhodier kämpfen mit ihnen anläßlich eines Ausfalls in einem Seegefecht und bezeichnen sie als die besten unter den Bundesgenossen des Königs (Anh. I 55),
nehmen auch drei Seeräuberschiffe mit der Mannschaft und dem Piratenführer
Timokles gefangen. Auch bei seinem Feldzug in Thessalien gegen Kassander
im Jahre 302 hatte Demetrios in seinem Heere neben 1500 Reitern, 8000 makedonischen Fußsoldaten, 15 000 Söldnern, 25 000 griechischen Bundestruppen
auch 8000 Mann Leichtbewaffnete und Piraten, wie sie zu den Kriegen und
Raubzügen zusammenströmten (Anh. I 56). Ein anderer Archipirat in seinem
Solde war Andron, der unter dem Strategen Ainetos Ephesos besetzt hielt,
aber von Lykos, dem General des Lysimachos bestochen wurde, und dessen
Truppen in die Stadt einließ. Sein Lohn war Verhaftung durch den einge-
drungenen Sieger und sofortige Ablohnung und Entlassung der Seeräuber,
denen man nach dieser Probe ihrer Treulosigkeit nicht traute (Polyaen. V, 19).
Ein anderer Archipirat Ameinias erscheint im Dienste des Antigonos Gonatas
und zeichnet sich bei der Eroberung von Kassandreia und seiner Befreiung
vom Tyrannen Apollodoros (Polyaen. IV, 6, 18) aus. Er erscheint dabei durchaus wie ein General des Königs, kommandiert 2000 Mann und verkehrt durch
Herold mit der belagerten Stadt. Darum ist Tarns und Ormerods Vermutung,
daß er identisch ist mit dem Phokier Ameinias, der bei Plut. Pyrrh. 29, als General
des Antigonos und Söldnerführer erscheint, wahrscheinlich, und man sieht auch
hier wieder, wie gering der Unterschied zwischen Söldnern und Seeräubern sein
und wie ein bewährter Pirat Söldnerführer werden kann. Bemerkt sei noch,
daß als Führer der Sturmtruppe des Ameinias zehn aitolische Seeräuber mit
ihrem Führer Melatas genannt werden (Polyaen. IV, 6, 18, vgl. Tarn Antig. Gon.
172).[1]) Demetrios kannte also den Umfang und die Bedeutung des Seeraubes ganz
genau und verstand es, ihn unschädlich zu machen, indem er ihn sich dienstbar
machte. Darum ist es nicht uninteressant, in dem Bundesvertrag, den er im
Jahre 302 mit dem neu ins Leben gerufenen Hellenenbunde abschließt, auch die
Bestimmung über Freiheit des Meeres zu finden, die wir oben S. 17 anführten.
   Mit den Namen Tyrrhener und Aitoler sind die Richtlinien für die Entwicklung des Seeraubs im 3. Jahrhundert angegeben. Die Tyrrhener sind
schon früh als gute Seefahrer bekannt, und es gab eine Zeit, wo Tyrrhener
identisch war mit Seeräuber, vgl. Anh. I 57, Ormerod S. 152f., Ed. Meyer,
Forschungen I 23. Aber in den griechischen Gewässern erscheinen tyrrhenische
Piratenschiffe erst wieder zur Zeit des Alexanderzuges. Das beweist einmal
die Aussendung der athenischen Kolonie Adria und ihre Begründung (vgl. oben
S. 19), sodann die Nachricht, daß Alexander und später auch Demetrios gefangene
tyrrhenische Seeräuber nach Rom geschickt und dort Protest gegen ihr Erscheinen
in Griechenland erhoben haben (Anh. I 58). Nicht immer gelangten sie glücklich

---

[1]) In die Reihe dieser Archipiraten gehört wohl auch Kleon, der Tyrann von Sikyon,
gestürzt 274 v. Chr., von Beruf καταποντιστής nach Aelian v. h. XII 43 (fehlt bei Ormerod).

bis zu griechischen Küsten, manche wurden auf dem Wege z. B. bei Sizilien abge-
fangen wie jene 12 Piratenschiffe unter dem Tyrrhener Postumius, welche Timoleon
339/8 in Syrakus erbeutete (Anh. I 59). Andere Schiffe aber erschienen um
299 v. Chr., als König Demetrios in Kleinasien weilte, in den delischen Gewässern,
so daß Rat und Volk von Delos einen Betrag von 500 Dr. durch Anleihe flüssig
machten „zum Schutz gegen die Tyrrhener" (Anh. I 60). Die Rhodier aber
unternahmen es, diese fremden Gäste mit Gewalt aus den griechischen Gewässern zu vertreiben, und im Kampfe gegen die Tyrrhener sind um dieselbe
Zeit rhodische Männer gefallen, darunter zwei Brüder, Söhne des Timakrates. Der
dritte Bruder fiel zur selben Zeit im Kampfe gegen andere Seeräuber (Anh. I 61).
Sie haben ein Ehrengrab durch den Staat oder ihre Gemeinde erhalten. Die
tyrrhenischen Kriegstrophäen aber, unter denen sicherlich auch die „Räuber-
trompeten" sich befanden, welche Menander gewiß unter dem frischen Eindrucke
tyrrhenischer Überfälle erwähnt (Anh. I 62), schmückten in Verbindung mit
anderen aus der Alexanderzeit die rhodischen Kriegsdenkmäler an den Häfen
und oben auf der Burg (Anh. I 62). Sie erzählten noch späten Generationen
von der Seebedeutung von Rhodos und sie treten neben die wichtigen literarischen
Zeugnisse für dieselbe Tatsache. Diese sind gesammelt von H. Kreller, Lex
Rhodia, Zeitschr. für das gesamte Handelsrecht und Konkursrehot 85, 1921,
257ff. Der Rechtshistoriker sucht dort zu ergründen, wie das rhodische Seerecht so überragende Bedeutung im Mittelmeer gewonnen hat, daß die Römer
die Lex Rhodia de iactu aus dem rhodischen Seerecht übernommen haben.
Dabei weist er auf alle die vereinzelten Nachrichten hin, die uns über das rhodische Seewesen und seine Einrichtungen und über die rhodischen Gesetze
berichten. Charakteristisch ist besonders das Gesetz zum Schutze der Schiffswerften im Hafen, der nicht allgemein zugänglich war, sondern gesperrte und
geheime Abteilungen des Arsenals enthielt (Anh. I 63).

Weitere Tyrrhener-Seeräuberfahrten finden wir nicht erwähnt, sie werden auf-
gehört haben, seitdem die ptolemäische Flotte als Nachfolgerin der Flotte des
Demetrios (283) die Seepolizei wirksam ausübte und fast gleichzeitig die Etrusker
von den Römern entscheidend geschlagen wurden.

Doch war die Sicherheit auf dem Meere auch weiterhin oft bedroht. z. B.
zur Zeit der Galliereinfälle, die bis zur kleinasiatischen Küste führten. Da lesen
wir in dem inhaltreichen Ehrendekret von Erythrai für den Polykritos, Sohn
des Iatrokles (Anh. II 64), daß dieser das Amt „zum Schutze des Landes nach
der Meeresseite" geführt hat und für die Sicherheit der Kaufleute sorgte, so daß
wieder Überfluß an allen Lebensmitteln eintrat.

Auch auf dem Pontos Euxeinos ist um die Wende des 4. und 3. Jahrhunderts ein denkwürdiger Versuch zu verzeichnen, die Seeräuber zu bekämpfen.
Wir können hier nachtragen, daß der Seeraub dort seit den ältesten Zeiten in
Blüte gestanden hatte. Strabon (Anh. I 65) schildert uns sehr anschaulich,
wie die Völkerschaften an der unwirtlichen Ostküste ihn ausübten, die Heniocher,
Achäer und Zyger, wie sie eigene Schiffe, die Kamarai, besaßen, schmal und leicht,
die etwa 25 Mann faßten und sich leicht auch über Land fortschaffen ließen,
so daß die Piraten nicht nur zur See mit ihren Geschwadern von Kamarai Last-

schiffe angriffen, sondern auch auf dem Lande Dörfer und Städte überfielen. Zeitweilig fanden sie Unterstützung bei ihrem Handwerk, Schlupfwinkel und auch einen Markt für ihre Beute in den Städten am taurischen Bosporos. Diesem Seeräubertreiben, das später auch auf der Insel Leuke (Anh. I 67) vor der Donaumündung seinen Sitz hatte, suchte nun König Eumelos (309—304) mit großer Energie ein Ende zu bereiten. Von den Erfolgen dieses bedeutenden Fürsten berichtet uns eine offenbar pontische, gut unterrichtete Quelle bei Diodor (Anh. I 66). Nach seinem Siege über seine Brüder Satyros und Prytanis hat er seiner Hauptstadt Pantikapaion die altererbte Verfassung wiedergegeben und dann den großzügigen Plan gefaßt, alle Stämme am Pontos zu einem Reiche zu vereinen. Den Anfang dazu machte er mit der Bekämpfung des Seeraubs der Heniocher, Taurer und Achäer. Es gelang ihm, das Meer rein zu machen, so daß nicht nur in seinem Reiche, sondern in der ganzen Welt die Kaufleute seinen edlen Sinn rühmten, und er so den schönsten Lohn seiner Wohltaten erntete, „das Lob". Diese Worte klingen so, als ob sie einem Ehrendekret für Eumelos entnommen wären. Allen seinen weiteren Plänen hat aber sein früher Tod nach fünfjähriger Regierung ein Ende gemacht.

Ein anderer pontischer Fürst, Ziaelas von Bithynien (etwa 260 bis 250, Anh. I 68) legt Wert darauf, mit griechischen Heiligtümern wie dem Asklepieion in Kos in Beziehung zu stehen und betont, daß er mit Ptolemaios II. verbündet ist, und verspricht für jeden nach Bithynien kommenden Griechen zu sorgen, dazu sichert er den aus Kos kommenden Seefahrern, soweit sie an seinen Küsten landen, Fürsorge und Sicherheit zu, auch für den Fall von Havarie oder Schiffbruch. Diese Politik wurde am bithynischen Hofe fortgesetzt, wie die delischen Weihungen für spätere bithynische Könige (s. Roussel, Délos, col. Ath. 88) beweisen. So dürfen wir annehmen, daß der Meleagros, Sohn des Zmertomaros aus Nikaia, welcher in etwas späterer Zeit von den nach Bithynien fahrenden Kaufleuten und Kapitänen in Delos durch eine Statue im Heiligtum geehrt wird (Anh. I 69), ein Würdenträger am bithynischen Hofe gewesen ist.

Doch wir kehren zur ptolemäischen Seepolizei zurück.

Seit 286/5 war Ägypten die Vormacht des Inselbundes, ptolemäische Garnisonen kennen wir auf mehreren Inseln. Wie schnell sie arbeiteten, wenn die Sicherheit ihrer Untertanen bedroht war, zeigt ein schon berühmtes Beispiel von Thera (Anh. I 70). Der Nauarch des Königs Ptolemaios und Stratege der Stadt, Hermaphilos, ein Kreter aus Raukos, erhielt die Meldung, daß Seeräuber auf Kriegsschiffen im Nordhafen Oia und beim Dorfe Theia (?), wo eine Bevölkerung von etwa 400 Frauen und Kindern und Sklaven wohnte, erschienen waren und die Ortschaft angriffen. Sofort schickte er den Hephaistios aus Kalyndos und andere Soldaten an Ort und Stelle. Sie stiegen im Dunkel der Nacht zum Hafen herunter, schlugen im Verein mit den Bürgern die Räuber zurück und verfolgten sie bis zu ihren Schiffen. Ob die Räuber schon Gefangene auf die Schiffe geschleppt hatten, die ihnen nicht wieder abgenommen wurden, wird nicht angegeben, ist aber nach dem Text des Ehrendekrets für den erfolgreichen Offizier Hephaistios und seine Soldaten nicht anzunehmen. Zu denken gibt allerdings die ausdrückliche Angabe der

Inschrift über die Einwohnerzahl der heimgesuchten Gegend. Dieser Überfall war sicherlich kein außergewöhnliches Ereignis, und eine andere in Thera gefundene Inschrift lehrt uns, daß theräische Gefangene in der Stadt Allaria auf Kreta angesiedelt waren (Anh. I 71). Das Verständnis dieser nur in ihrem linken, unteren Teil erhaltenen Inschrift ist schwierig. Man erkennt aber, daß ein Bericht in Briefform, gerichtet vermutlich an Rat und Volk von Thera oder an den ptolemaeischen Kommandanten, vorliegt, erstattet von einem Offizier, der in der Lage ist, selbständig die Verhandlungen zu führen. Der Bericht handelt von der Lage der Kriegsgefangenen in Allaria. Sie hatten, wie es scheint, einen Boten an den Berichterstatter geschickt. Sie erhielten nach Ablauf von drei Jahren Landanteil zugewiesen mit der Begründung, daß sie nicht nur Mitwisser der Kämpfe geworden wären, sondern auch Teilnehmer. Doch versagte man ihnen einen Beuteanteil, erlaubte ihnen auch nicht, die Sklaven wegzuführen. Auch konnten sie ihre Herren nicht überreden, die Sklaven zurückzugeben, wenn nicht von der Gegenseite, d. h. von der Berichtsstelle, Auslieferung der dort befindlichen Kriegsgefangenen zugesichert würde. Auf diese Nachricht fürchtet der Berichterstatter, also ein militärischer Befehlshaber, daß der Verkauf der Kriegsgefangenen zu erwarten ist und damit ihre Auslösung unmöglich wird, hält es daher für notwendig, die Forderungen der anderen Seite zu erfüllen, und schickt eine neue Botschaft an sie ab. Einem zufällig aus Allaria eintreffenden Boten macht er genaue Mitteilungen und gibt ihm das Lösegeld mit. Die Vereinbarung wird beiderseitig angenommen, und die ausgelösten Gefangenen kommen nach Bezahlung des vereinbarten Lösegeldes richtig an. Darauf werden auch die Gefangenen in der Hand des Berichterstatters zurückgegeben. Die Zahl der befreiten Gefangenen betrug an fremdsprachigen Männern 45 (d. h. also Sklaven aus Thrakien, Phrygien u. a. O.).

Durch diesen Sachverhalt ist es nach unserer Meinung ausgeschlossen, daß die Gefangenen in Allaria mit den Geraubten von Oia identisch sind, wie das Hiller von Gaertringen Thera III 1904, 88, danach Ormerod S. 131 vermutet hat.

Zu welcher Zeit die Seeräuberzüge der Aitoler begannen und in welchen Richtungen sie sich bewegten, ist nicht leicht darzustellen. Ihr großer Feind Polybios berichtet ja (IV, 3), daß ihre Haupttätigkeit erst nach dem Tode des Antigonos Gonatas (221) einsetzte, aber schon bedeutend früher haben sie nach ihren fortschreitenden politischen Erfolgen im Lande, die sie zur beherrschenden Macht in Delphi erhoben,[1]) auch zur See sich weit von ihren Heimathäfen entfernt. Vielleicht die ersten aitolischen Seeräuber, die wir abgesehen von den unter Antigonos bei der Eroberung von Kassandreia tätigen kennen lernen, sind die Aitoler, welche in Aulon auf Naxos 280 Menschen rauben, die ihnen aber durch fünf Aulonier im Auftrage des Staates wieder abgekauft werden (Anh. I 72). Nicht unwahrscheinlich ist es, daß auch die Piraten, welche im frühen 3. Jahrhundert die Stadt Aigiale auf Amorgos heimsuchen, Aitoler gewesen sind (Anh. I 73). Sie fallen in der Nacht εἰς τὴν χώραν ein, rauben mehr als 30 Personen, Jungfrauen, Freie und Sklaven, versenken die Fahrzeuge im Hafen und erbeuten das

---

[1]) Vgl. die gute Darstellung von Tarn, Antigonos Gonatas 208ff.

Schiff des Dorieus, in das sie ihre Beute laden und abfahren. Auf der Fahrt gelingt es zwei beherzten Bürgern, die mitgefangen waren, den Piratenführer Sokleidas dazu zu überreden, daß er die freigeborenen Gefangenen und auch einige von den vorher nicht erwähnten Freigelassenen freigab. Sie selbst erboten sich, für diese Geiseln zu sein, und zeigten allen Eifer, um zu verhüten, daß Mitbürgerinnen oder Mitbürger fortgeschleppt oder verkauft würden und in Not und Elend kämen, oder daß ein Bürger zu Tode käme. Und durch sie sind alle Gefangenen unversehrt in die Heimat gerettet. Sie erhalten daher nach Verdienst durch das erhaltene Ehrendekret, dessen Hauptinhalt in verkürzter Form bei der Verkündigung durch den Herold wiederholt wird, die Ehre der Bekränzung, ebenso der öffentlichen Aufzeichnung des Beschlusses, deren Ausführung, also auch Bezahlung, dem Vater der Geehrten, Hegesistratos, übertragen wird.

Datiert auf etwa 252 v. Chr. ist eine weitere Seeräuberinschrift von Salamis (Anh. I 74), welche von Seeräuberschiffen berichtet, die aus dem Epilimnion auf Šalamis losfahren, und zwar in dem Krieg zwischen Antigonos Gonatas, der den Peiraieus hielt, und Alexander, dem Sohn des Krateros, der Korinth behauptete. Was das für Seeräuber waren, die auch eine Person auf der Insel raubten, die dann der Stratege wieder befreit, wird nicht gesagt. Tarn hält sie für Kreter, die von den Ptolemäern unterstützt wären. Aber zur selben Zeit reichte nachweislich der Aktionsradius der aitolischen Seeräuber bis weit hinein in die Ägäis. Das können wir feststellen, nicht durch weitere Berichte von Seeräubertaten, sondern durch die diplomatischen Folgeerscheinungen des aitolischen Seeraubs.

Die neuere Forschung[1]) hat gezeigt, daß die Aitoler den Augenblick, in welchem sie auch zur See als Macht aufzutreten suchten, sehr geschickt gewählt hatten. Sie suchten sich zwischen die Großmächte Ägypten und Makedonien einzuschieben um 250, also in dem Augenblick, wo Ägyptens Einfluß in der Ägäis entscheidend durch Makedonien zurückgedrängt war. Das Barometer für das Auf- und Abwogen der ptolemäisch-makedonischen Kämpfe bieten bekanntlich die delischen Tempelrechnungen, wie das niemand klarer als G. Glotz gezeigt hat in der Revue des Études Grecques 39, 1916, 294 ff. Wer dort in Delos Einfluß haben wollte, mußte dem Gotte eine Stiftung machen, damit dauernd von ihm die Rede war. Und richtig erscheint 252 zum ersten Mal die Stiftung[2]) eines Aitolers Nikolaos, Sohnes des Agias, aus Proscheion. Gleichzeitig lesen wir auf einem Stein (Anh. I 75): „Beschluß der Aitoler: Die Delier sollen Sicherheit genießen vor den Aitolern und den Städten, welche...." Weiter ist nichts erhalten, wir erfahren aber aus I G. XI, 2, 287 A 80, daß das Einmeißeln des Beschlusses der Aitoler mit 2 Dr. 3 Obolen bezahlt worden ist. Die Vermutung Durrbachs, daß dieser Nikolaos' der auch durch eine Statue in Delos geehrt ist (XI, 4, 1075), der Unterhändler zwischen den Aitolern und Delos war, verdient alle Beachtung. Neben Nikolaos hat sicher eine führende Rolle bei den Verhandlungen Bukris, der Sohn des Daitas aus Naupaktos, gespielt, dessen delisches Ehrendekret, XI 4, 692 (Syll.³ 500) von Durrbach, Choix d'Inscriptions de Délos I S. 50 wesentlich höher datiert wird als

---

[1]) Zur Aitolerpolitik dieser Zeit vgl. besonders Tarn, Antigonos Gonatas 1913, 354 ff; Durrbach in seinem Kommentar zu Choix d'Inscriptions de Délos I n. 40—42.

[2]) Meine „Delischen Stiftungen" Hermes 52, 1917, 431.

230, nämlich 250 bis 240. Zugesichert wird also den Deliern die persönliche Sicherheit seitens der Aitoler. Das kann aber doch nur praktischen Wert haben, wenn die Aitoler damals mitten im ägäischen Meere in die Lage kommen konnten, Delier zu berauben oder zu entführen. Und wenn wir nun auf anderen Inschriften lesen, daß auch Chios seinen Mitbürgern Schutz gegen das ἄγειν durch die Aitoler vertraglich zusichern läßt (Syll.³ 443, neu herausgegeben mit verbessertem Text von Roussel, Bull. Corr. Hell. 47, 1923, 21f. etwa 258 v. Chr.), ebenso Teos, Magnesia und Keos (Anh. I 76), allerdings erheblich später, so ist kein Zweifel, daß der Grund zu allen diesen und anderen Sicherheitsverträgen eben in der Ausdehnung des aitolischen Seeraubs zu suchen ist. Denn daß dieser nicht etwa ruhte, sehen wir an den weiteren uns bezeugten Einzelfällen, bei deren erstem auch der genannte Bukris die Führung hatte. Er fiel, wie die attische Inschrift II² 844 (Syll.³ 535) Anh. I 77 berichtet, im Jahre 217/6 in Attika ein, raubte eine Anzahl Bürger und sonstige Bewohner der Stadt und schleppte sie nach Kreta, dem beliebten Schlupfwinkel der Seeräuber. Dort hat dann ein Bürger von Kydonia, Eumaridas, 20 Talente als Lösegeld für die Gefangenen teils selbst gegeben, teils zusammengebracht, ihnen dann auch noch das Reisegeld zur Rückkehr geliehen. Weiter hat er die attischen Gesandten, die nach Kreta kamen, um die alten Beziehungen mit allen Kretern wiederherzustellen, dabei unterstützt und auch bei der Suche nach Beute, die etwa durch kretische Kaperschiffe weggeführt worden war. Von einem anderen aitolischen Raubzug nach Attika berichtet die attische Inschrift II² 746 (nach 240) Anh. I 78, die zwar sehr verstümmelt ist, aber von verkauften und nach Aitolien entführten Opfern, von Schiffen (?) und vom Einfall in das Land handelt.

Ein weiterer Fall von Entführung durch Seeräuber liegt in dem Dekret der Stadt Theangela in Karien, gefunden in Delos (Anh. I 79), vor. Semos, Sohn des Kosmiades von Delos († vor 200 v. Chr. vgl. XI 4, 613), wird von der Stadt Theangela belobt und zum Proxenos ernannt, weil er mehrere (mindestens drei) Frauen aus Theangela aus der Beute eines Seeräuberüberfalls losgekauft und in seinen Schutz genommen hat, nachdem er erfahren hatte, daß sie aus Theangela stammten. Es scheint, daß der delische Kaufherr aus sehr guter Familie auf dem Sklavenmarkt in Delos die Frauen aus Theangela erkannt und alsbald freigekauft hat, eine Szene, die sich dort gewiß öfter wiederholt hat. Von welcher Herkunft diese Seeräuber gewesen sind, (Kreter? Aitoler?) war vielleicht in Z. 4/5 angegeben. Der Preis des Loskaufes stand wohl Z. 12. Ähnliche Verdienste um Loskauf von entführten Landsleuten werden auch sonst oft die Ursache für Ernennung zum Proxenos gewesen sein, nur erfahren wir die Motive für solche Ernennungen selten so ausführlich.

Wie aber im übrigen die aitolischen Bergbewohner es praktisch haben durchführen können, auf der See längere Zeit eine nicht unbedeutende Rolle zu spielen, das lehren uns die Mitteilungen des Polybios, der freilich als ihr erbitterter Feind nicht etwa unparteiisch geschildert haben wird. Bei ihm erscheinen die Führer der Aitoler oft in enger Verbindung mit Piraten, so Dorimachos in Phigalia (Anh. I 80), wo er sie auf die messenische Landschaft losläßt, wie man sonst Kaperschiffe ausschickt, und sich nicht scheut, an ihrem Raube teilzunehmen.

Nicht anders hat Euripides Piraten und Söldner in seinem Heere (Polyb. IV 68). Brauchten die Aitoler also Schiffe, so fanden sie die bei den geschickt behandelten Piraten oder auch auf der Insel Kephallenia (Polyb. V, 3, 7). Denn es war die Zeit, deren Hauptereignis die Piraterie der Illyrier war, gleichzeitig mit dem Sturz der Dynastie von Epirus. Ihre Einfälle (vor 230 v. Chr.) an den Küsten des Peloponnes, in Elis und Messenien hat Polybios geschildert (II, 5, 1—2). Organisiert wurden sie von Agron und der Königin Teuta als eine nationale Industrie zur Eroberung und Plünderung, wie sie Holleaux in seiner glänzenden Schilderung, Rome, la Grèce usw. 22f., genannt hat. Griechenland war schutzlos gegen sie, denn die Aitoler und Achäer besaßen keine Flotte, nur die Römer hätten helfen können, aber keiner rief sie.

Wem das Hauptverdienst gebührt bei der endgültigen Vertreibung aitolischer Seeräuber, ob es nur die kretische Konkurrenz war oder wirksame Maßnahmen der rhodischen Flotte, welche 220 auch den Demetrios von Pharos aus dem Kykladenmeer verjagt hatte (s. Holleaux a. a. O. 142), wissen wir nicht genau, da die Überlieferung über die rhodische Geschichte und seine zeitweilig überragende Bedeutung als Seemacht sehr dürftig ist. Aber das steht fest, daß im Inselbund die Führung nach den Ptolemäern und den Antigoniden schließlich auf Rhodos übergegangen ist, dem es gelang, um 200 eine Erneuerung dieses Bundes herbeizuführen. Wir erkennen diese Entwicklung zunächst an dem Vorwiegen des rhodischen Einflusses in Delos. Unter den Belegen, welche Durrbach zu Choix d'Inscriptions de Délos I S. 80f. gesammelt hat, verdient eine Reihe von Ehrungen rhodischer Männer durch Delos I G XI, 4 n. 751—55, 683 Hervorhebung. Der eine Anaxibios, Sohn des Pheidianax, war vom rhodischen Volke ausgesandt als „Befehlshaber auf den Inseln und auf den Schiffen der Inseln" (752, 4), führte also die Inselflotte als Nesiarchos, wie das Amt unter den Ptolemäern geheißen hatte, der andere Epikrates, Sohn des Polystratos, wurde an der Spitze rhodischer geschützter Kriegsschiffe ausgesandt (Syll³ 582), hatte aber auch, vielleicht nur vorübergehend, die Trieren des Inselbundes und athenische offene Schiffe unter seinem Kommando (Anh. I 81). Er sorgte für die Sicherheit des Inselmeeres und der Inseln. Besonders suchte er Delos durch eine Verordnung, die im Heiligtum aufgestellt war, zu schützen. Sie verbot, daß Delos als Auslaufshafen für πειρατεύοντες τοὺς πολεμίους, d. h. Kaperschiffe gegen Feinde, benutzt würde, wie Durrbach richtig erklärt. Solche Schiffe sollten vielmehr aus ihrem Heimathafen auslaufen und die heilige Insel nicht in das Kampfgebiet hineinziehen. Wenn man dieser Erklärung Durrbachs folgt, also nicht an privaten Seeraub denkt wie Ormerod S. 133, wird man ihm auch darin zustimmen, daß die Inschrift der ganzen Sachlage nach in den syrischen Krieg gehört, etwa 190 v. Chr., und nicht schon in den Krieg gegen Philipp 200 v. Chr.

Die hohe Seegeltung, welche sich Rhodos durch solche Politik immer mehr erworben hatte, kam auch im Jahre 219 bei Ausbruch des Bundesgenossenkrieges zum Ausdruck. Es galt, den griechischen Pontoshandel gegen das Paragogion, den Sundzoll der Byzantiner, zu schützen. Zu dem Zwecke rufen alle Seefahrer[1])

---

[1]) Wie das praktisch zu denken ist, ob ganz allgemein die interessierten handeltreibenden Städte gemeint sind oder eine Art Organisation der Pontosfahrer vorhanden gewesen ist, vermögen wir nicht zu sagen.

die Rhodier an (Anh. I 82), weil diese im Rufe standen, die Führung zur See
zu haben. Rhodos versagt sich ihnen nicht, sondern beginnt den Krieg, dessen
Verlauf und glücklichen Ausgang wir hier nicht zu verfolgen haben.[1]) Ganz
ähnlich war die Lage[2]) 181 v. Chr. König Eumenes führte Krieg gegen Pharnakes
von Bosporos, legte sich mit seiner Flotte vor die südliche Einfahrt des Bosporos
und ließ kein Schiff in den Pontos hinein. Da griff Rhodos wieder ein und ver-
hinderte die neue Sperrung der Handelsstraße (Polyb. XXVII 7, 5 Anh. I 83).

Die Rhodier besaßen weiter noch ein diplomatisches Mittel, sich Hilfe im Kampfe
gegen die Piraten zu verschaffen, in ihren Bündnisverträgen mit anderen Seestaaten. Erhalten ist uns ein besonders gutes Beispiel, der Vertrag zwischen
Rhodos und Hierapytna (Syll.[3] 581, Schwyzer 288 etwa 200—197). In diesem
Vertrage verspricht Hierapytna gleich zu Anfang (§ II) seinem Bundesgenossen
im Bündnisfalle seine Stadt, seine Häfen, seine ὁρματήρια (vgl. oben S. 17), zur
Verfügung zu stellen. Es folgen Einzelheiten über die Bundeshilfe von 200 Hopliten,
die Transportkosten, die Rhodos trägt, die Verpflegungskosten, die Löhnung,
den Kriegsfall zwischen Rhodos und den Bundesgenossen von Hierapytna,
in dem Rhodos angegriffen wird und die Anwerbung von Söldnern für Rhodos auf
Kreta, die Hierapytna fördern muß. Endlich folgt (§ X) als letzte Pflichtleistung
der Hierapytnier (Anh. I 84): wenn sich Räuberbanden in Kreta bilden und die
Rhodier zur See kämpfen gegen die Räuber oder die, welche sie bei sich aufnehmen
oder ihnen helfen, dann sollen auch die Hierapytnier zu Wasser und zu Lande
mit aller nur möglichen Kraft auf eigene Kosten mitkämpfen. Die gefangenen
Seeräuber und ihre Schiffe sollen an die Rhodier ausgeliefert werden, von der
anderen Beute soll jede der am Kampfe beteiligten Parteien einen Teil erhalten.
Also das Vorkommen solcher Räuberbanden ist eine allgemein bekannte Tatsache, mit der man bei solchen Verträgen rechnen muß, und die Aufnahme dieses
Paragraphen in den Bündnisvertrag deutet auf reiche rhodische Praxis in See-
räuberkämpfen. Entsprechend findet sich dann weiter unter den Bundespflichten
der Rhodier die Bestimmung Z. 79f. (Anh. I 85): Wenn einige von den Städten,
welche die Räuber bei sich aufnahmen oder ihnen halfen, als die Hierapytnier
den Rhodiern Bundeshilfe zur Auflösung der Räuberbanden leisteten, deshalb
mit Hierapytna Krieg anfangen, sollen die Rhodier den Hierapytniern mit
aller Kraft, so gut sie nur können, zu Hilfe eilen, und wer so etwas unternimmt,
soll ein Feind der Rhodier sein. Das volle Verständnis dieses Vertrages kann
erst der historische Zusammenhang der Ereignisse vermitteln, in den er gehört.
Daß aber der Bündnisfall für beide Parteien öfter eingetreten ist, das ist an und
für sich sehr wahrscheinlich und wird durch eine neugefundene kretische Inschrift bestätigt, eine Weihung an die Athena Lindia, ausgehend von den ins
Feld gezogenen Rhodiern (Ῥοδίων οἱ στρατευσάμενοι) und gefunden in Lato
πρὸς καμάρα am Isthmos von Hierapytna, vgl. Riv. di Filologia NS. 2, 1924, 96—9,
Halbherr, La missione arch. ital. in Creta. Vorausgegangen war der rhodisch-
kretische Krieg. Welche Bedeutung in diesem Kriege Seeraub und Kaperei
gehabt hatten, wie sie direkt als Mittel zur Kriegsführung betrachtet wurden,

---

[1]) Vgl. Niese, Gesch. d. hellenist. Staaten II, 113.
[2]) Vgl. Holleaux, Rome, la Grèce et les monarchies hellénist. 1921, 90.

das zeigen uns die Nachrichten von König Philipp V. (Anh. I 86) und dem Kaperführer Dikaiarchos aus Aitolien, von den Seeräubern in Chalkis und von König Nabis, dem Polybios geradezu nachsagt, daß er Teilhaber am Seeraub der Kreter u. a. gewesen sei (Anh. I 87).

Es müssen demnach die Jahre vor und nach 200 eine besondere Blütezeit des Seeraubs gewesen sein, und es ist leicht verständlich, daß die Seeräuber, sobald ein neuer Krieg ausbrach, immer von neuem zur Stelle waren, und zwar auf der Seite, wo sie hoffen konnten, die reichste Beute zu machen. So war es 190 v. Chr. im Antiochoskriege, wo der rhodische Admiral in syrischen Diensten Polyxenidas einen Archipiraten Nikander mit fünf Schiffen bei seinem Handstreich auf Samos gegen den Pausistratos erfolgreich verwendet (Liv. 37, 11). Vielleicht gehörten diese Schiffe zu derselben Abteilung von 15 Piratenschiffen, welche kurz darauf beim Vorgebirge Myonnesos unweit Teos erschienen, und zwar beladen mit Beute von Chios (Liv. 37, 27), und den Zugang zum Hafen von Teos erschwerten. Diese Episode, welche sich in dem bei den Piraten besonders beliebten Meeresabschnitt zwischen Chios, Samos und der buchtenreichen kleinasiatischen Küste abspielte, ist von Ormerod nur kurz erwähnt, aber schon von L. Stein in seinem letzten Kapitel von Zur Piraterie im Altertum, Bernburg 1894, eingehend behandelt.

Woher diese Seeräuber kamen, erfahren wir nicht. Vielleicht waren es keine Kreter, denn gerade von Teos wissen wir durch die Asylie-Dekrete, daß man dort verstanden hatte, auf diplomatischem Wege sich gegen die Besuche kretischer Seeräuber zu sichern. Die Szene, wie die klugen Gesandten von Teos in richtiger Erkenntnis der Mentalität der Kreter in der Volksversammlung von Knossos und von Priansos auftreten und den biederen Seeräubern rings um sich herum nicht nur ihren diplomatischen Auftrag auf Anerkennung der Asylie des Dionysos-Heiligtums von Teos ausrichten, wie in den anderen Städten, sondern wie dann der eine von ihnen, Menekles, die Kithara in die Hand nimmt und Werke von Polyeidos, Timotheos und kretischen Dichtern vorträgt, ja einen ganzen Kyklos aus Dichtern und Historikern über die Kreter und ihre Götter rezitiert und rauschenden Beifall erntet, ist besonders von R. Herzog humorvoll gewürdigt (Klio 2, 1902, 317).

Hier ist es vielleicht angebracht, einen Augenblick inne zu halten und, bevor wir von der letzten Blütezeit des Seeräubertums auf griechischen Meeren sprechen, auch mancher unbestimmter Zeugnisse noch zu gedenken, die ebenfalls bezeugen, daß in hellenistischer Zeit, besonders im 2. Jahrhundert v. Chr. der Seeraub auf griechischen Meeren eine häufige und alltägliche Erscheinung war.

Solche Zeugnisse bieten zunächst eine Reihe von Gedichten der Anthologia Palatina. Sie erwähnen mehrfach Seeräuber, so das Grabgedicht für Pyros, A. P. VII, 640. Er fand seinen Tod durch die Seeräuber, deren schnelles Schiff sein eigenes, durch Windstille am Entkommen gehindertes, einholte. Oder das Grabgedicht des Timolytos, gedichtet von Leonidas von Tarent, A. P. VII, 654. Er wurde ins Meer gestoßen von kretischen Seeräubern, welche bei dieser Gelegenheit nicht gerade freundlich gezeichnet werden. Auch A. P. VII, 737 gilt einem namenlosen Opfer von Seeräubern. Schwer zu erkennen ist der Sachverhalt in dem Grabgedicht bei Kaibel, Epigrammata Graeca n. 214. Das Kenotaph, errichtet von Protos, gilt zwei Brüdern aus dem Pontos, Pharnakes und Myron, die vom Nordsturm bei der Insel Seriphos zum Schiffbruch gebracht sind und vielleicht als Piraten angesehen und deshalb von den Seriphiern getötet wurden. So deutet A. Wilhelm die Verse 5—6 des Gedichtes, s. Österr. Jahresh. 4, 1905, Beibl. 17 und Bull. corr. hell. 1905, 410. Und A. P. XI, 162, das Ormerod passend seinem Buche als Motto auf das Titelblatt gesetzt hat, lautet: Als jemand nach Rhodos fahren wollte und den olympischen Seher befragte, wie er sicher dorthin gelangen könnte, sprach der Seher: ,,Erstens sei dein Schiff neu, und dann fahre nicht im Winter ab, sondern im Sommer. Wenn du das tust, wirst du auch richtig dorthin gelangen, wenn nicht auf dem Meer der Seeräuber dich fängt". Auch das Gedicht Kaibel 184 verdient hier Erwähnung. Es gilt dem 27 jährigen Alexander von Kerkyra, der als tüchtiger Bogenschütze Seeräuber im Kampfe auf den Strophaden erlegt hatte, wohl vor 227, dem Jahre der Unterdrückung des illyrischen Seeraubs durch die Römer.

Ein ähnliches Erlebnis kann vorausgegangen sein, wenn der gerettete Kaufmann aus Askalon sein dankbares σωθείς ἐκ πειρατῶν im Tempel zu Delos weiht, und gewiß gab es zahlreiche solche Dankweihungen für Errettung aus der Gefahr durch einen Seeräuberangriff in den Tempeln von Delos, Rhodos und den Hafenstädten der südkleinasiatischen Küste. (vgl. Comptes Rendus Acad. Inscr. 1909, 308. Ormerod 205.

So ist es verständlich, daß der Seeraub oft bestimmend für die Lebensschicksale besonders der Inselgriechen geworden ist, wie das schon die griechische Komödie lehrt, in der so häufig das Motiv der Entführung durch Seeräuber und des Verkaufs in die Sklaverei wiederkehrt (vgl. die Beispiele bei Ormerod 260f.). Auch die Inschriften geben mitunter solche Beispiele, am bezeichnendsten wohl Ditt. Syll. ³, 622. Wir erfahren aus dieser Inschrift aus den Jahren 185 bis 175 v. Chr., daß ein Bürger der Stadt Oaxos auf Kreta, namens Eraton, in Kriegsdiensten, wohl als Söldner, nach Kypros kam, sich dort verheiratete und zwei Söhne hatte, Epikles und Euagoras, und dann dort starb. Seine Witwe geriet mit dem Epikles in Gefangenschaft — hier greifen wohl Seeräuber ein — und Epikles wurde nach Amphissa verkauft, konnte aber bald sein Lösegeld bezahlen und wohnte als Metöke in Amphissa, erreichte aber dann durch ein Schreiben seiner Vaterstadt Oaxos an die Aitoler, das erhalten ist, daß er das aitolische Bundesbürgerrecht erhielt. Sehr lehrreich ist hier zu sehen, wie die kretische Stadt für ihre verschlagenen Bürger sorgt, und wie gut ihr Verhältnis zu den aitolischen Bundesbehörden ist. Kreter und Aitoler wußten einander damals wohl zu schätzen, schlossen auch einen Isopolitievertrag miteinander ab (vgl. Swoboda, Griech. Staatsaltertümer 350, A. 7).

Merkwürdige Tatsachen läßt auch das kretische Dekret I G II/III², 1130 (aus dem Anfang des 2. Jahrhunderts) mehr ahnen als erkennen. Man beschließt in Kreta auf Veranlassung zweier attischer Gesandter, daß es künftig verboten sein soll, eine Athenerin in gewaltsamer Weise fortzuführen. Bestimmungen für das Rechtsverfahren vor dem Kosmos der uns unbekannten Stadt folgen. Die Erwähnung der Verträge mit Bundesgenossen (Z. 9) müßte einen Anhalt für die genauere Datierung geben. Dann folgt von Z. 12 an ein zweiter Beschluß oder

Brief. Gesandte waren in der Gebirgsgegend eingeschlossen gehalten. Ihre Befreiung erfolgt durch Bezahlung des Lösegeldes, das die, welche sie in ihrer Gewalt hatten, forderten. Es ist von Gastgeschenken nach der Väter Art die Rede und von der Pflicht, für Gesandte öffentlich einzutreten. Einer der Befreiten, Proitimos, ist ein Bürger der den Brief schreibenden Stadt. Alles nur Andeutungen, aber sicher steckt hier wieder kretischer Seeraub dahinter.

Die kilikischen Seeräuber.

Wir sahen im 3. Jahrhundert v. Chr. nacheinander, teilweise auch nebeneinander die Tyrrhener, Aitoler, Kreter im Seeraub sich betätigen. Am Schlusse des Jahrhunderts war keines dieser Völker völlig gebrochen und dauernd vom Meere vertrieben, aber durch das Erscheinen römischer Flotten in der Aegäis war ihnen allen doch das Handwerk wesentlich erschwert. So ist es ganz natürlich, daß auch die kretischen Küsten ihnen nicht mehr genügend Schutz boten, und daß ein neues Zentrum der Seeräubermacht in der Folgezeit an noch entlegeneren, größere Sicherheit bietenden Küsten sich bilden konnte. Eine solche ideale Seeräuberküste ist die Küste von Kilikien und Pamphylien.

Die natürlichen geographischen Voraussetzungen für den Betrieb des Seeraubs, wie sie diese Landschaft boten, sind zuerst von Strabon, in neuerer Zeit auf Grund moderner geographischer Erforschung von O. Benndorf, Reisen im südwestl. Kleinasien I 25f.; Heroon von Gjölbaschi-Trysa 20f.; Festschrift für O. Hirschfeld 1902, 82f. und zuletzt von H. A. Ormerod, Piracy in the ancient world, S. 190ff. geschildert worden, auf die hier verwiesen sei.

Strabon schildert anschaulich, und Benndorf bestätigt es, wie „das hohe Strandgebirge dicht an das Meer herantritt, und jeder freiliegende Gipfel dieses Gebirgszuges Seeräubern weitblickende und zugleich vorzüglich sichere Warten bot, von wo sich Beute erspähen, Gefahr vorhersehen und über die Steilhänge im Nu hinabeilen ließ, um die versteckten Häfen des zerrissenen Gestades wie Ausfalls- und Rückzugstore zu benutzen". Strabon schildert weiter das rauhe gebirgige Hinterland mit seinen Burgen auf den Bergkuppen, die sichere Verstecke und Stapelplätze für die heimgebrachte Beute bildeten, und mit den kleinen Ebenen zwischen den Bergen, welche durch ihre Fruchtbarkeit auch reiche Gelegenheit zum Landraub boten. Strabon macht auch bestimmte Angaben, welche Küstenplätze Stützpunkte der Seeräuber gewesen sind (Anh. I 88). Aber eine Geschichte des kilikischen Seeraubs gibt er natürlich nicht.

Die Entwicklung des Seeraubs an der kilikisch-pamphylischen Küste ist sehr gefördert worden durch die politischen Verhältnisse, d. h. durch das häufige Wechseln des Landesherrn. Seleukidisch blieb Kilikien von 295 an, nachdem es vorher in schnellem Wechsel nach Alexander den Ptolemaios, Pleistarchos, Demetrios Poliorketes zu Landesherren gehabt hatte. Ptolemäisch war das rauhe Kilikien von 253/2 bis etwa 200. Ob und welche Maßregeln diese Landesherren zur Sicherung der Seefahrt getroffen haben, können wir nicht feststellen. Sicherlich aber drang die Aufsicht der Zentralregierung nicht tief in die kilikischen Berge ein.

Sicher ist ferner, daß dann Antiochos III im Jahre 197 den Versuch machte,
die kilikische Küste wiederzugewinnen; die einzige Stadt, vor der er ernsten
Widerstand fand (Livius 33, 19), war Korakesion, die spätere Hauptstadt der
Seeräuber. Hier empfing er die rhodische Gesandtschaft und hörte ihr Ersuchen,
daß er mit seiner Flotte nicht weiter als bis zu den chelidonischen Inseln vor-
rücken möchte.[1])

Zwar machte er weitere Eroberungen auf Kosten der Besitzungen der Ptolemäer in Klein-Asien, aber sein Siegeslauf wurde bald durch die römischen Legionen
gehemmt, welche ihn zur Umkehr und zum Frieden von 189 zwangen. Er behielt
das Rauhe Kilikien, aber seine Flotte wurde auf zehn Schiffe beschränkt, und diese
durften nicht über die Kalykadnos-Mündung nach Westen vordringen.[2]) Wer
aber sollte etwa mit einem Landheer nach Kilikien marschieren ? Die Seeräuber-
heimat im rauhen Kilikien wurde also tatsächlich so gut wie unabhängig, solange
nicht eine römische Flotte an ihren Küsten erschien.[3])

In der seleukidischen Geschichte spielt der entfernte kilikische Winkel keine
Rolle. Höchstens nutzen syrische Prätendenten wie Alexander Balas (159)
und Diodotos Tryphon (140) die entlegene Gegend als Ausgangspunkt ihrer
Unternehmungen gegen die seleukidische Zentrale aus. Von Tryphon, dessen
Stützpunkt Korakesion war, sagt Strabon wörtlich (Anh. I 89), daß er die
Kilikier zum Seeraub veranlaßt habe. Daran wird soviel richtig sein, daß die
dauernden Thronkämpfe im Seleukidenreiche dem Seeräuberhandwerk reiche
Entwicklungsmöglichkeit gaben.[4]) Sicher wird es auch vor Tryphons Zeit be-
reits geblüht haben, wie auch Ormerod (S. 205) bemerkt. Aber zu planmäßiger
Ausdehnung ist es wohl erst durch die glänzende Konjunktur auf dem Sklaven-
markte gelangt, welche die Eröffnung des Freihafens Delos und die steigenden
Bedürfnisse des römischen Sklavenmarktes mit sich brachten. Schon Strabon
(Anh. I 89) bringt Seeraub und Sklavenmarkt in Zusammenhang.

Von der weiteren Tätigkeit der kilikischen Seeräuber, von der Ausdehnung ihres
Aktionsradius, der zuerst sicher nur die Handelsstraße Phoinikien—Kypros—
Rhodos an der kleinasiatischen Küste entlang umfaßte, später aber weit auf das
hohe Meer hinaus und an die gesamte kleinasiatische und Inselküste reichte,
kennen wir Einzelheiten nicht und wissen nicht, auf welche Zeit sich Strabons
anschauliche Schilderung (Anh. I 88) bezieht: jene, (d. h. die Pamphyler und Kilikier von Rauh-Kilikien) benutzten ihr Gebiet als Ausgangspunkt zum Seeraub
und übten diesen teils selbst aus, teils gewährten sie den Seeräubern den Markt
für ihre Beute und ihre Schiffswerften. In Side in Pamphylien bestand die Werft
für die Kilikier, dort verkauften sie unter Heroldsruf die Gefangenen, von denen sie
angaben, daß sie Freie seien. Daß die Pamphylier auch sonst am Piratenhandwerk

---

[1]) Die Belege gibt Ernst Meyer, Die Grenzen der hellenistischen Staaten in Kleinasien
1925, 32ff., doch vgl. zu seinen Angaben W. Otto, Beitr. zur Seleukidengeschichte des
3. Jahrhunderts v. Chr. (Abh. d. Münch. Akademie 34, 1928, Abh. 1 S. 20f., 63).

[2]) Vgl. De Sanctis, Storia dei Romani IV, 207.

[3]) Vgl. auch Ernst Meyer, a. a. O. 130f.

[4]) Auch zu Lande haben erfolgreiche Archipiraten zeitweilig auf Kosten des Priester-
fürsten von Olba, Einzelherrschaften begründet vgl. Anh. I 90.

beteiligt waren, sagt Strabon ausdrücklich (Anh. I 91): die Pamphylier haben viel mit dem kilikischen Stamm gemeinsam, haben auch das Räuberhandwerk noch nicht völlig aufgegeben und lassen ihre Nachbarn nicht in Ruhe leben, obgleich sie die südlichen Teile am Fuß des Tauros bewohnen.

Wie die Kilikier dann weiter ihr Unwesen zur See getrieben haben, das beweisen am besten die Gegenmaßnahmen der römischen Regierung.

Sie beginnen mit dem Zuge des M. Antonius im Jahre 102 v. Chr. Welches seine unmittelbare Veranlassung war, sagen unsere Quellen[1]) nicht. Sicher aber lagen, wie Ormerod 209 vermutet, dringende Klagen aus Kleinasien vor. Vom Verlaufe des Feldzuges wissen wir nichts, denn die einzige Inschrift, die sich vielleicht auf ihn bezieht, kann auch dem M. Antonius Creticus von 79 v. Chr. gelten (Anh. I 92).

Antonius erhielt für seine Siege den Triumph zuerkannt (Plut. Pomp. 24), doch wissen wir nichts von ihnen, und bedeutungsvoll für die Zukunft sind sie nicht gewesen. Wichtig aber war, daß nunmehr ein festes militärisches Kommando in Kilikien errichtet wurde (Marquardt, Röm. Staatsverw. I² 380 f), das eine dauernde Beobachtung und Bedrohung der Seeräuber bedeutete.

Aber nach zwei Jahren stand man in Rom von neuem vor der Notwendigkeit, energisch gegen die Seeräuber vorzugehen. Wir erfahren das aus dem Piratengesetz von Delphi, erlassen im Jahre 100 v. Chr., über das bereits eine reiche Literatur vorliegt (Anh. I 93). Angeordnet werden in diesem Gesetz Maßregeln gegen die Seeräuber in Kilikien. Als ihr Zweck wird bezeichnet: die Sicherung der Schiffahrt für die Römer und die socii Latini. Dabei wird Kilikien genannt und weiter als die Adressaten der Briefe, die in dieser Angelegenheit versandt werden: der König von Kyppros, der König von Ägypten, der König von Kyrene, die Könige von Syrien, also die Seestaaten, welche für den südöstlichen Teil des Mittelmeeres maßgebend sind. Sie sollen alle dafür sorgen, daß aus ihrem Lande und Gebiet kein Seeräuber ausfahren kann, und daß keiner ihrer Kommandanten Seeräuber bei sich aufnimmt. In dem Kreise dieser Seeherren des Mittelmeeres kann Rhodos nicht fehlen. In der Tat spielen die rhodischen Gesandten eine besondere Rolle in dem Gesetz. Sie sollen die erwähnten Schreiben an die Könige mitnehmen (Z. 12), der Konsul soll für ihre Sicherheit besonders sorgen, also sollen sie die Schreiben vermutlich auch mit rhodischen Schiffen bestellen. Kehren aber rhodische Gesandte nach Rom zurück, sollen sie unverzüglich außer der Reihe Zutritt zum Senat erhalten (Z. 17f.). Weiter soll unter dem Konsulat des C. Marius und L. Valerius (100 v. Chr.) der neuernannte Statthalter der Provinz Asien und Makedonien an die Städte, welche socii und amici sind, und an die genannten Könige ebenfalls ein Schreiben in demselben Sinne senden, ebenso ihnen allen ein Exemplar des Gesetzes zum Zwecke der öffentlichen Aufstellung senden. Weitere ausführliche Paragraphen betreffen die Sanktion des Gesetzes, das also die vorbereitenden Maßregeln zu einer allseitigen Einkreisung und Abschließung der kilikischen Seeräuber bezweckt, veranlaßt sicherlich durch die Anzeigen und Nachrichten der Rhodier, die ihrer alten Tradition als Seepolizei

---

[1]) Livius Epit. LXVIII, Obsequens 104, Trogus prol. 39.

3 Ziebarth.

ausübende Macht treu geblieben waren.[1]) Leider müssen wir hier stehen bleiben und feststellen, daß wir über die Durchführung dieses Gesetzes und über den Feldherrn, der auf Grund des Gesetzes mit dem neuen Kommando gegen die Seeräuber beauftragt wurde, gar nichts wissen. Aber aufgestellt in Delphi ist es gewesen, also auch in Kraft getreten, aber wohl infolge des Sturzes des Marius bald wieder in Vergessenheit geraten. Aber die strategische Idee, wie man die Seeräuber umfassend anpacken müßte, kehrt bei den späteren Unternehmungen wieder, freilich erst, nachdem schmerzliche Erfahrungen die Römer belehrt hatten, daß die Bekämpfung der Seeräuber von der Landseite aus mit den Kräften des Statthalters von Kilikien nicht zu leisten war.

Zu diesen Statthaltern gehörte auch Sulla 92 v. Chr., doch führten ihn damals größere Aufgaben weit über die Grenzen seiner Provinz hinaus, er trat als erster römischer Feldherr mit den Parthern in Berührung (Plut. Sulla 5) und kam deshalb nicht dazu, sich um die nächsten Sorgen seiner Provinz zu kümmern. Später aber war er ganz durch den mithradatischen Krieg in Anspruch genommen und hatte dabei die traurige Rolle, ruhig zuzusehen, wie die Seeräuber als Freunde und Bundesgenossen des Mithradates die Heiligtümer an Kleinasiens Küste der Reihe nach plünderten.

Trotzdem ist Ormerods Vermutung nicht unwahrscheinlich, daß bereits Sulla erkannt hat, daß die Seeräuber nur durch einen Doppelangriff von der Land- und Seeseite her endgültig besiegt werden könnten, da ihre Kraft nicht nur auf der Flotte in den Buchten der kilikischen Küste sondern auch den kriegerischen Bergstämmen zu beiden Seiten des Tauros beruhte. Der erste römische Feldherr, der die Aufgabe in diesem umfassenden Sinne zu lösen suchte, war, wenn wir von Murena, dem Nachfolger Sullas absehen, Servilius Isauricus, Konsul 79 v. Chr. Über seine Feldzüge hat Ormerod im Journ. of Roman Studies 12, 1922, 35—36, im einzelnen gehandelt und diese Abhandlung seitenweise in sein Buch aufgenommen (S. 212—218). Schon lange vor ihm aber hatte ein genauer Kenner des Terrains, O. Benndorf, Festschrift für O. Hirschfeld 1902, 84ff., den Feldzug des Servilius knapp aber überzeugend geschildert, den Ormerod nicht einmal nennt[2]). Servilius verließ Italien 78 noch vor Sullas Tode. Er begann seine Operationen gegen die Seeräuber im Frühjahr 77. Er stieß von Westen aus[3]) zuerst auf Lykien, wo damals ein merkwürdiger Vorposten der Seeräuber, der Dynast Zeniketes in Phaselis, Korykos und auf dem lykischen Olymp sich eingenistet hatte. Über ihn bietet Benndorf weit mehr als Ormerod. Streifzüge nach Pamphylien sicherten dem Zeniketes die Stadt Attaleia und andere Orte. Er scheint sogar den Königstitel angenommen und in Dodona als „König Zeniketes" das Orakel befragt zu haben (Anh. I 94). Natürlich steigerte dieses „parasitäre Staatsgebilde" nur die Nöte des Seewegs nach Kilikien für die Römer. Daher

---

[1]) Dies ist auch die Meinung F. Hillers v. Gaertringen nach freundlicher brieflicher Mitteilung.

[2]) Dazu kürzlich Ramsay, Anatolica quaedam. Journ. Hell. Stud. 48, 1928, 46—50.

[3]) Vielleicht auf dem Landmarsch von Ephesos aus (Ramsay), wo er auch nach seiner Rückkehr vom Kriegsschauplatze verweilte und einen Kult erhielt, vgl. Österr. Jahresh. 18, 1914, Beibl. 281.

war es eine Hauptaufgabe des Servilius, mit diesem Vorposten der Kilikier aufzuräumen. Er nahm im Kampfe gegen Zeniketes Phaselis,[1]) Korykos auch Attaleia, siegte in einer Seeschlacht, schloß die Banden des Zeniketes im Gebirge ein und nötigte „den Eintagskönig, in den Flammen seiner Hochburg samt dem ganzen Hausstande ein rühmliches Ende zu suchen" (Benndorf) Anh. I 95. Auf die Seeschlacht bei den chelidonischen Inseln bezieht Benndorf mit großer Wahrscheinlichkeit die Weihungen des Aichmon, des Nauarchen der lykischen Bundestruppen, an den Ares und an Sarpedon und Glaukos und die Weihung des Heroons für den Nauarchen durch seine Matrosen (Anh. I 96). Dann haben also die Lykier als Bundesgenossen der Römer gegen Zeniketes gekämpft.

Die weiteren Züge des Servilius, die ihn schließlich vor Isaura Vetus und Nova führten, sind von Ormerod und Ramsay mit topographischen Einzelheiten und Belegen behandelt, auf die wir nicht eingehen können. Er machte hier den Versuch, die kriegerischen Stämme am Tauros zu befrieden, und erzielte an der Nordseite des Gebirges gute Erfolge, schuf also hier die Vorbedingungen für den kombinierten Angriff zu Lande und Wasser auf das Rauhe Kilikien, die eigentliche Hochburg der Piraten.

Die Ausführung dieses Angriffes sollte 74 v. Chr. sein Nachfolger M. Antonius übernehmen, dem zu diesem Zwecke ein ähnliches imperium maius ohne zeitliche Beschränkung, wie später dem Pompeius (Anh. I 97), verliehen wurde. Aber die beabsichtigten Landoperationen wurden zuerst durch den frühen Tod von Servilius' Nachfolger Octavius und dann durch den Ausbruch des dritten mithradatischen Krieges hinausgeschoben. So erschien Antonius erst 72 in Griechenland (Wilhelm, Beiträge 295 zu I G IV, 132), ließ in Gytheion (Anh. I 98) und sonst im Peloponnes durch seine Legaten Lieferungen an Korn und Bekleidung für die Truppen ausschreiben und eintreiben und führte, wohl von Gytheion aus, seine Truppen nach Kreta hinüber, wurde aber geschlagen und gefangen nach Kreta gebracht (Belege bei Foucart, Journ. des Savants 1906, 569—81).

Wie sich vor und nach diesen Ereignissen die Verbreitung und die Tätigkeit der kilikischen Seeräuber weiter entwickelt hat, das schildern mehrere Berichte in unseren Quellen.

Am klarsten sind die Angaben bei Appian. Sie finden sich an zwei Stellen, zuerst Mithrid. 63 (Anh. I 99), wo er Sullas Maßnahmen in Kleinasien nach dem Frieden von Dardanos schildert, besonders die schweren Kontributionen und dann sagt: „Es fuhren aber auch ganz offen zahlreiche Räuber, die mehr Flotten als Räubern glichen, auf Asien los. Mithradates hatte sie zuerst auf das Meer losgelassen, damals, als er alles zerstörte in dem Glauben, es nicht lange behaupten zu können. Sie waren bis zu dem damaligen Zeitpunkt immer zahlreicher geworden und machten nicht nur auf die Seefahrer, sondern auch auf die Häfen, Orte und Städte ganz offen ihre Angriffe. So wurden trotz der Anwesenheit des Sulla Iasos, Samos, Klazomenai und Samothrake genommen und im Heiligtum von Samothrake Kunstwerke im Werte von 1000 Tal., wie

---

[1]) Wo der Seeraub offenbar erst kürzlich herrschend geworden war, wie Ormerod hervorhebt.

es hieß, geraubt.'' Auf diese Dinge kommt dann Appian Kap. 91 am Ende zurück, weil der Kampf des Pompeius zur Reinigung der See von keinem Schriftsteller bisher beschrieben wäre. Er beginnt mit fast denselben Worten wie
Kap. 63 ,,Als Mithradates seinen ersten Krieg mit den Römern führte und
Klein-Asien besetzt hatte, und Sulla um Griechenland kämpfte, und Mithradates
glaubte, daß er Klein-Asien nicht lange behaupten werde[1]), hat er auch sonst,
wie bereits berichtet, alles zerstört und auf das Meer Seeräuber losgelassen,
welche zuerst mit wenigen kleinen Schiffen als Räuber umherfuhren und Schaden
anrichteten, dann aber, als der Krieg sich in die Länge zog, zahlreicher wurden
und auf großen Schiffen einherfuhren.'' Der Zeitpunkt ihres Auftretens im Dienste
des Königs ist auch bei Plut. Pomp. 24 (Anh. I 100) ähnlich bestimmt: ,,Die
Seeräubermacht brach zuerst aus Kilikien hervor und hatte kühne und ver-
steckte Anfänge, zeigte aber Überlegung und Wagemut im mithradatischen
Kriege, als sie sich dem Dienste des Königs verschrieben hatte.'' Dann erzählt
Appian weiter, wie die Seeräuber, als sie erst einmal reiche Beute kennen gelernt
hatten, auch dann nicht, als Mithradates selbst geschlagen war und Frieden schloß
und sich zurückzog, ihr Handwerk wieder aufgaben. Denn sie hatten ihre Exi-
stenz und ihr Vaterland wegen des Krieges aufgegeben, waren in große Not geraten und lebten nun anstatt vom Landbau vom Meere, ihre Schiffe aber wurden
aus Myoparen und Hemiolien zu Zwei- und Dreiruderern, ihre Piratenführer
waren wie Feldherren.''

Sehr anschaulich schildert dann Appian die Erweiterung ihres Aktionsradius.
Sie überfallen unbefestigte Städte, untergraben aber auch die Stadtmauern
der Festungen oder stürzen sie ein oder nehmen die Stadt durch Belagerung.
Dazu rauben sie Gefangene und schleppen die, welche etwas besitzen, fort zu
ihrem Hafen auf Lösegeld. Die Einnahmen, die sie dabei erzielen, nennen sie,
da sie nicht mehr Seeräuber heißen wollen, ,,Soldatensold''.

Auch bei Plutarch (Anh. I 100) schreitet die Schilderung ähnlich fort: ,,Als die
Römer in ihren Bürgerkriegen vor den Toren von Rom gegeneinander kämpften,
war das Meer ohne Seepolizei und zog die Seeräuber allmählich an und brachte
sie weiter. Sie griffen jetzt nicht nur die Seefahrer an, sondern auch die Inseln
und zerstörten die Städte an der Küste.'' Dies sind fast genau die Worte,
mit welchen Appian 63 den Fortschritt der Seeräuber schildert. Die Quelle des
Appian hat also auch Plutarch hier benutzt.

Appian gibt dann an seiner zweiten ausführlicheren Stelle (c. 92) noch Einzelheiten aus dem Seeräuberhauptquartier. Sie hatten Handwerker an die Arbeit
gefesselt und schleppten ständig Schiffsbaumaterial an Holz, Bronze und Eisen
zusammen. Denn sie waren stolz auf ihren Verdienst und dachten nicht daran,
das Seeräuberhandwerk wieder aufzugeben. Sie kamen sich wie Könige und Tyrannen oder große Heerlager vor und glaubten unbesiegbar zu sein, wenn sie alle
an einem Punkte sich vereinigten. Sie fertigten Schiffe und aller Art Waffen
an, besonders im Rauhen Kilikien, das sie als ihren gemeinsamen Hafen oder ihr
Lager betrachteten. Sie hatten aber auch an vielen Orten Wachttürme, Höhen

---

[1]) Danach Th. Reinach-Goetz, Mithrad. 184.

und einsame Inseln und Ankerplätze, aber als ihre wichtigsten Auslaufplätze betrachteten sie die in Kilikien, das rauh und hafenlos ist und von hohen Bergen überragt wird, weshalb sie auch alle mit gemeinsamem Namen Kilikier genannt wurden, da das Unheil vielleicht bei den Rauhen Kilikiern angefangen hat, aber unter Beteiligung von Syrern, Kypriern, Pamphylern und der Pontiker und fast aller östlichen Völker[1]), welche, als der mithradatische Krieg so groß und langwierig wurde, lieber mithandeln als leiden wollten und deshalb das Meer anstatt des Ackers wählten, so daß es bald viele Myriaden von ihnen wurden."

Vergleichen wir wieder die Schilderung bei Plutarch. Er betont allein, daß sich kapitalkräftige Leute aus vornehmen Geschlechtern und Hochgebildete dem Seeräuberhandwerk anschlossen und dabei blieben, da diese Beschäftigung Ruhm und Befriedigung des Ehrgeizes brachte. Er spricht von zahlreichen Seeräuberhäfen und befestigten Wachttürmen. Von den Flotten weiß seine Quelle zu berichten, daß sie edle Mannschaften hatten, gut ausgebildete Steuerleute, schnelle und leichte Schiffe, ja, daß sie neben dem Schrecken auch Neid erregten wegen der goldenen Rahen, der purpurnen Segel, der versilberten Ruder, die bei den Untaten auch den Luxus und den Prunk nicht vermissen ließen. Und das Flöten- und Saitenspiel und die Trinkgelage an jeder Küste und dazu das Entführen von konsularischen Männern und die schweren Lösegelder für die geknechteten Städte waren eine Schande für die römische Herrschaft. Endlich gibt er die Zahl der Seeräuberschiffe auf über Tausend an, die Zahl der von ihnen eroberten Städte auf vierhundert. Dann folgt auch bei Plutarch ein Katalog der geplünderten Heiligtümer. Außer den bei Appian genannten Tempeln, unter denen aber der zu Iasos fehlt, erscheinen hier neu die Apollotempel von Klaros und Didyma, der Tempel der Chthonia in Hermione, des Asklepios in Epidauros, des Poseidon auf dem Isthmos, am Tainaron und auf Kalaureia, die Apollotempel von Aktion und Leukas, die Heratempel von Samos, Argos und am lakinischen Vorgebirge. Auch von den Geheimkulten der Seeräuber am Olympos und ihrem Mithraskult hat der Berichterstatter etwas gehört.

Eine dritte, ebenfalls ganz allgemein gehaltene Darstellung des Wachsens und der Entwicklung des Seeraubs lesen wir bei Dio Cassius (Anh. I 101). Er betont, daß es Landraub und Seeraub immer gegeben habe und geben werde, aber doch meist nur in Einzelfällen. Dann aber gibt er als Grund für die ungewöhnliche Zunahme des Seeraubs die andauernden Kriege mit Städtezerstörungen an und als ihre Folge die große Zahl der Verbannten, die Rache zu fürchten hatten und deshalb heimatlos wurden und sich dem Seeraub zuwandten. Raubzüge zu Lande waren offenkundig und konnten leicht unterdrückt werden, damals aber blieben sie nicht lokalisiert, sondern die Seeräuber fuhren überall umher und konnten, da die Römer dauernd mit Kriegen beschäftigt waren,

---

[1]) Diesem Katalog der Seeraub ausübenden Völker sind hinzuzufügen die Juden. Daß auch sie von Jaffa aus Raubzüge zur See veranstaltet haben, sagt Strabon ausdrücklich (Anh. I, 100 a) und Hyrkanos selbst bestätigt im seinem Streit gegen Aristobul, der vor Pompeius in Damaskus ausgetragen wurde, daß dieser Überfälle auf die Nachbarn und Seeräuberfahrten veranstaltet habe. Den Hinweis auf diese Stellen verdanke ich Hugo Willrich in Göttingen.

alle in gleicher Lage Befindlichen für sich gewinnen, ja sie konnten auch als Bundesgenossen häufig auftreten. Beispiele dafür hatte Dio Cassius mehrfach angeführt, darunter sicher auch die Rolle der Seeräuber als Bundesgenossen des Mithradates, ,,als aber auch dieses, d. h. diese Bundesgenossenschaften (?), aufgelöst waren, hörten die Seeräuber nicht auf, sondern haben den Römern und ihren Bundesgenossen selbständig vielen Schaden zugefügt. Denn jetzt erfolgten ihre Angriffe nicht mehr mit wenigen Schiffen, sondern mit Flotten und Strategen. Zweck war zunächst das Fortschleppen der zur See Fahrenden, die nicht einmal im Winter sicher waren, nach größeren Erfolgen aber wagte man sich auch an die Leute in den Häfen. Trat ihnen jemand auf dem Wasser entgegen, so fand er seinen Tod, wenn er geschlagen wurde, siegte er aber, so konnte er doch keinen der Seeräuber erwischen, weil sie so schnell fuhren. Diese kehrten dann, als ob sie die Sieger wären, schnell wieder um und vernichteten und verbrannten alles, nicht nur Dörfer und Äcker, sondern auch ganze Städte, die sie auch unterwarfen und als Winterhäfen und Auslaufsplätze benutzten. So stiegen sie bei ihren weiteren Fortschritten auch aufs Land und griffen auch Leute an, die gar nichts mit dem Meere zu tun hatten, und zwar nicht nur bei den römischen Bundesgenossen, sondern auch in Italien selbst. Sie landeten nicht nur bei anderen Städten, sondern auch in Ostia, wo sie Schiffe in Brand steckten und raubten, was sie konnten. Ihre besondere Stärke aber beruhte darin, daß alle Seeräuber der ganzen Meere miteinander Freundschaft hielten und einander mit Geld und Hilfe unterstützten, auch wenn sie sich gar nicht kannten. Akut wurde die Seeräuberfrage, als sie die römische Getreidezufuhr abschnitten, was dann zur lex Gabinia geführt hat.

Endlich bietet eine vierte allgemeine, aber viel kürzere Darstellung Florus I 41, *Bellum Piraticum* (Anh. I 102). Auch er hebt hervor, daß die kilikischen Seeräuber den Handel auf dem Meere aufgehoben hätten, rupto foedere generis humani. Ihre Kühnheit nahm zu, als Asien durch den mithradatischen Krieg in Unruhe versetzt wurde. Damals konnten sie im Lärme eines auswärtigen Krieges ungestraft ihr Unwesen treiben. Florus teilt dann ihre Wirksamkeit in zwei Abschnitte. Zuerst begnügten sie sich mit einem Teilabschnitt des Mittelmeeres, dem Goldenen Meer, wie sie die reiche Beute bringende See zwischen Kreta, Kyrene, Griechenland und dem malischen Meerbusen nannten, wo sie die Hauptverkehrsstraßen des Mittelmeeres überwachen konnten. Als ihren Führer nennt Florus den Isidorus, der vielleicht identisch ist mit dem bei Plut. Luc. 12 als Führer von 13 Penteren des Mithradates Genannten, der bei dem Seetreffen vor Lemnos den Tod findet (72 v. Chr.).

Als zweiten Abschnitt gibt dann Florus an, daß die Seeräuber trotz ihrer Niederlage durch Servilius Isauricus wieder auf dem Meere erschienen und nunmehr bis zu den Küsten von Sizilien und Kampanien ihre Tätigkeit erstreckten. Das führte dann zum Eingreifen des Pompeius.

Soweit unsere Quellen über die kilikischen Seeräuber und ihre Machtentwicklung im allgemeinen. Die schwierigste Aufgabe bei der Kritik dieser Quellen ist die Chronologie. Welcher Augenblick der Entwicklung wird von den einzelnen Autoren geschildert ? Was können wir aus ihnen über die Entwicklung einer oder

mehrerer Seeräuberstaaten feststellen ? Weitere Daten oder Regesten über das
Auftreten der Piraten gibt Ormerod S. 227 f. Als Maßstab kann etwa Sizilien
gelten und seine Leiden auch durch die Seeräuber zur Zeit des Statthalters
Verres (Einzelheiten bei Ormerod 228 f.). Schon 75 erklärte der Konsul Cotta
die Küsten Italiens für unsicher, Landungen und Überfälle der Seeräuber erfolgten bei Caieta, in Ostia, auf römischen Landstraßen, s. die Belege bei
Ormerod 231, 69 Überfall auf Aigina (I G IV 2 ²) und Delos (S. 40). Doch
gelingt es nicht, aus ihnen die Entwicklung der Seeräubermacht, die um 70
ihren Höhepunkt erreichte, festzustellen, ebensowenig die Chronologie der oben
mitgeteilten Quellenberichte.

Die Bedeutung des Mithradates für die Seeräuber betonen alle Quellen außer
Dio Cassius. Wir können auch noch erkennen, daß die Verbindung des pontischen Königshauses mit einem Zentrum der Seeräuber, der Insel Kreta, schon
vom Vater des Mithradates (149—130) angeknüpft ist. Sein Feldherr und
Werbeoffizier Dorylaos, der Taktiker, reiste mehrfach in Griechenland und
Thrakien und weilte gern auf Kreta, wo er sich später auch niederließ, weil dort
viele Soldaten und Söldner zu finden waren, aus denen sich ja auch das Seeräubertum zu ergänzen pflegte (Anh. I 103 a). Wie eng aber die Verbindung von Kilikiern und Kretern war, zeigt die kurze Notiz, daß Metellus bei der Eroberung
von Lappa auf Kreta (67 v. Chr.) auch die dort in seine Hände gefallenen Kilikier
töten ließ (Anh. I 109).

Wie verbreitet im übrigen die Kilikier bereits zur Zeit der Anfänge des Mithradates waren, lehrt weiter die kurze Nachricht über den A then i on (Anh. I 103),
der als ein besonders bewährter kilikischer Piratenführer um 103 v. Chr. in Messene
erscheint, wo gerade, wie er natürlich erfahren hatte, in einer Vorstadt ein großes
Fest begangen wurde. Die Menge stob auseinander, viele wurden getötet, und
beinahe hätte er die ganze Stadt in Besitz genommen, begnügte sich dann aber
mit Besetzung eines festen Punktes Macella, von dem aus er die Landschaft
brandschatzte.

Aber auch noch weiter nach Westen treten sie auf. Als Sertorius im Jahre
81 auf der Fahrt von Afrika nach Spanien dort von den römischen Truppen
abgewiesen wird, gelingt es ihm mit Hilfe von kilikischen Seeräuberschiffen
auf der Insel Pityussa zu landen (Anh. I 104). Dieselben Kilikier helfen ihm
auch weiter bei seinen Unternehmungen an der afrikanischen Küste (Einzelheiten
bei A. Schulten, Sertorius, 1926, 47, 94). Ähnlich traf Spartacus im Jahre
70 v. Chr., als er zu einer neuen Sklavenerhebung nach Sizilien übersetzen wollte,
in der Meerenge von Messina auf kilikische Seeräuberschiffe und schloß mit ihnen
ein Abkommen für den Transport seiner 2000 Mann über die Meerenge. Dann freilich ließen ihn die Seeräuber nach Empfang seiner Anzahlung im Stich (Anh. I 105.)

Es ist leicht verständlich, daß die Verbindung der Seeräuber mit Mithradates dauernd bestehen blieb. Sie kämpften mit in der pontischen Flotte
bei Tenedos (72), und 13 Penteren unter Führung des Archipiraten Isidoros,
der dabei fiel, wurden erbeutet (Anh. I 102). Als Mithradates bald darauf
Bithynien gänzlich räumen mußte, aber sein schwer durch Sturm beschädigtes
Admiralschiff nicht erreichen konnte, war es der Seeräuber Seleukos, der den

König in sein flinkes Schiff, einen Myoparon, aufnahm und sicher bis zur Mündung des Hypios in der Nähe von Herakleia fuhr (Anh. I 106).

Denselben Seleukos finden wir im Jahre 70 mit 10000 königlichen Kilikiern in der Besatzung von Sinope wieder und hören von seiner Mitwirkung bei der Verteidigung (Anh. I 107). Nach einer ansprechenden Vermutung von Rostovtzeff sind die Kilikier identisch mit den „Armeniern", für welche die Stadt Olbia nach einem uns erhaltenen Ehrendekret Korn geschickt hat (Anh. I 108). Sie fanden nach ihrem Abzuge von Sinope eine Zuflucht in der Stadt Dioskurias.

Ein anderer Piratenführer, Athenodoros, macht im Jahre 169 einen erfolgreichen Vorstoß gegen Delos, führt dort Gefangene fort und vergreift sich an den Götterstatuen (s. Anh. I 110). Es gelingt dann dem Triarius, dem Legaten des Lucullus, das Heiligtum durch eine Notmauer zu schützen (vgl. Roussel, Délos 331).

Wir können dann in wenigen Beispielen noch das Auftreten von Piraten an anderen Stellen verfolgen, ohne freilich immer beweisen zu können, daß es sich gerade um kilikische Seeräuber handelt.

So berichtet der ephesische Volksbeschluß aus dem Ende des 2. Jahrh. v. Chr., der in Astypalaia auf Stein aufgeschrieben wurde (I G XII 3, 1714), von einem Einfall von Piraten, die aus dem Gebiet von Pygela südlich von Ephesos kamen, in das Gebiet der Stadt, wo sie aus dem Heiligtum der Artemis Munichia Freie und Sklaven raubten, auch plünderten. Die Bürger von Astypalaia haben dabei den Ephesiern Hilfe gebracht und empfangen daher das erhaltene Dankdekret. In ähnlicher Weise hat man auch sonst durch Selbsthilfe gegen die Seeräuber sich zu schützen gesucht. Recht anschaulich tritt uns eine solche Szene in dem Ehrendekret von Syros (Anh. I 111) vor Augen. Es kommt die Nachricht, daß seeraubende Schiffe in größerer Anzahl zu einem Überfall auf Lösegeld in Sicht gekommen waren. Die Aufregung in der Stadt wächst, als es bekannt wird, daß diese Schiffe bereits vor dem benachbarten Siphnos ankerten. Sie rauben darauf zwei Sklaven von einem Gehöft auf Siphnos und ziehen sich dann auf eine benachbarte Insel zurück. Dem einen Sklaven, Numenios, der ein guter Schwimmer war, gelingt es, den Piraten zu entfliehen. Ein reicher Siphnier nimmt sich seiner an, da er hört, daß er aus Syros war, kleidet ihn neu ein und schickt ihn in seine Vaterstadt Syros. Das Ehrendekret von Syros ist sein Lohn.

Ganz aus der Nähe glauben wir schließlich die kilikischen Piraten zu sehen in der berühmten Szene mit Cäsar, der von Bithynien zurückfahrend bei der Insel Pharmakussa von ihnen gefangen genommen wurde (75 v. Chr., Belege bei Ormerod 232). Er mußte damals 38 Tage bei ihnen an Bord bleiben, hatte alle Leute seiner Umgebung an Land geschickt, um das Lösegeld von 50 Talenten aufzutreiben, nur zwei Diener und einen Freund (seinen Arzt nach Suet. Iul. 4) bei sich behalten. An Bord vertrieb er sich die Zeit mit Gymnastik, Dichten und rhetorischen Übungen. Als Zuhörer zog er die Seeräuber heran und suchte auf sie pädagogisch einzuwirken, wenn sie seine Leistungen nicht genügend bewunderten. Er wußte sie zu behandeln, ließ ihnen z. B. befehlen, ruhig zu sein, wenn er schlafen wollte. Dann kam das Lösegeld aus Milet, und dort ging er alsbald an Land, wußte dort einige Schiffe aufzutreiben, kehrte zum Schlupfwinkel der Seeräuber zurück und nahm die meisten gefangen, um sie der verdienten Strafe zuzuführen.

Das Bild, Cäsar vortragend im Kreise der Seeräuber, kann man nur vergleichen mit der kretischen Szene, welche die Gesandten von Teos, Leier spielend und Gedichte vortragend, im Kreise der biederen Seeräuber zeigt (s. o.). Wie groß aber die wirtschaftliche Not auf den besonders oft von den Piraten überfallenen Inseln geworden war, das zeigt mit Deutlichkeit die Inschrift von Tenos XII, 5, 860 (Anh. I 113). Sie berichtet von einer Reihe von Anleihen, welche die Stadt infolge des mithradatischen Krieges und fortgesetzter Piratenüberfälle hatte aufnehmen müssen bei dem römischen Bankhause L. Aufidius Bassus, das in Tenos eine Filiale unterhielt (vgl. Hatzfeld, Les trafiquants italiens dans l'Orient hellénique 1919, 84, 37).

Der beste Beweis für die Größe der Not auf dem Meere, welche Rom durch Lahmlegung des Handelsverkehrs mit Hungersnot bedrohte, ist die Erneuerung des imperium maius durch den Antrag des Gabinius und die Ernennung des Pompeius. Seinen genial angelegten Feldzug gegen die Seeräuber hier vollständig zu erzählen, ist nicht meine Absicht, zumal es schon oft geschehen ist. Man erkennt, wie er die Erfahrungen seiner Vorgänger ausnutzte. Das gesamte Mittelmeer von den Säulen des Herakles und alle Küsten bis zu 400 Stadien landeinwärts waren seinem Kommando unterstellt. 24 Legaten arbeiteten unter ihm, 500 Schiffe besorgten die Reinigung der Meere und drückten die Seeräuberschiffe von allen Seiten nach dem Ostwinkel des Mittelmeeres hin. (Über die Verteilung der Streitkräfte s. P. Gröbe, Klio 10, 1910, 385f. und Drumann-Gröbe IV, 408). Briefe ergingen an alle in Betracht kommenden Könige, Dynasten, Völker und Städte mit dem Auftrage, den Pompeius in jeder Weise zu unterstützen (Anh. I 114), ganz ähnlich wie es am Anfang des Piratengesetzes vom Jahre 100 v. Chr. für den südöstlichen Teil des Mittelmeeres angeordnet war (vgl. Anh. I 93). Der von allen Legatenflotten im Zusammenwirken ausgeübte Druck wirkte schnell. Das adriatische Meer hatte Terentius Varro als Legat abzusperren. Bis hinauf zur Pontos-Mündung wachten die Legatenflotten, jede bereit, die vom Nachbarsektor aufgejagten Seeräuber der anderen in die Arme zu treiben und zu verhindern, daß sie sich von neuem festsetzten (Anh. I 115). Von Pompeius selbst heißt es bei Appian, daß er alle Legaten beaufsichtigte, bei Plutarch, daß er die aufgespürten Piratenabteilungen selbst weiterjagte und aufbrachte (Anh. I 116). Berichte seiner Legaten über die Einzelergebnisse ihrer Tätigkeit liegen leider nicht vor. Sonst hören wir nur, daß er Italien nicht eher verließ, bis das westliche Mittelmeer bis Sizilien abgesucht und von Seeräubern rein war (Plut. Pomp. 26). Dann erschien Pompeius in Athen und in Rhodos und zwar überall so überraschend schnell, daß die gehetzten Piraten ihm vielfach ihre Ergebung anboten und Schiffe und Mannschaft übergaben (Anh. I 117). Pompeius ließ weise Milde walten und gewann so ihre Beihilfe zum Aufspüren der noch unbesiegten Hauptmasse der Seeräuber (Plut. Pomp. 27). Diese wurden alle konzentrisch nach Kleinasiens Küste gedrängt, wo Pompeius noch auf die schwerste Arbeit rechnen mußte. Er hatte sich deshalb mit allen Zurüstungen auch zu einem Belagerungskrieg versehen. Aber das Schicksal der Seeräuber, die ohne

einheitliche Führung waren, entschied sich überraschend schnell. Nach dem
Bericht bei Plut. Pomp. 28 (Anh. I I18) stellten sie sich dem heransegelnden Pompeius zu einer Seeschlacht bei Korakesion. Sie wurden geschlagen und dann
belagert, d. h. offenbar in ihren Burgen, zu denen sie nach der Schlacht geflohen
waren. Aber langwierige Belagerungen fanden nicht mehr statt, sondern die
einzelnen Burgen kapitulierten sehr schnell (Anh. I 117), zuerst Kragos und
Antikragos, wie bei Appian (Mithr. 96), der von der Seeschlacht nichts weiß,
erzählt wird. Da diese Berge aber in Lykien liegen, hat die Quelle des Appian
offenbar den lykischen Berg mit dem kilikischen Kragos verwechselt (so Ormerod 240). Bei Plutarch steht nur, daß die Seeräuber Städte und Inseln,
welche sie beherrschten und befestigt hatten und die schwer zu bezwingen waren,
da man sich ihnen schwer nähern konnte, übergeben haben. Die Beute war groß,
besonders an Schiffen, unter denen Plutarch 90 erzbeschlagene nennt. Diese
erwähnt auch Appian ohne Angabe der Zahl, und nennt weiter zahlreiche Schiffe
noch auf den Werften oder bereits seetüchtig, dazu Schiffsbaumaterial und Kriegs-
gefangene, die teils auf Lösegeld warteten, teils an die Arbeit gefesselt waren.
Pompeius entließ die Gefangenen der Seeräuber in die Heimat, wo dann viele,
die von ihren Angehörigen längst aufgegeben waren, ihre eigenen Kenotaphien
vorfanden (App. Mithr. 96). Die gefangenen Seeräuber aber, nach Plutarch
mehr als 20 000, siedelte er in Kolonien an (Anh. I 119), um sie ans Land zu ver-
pflanzen und zu seßhaftem Leben zu erziehen. Einige nahmen die kleineren kilikischen Städte auf, unter denen Mallos, Adana und Epiphaneia von Appian
genannt werden; die größte Seeräuberkolonie aber wurde das von König Tigranes
entvölkerte Soloi, das später den Namen Pompeiopolis annahm. Eine Anzahl
hat Pompeius auch in Dyme in Achaia und in Chaleion an der gegenüberliegenden
Küste, was zu diesem Zwecke mit einer Nachbarstadt vereinigt wurde (Anh. I 120)
angesiedelt.

Der Erfolg des Pompeius, den er vor allem der Schnelligkeit seiner Bewegungen
verdankte, war beispiellos. Kein Seeräuber wagte es, weterhin den Römern
zu trotzen, nur auf Kreta war das Feuer noch nicht völlig erloschen. ,,Die
zweite Quelle des Seeraubs nach Kilikien" nennt die Quelle des Plutarch (Pomp.29)
diese Insel. Dorthin war schon vor Pompeius' Ernennung Metellus geschickt.
Aber er wütete dort so grausam, daß die Kreter sich nur dem Pompeius, nicht
ihm ergeben wollten. Doch konnte sein Vertreter Octavius auf Kreta nichts
ausrichten gegen Metellus (Belege bei Ormerod 241).

Mit dem Sieg des Pompeius endete vorläufig der griechische Seeraub als eine
selbständige und machtvolle Erscheinung. Natürlich gab es auch weiterhin
Seeräuber in griechischen Gewässern, sobald die römische Flotte infolge der
Bürgerkriege die Seepolizei nicht mehr gleichmäßig ausüben konnte, und Ormerod hat die Zeugnisse auch für die Kaiserzeit gesammelt, aber die Geschichte
des eigentlich griechischen Seeraubs ist mit der Katastrophe der Kilikier zu
Ende. Auch unsere Darstellung soll hier aufhören. Ausdrücklich sei aber betont, daß der Seeraub als soziale Erscheinung, bedingt durch die geographischen
Verhältnisse des Mittelmeeres und des Schwarzen Meeres und durch die politischen Verhältnisse der Randländer, nicht dauernd erloschen war, sondern

immer dann zu neuem Leben erwachte, wenn die Bedingungen, unter denen er auch früher entstanden war, wiederkehrten. Wenn wir absehen von dem zeitweiligen Wiederaufleben der kilikischen Seeräubertradition, die auch in den Kolonien, z. B. Dyme, sich fortpflanzte (Belege bei Ormerod 248f), so war eine Fo ge der neuen Bürgerkriege nach Cäsars Tod der Seeräuberstaat, den Sextus Pompeius begründete und jahrelang tapfer verteidigte (Ormerod 250f.). Weitere bedrohliche Regungen der Seeräuber in Istrien und auch im südlichen Kleinasien wußte Augustus zu bekämpfen, besonders wirkungsvoll durch die Neuverteilung der römischen Flotte und ihres Polizeidienstes. Aber solche alten Räubergegenden, wie die Wasserstraßen am Hellespont und das Schwarze Meer, müssen immer wieder Gelegenheit für Seeräuber geboten haben (vgl. die Inschrift von Ilion aus der Zeit der Claudier, Anh 1 112), und als schließlich die Goten und Skythen um 250 n. Chr. ihre Seefahrten bis tief hinein in das Mittelmeer unternahmen, entlehnten sie die Schiffe und die Seeräubertaktik von den Seeräuberstämmen am Schwarzen Meer.

5. Betriebsformen des griechischen Seehandels.

Wir suchen nunmehr ein Bild davon zu gewinnen, wie trotz aller der geschilderten Hemmungen durch Seeraub der griechische und besonders der athenische Seehandel sich vom vierten Jahrhundert an entwickelte, wie er betrieben wurde. Schöpfen können wir eine genauere Kenntnis dieser Dinge fast nur aus den Gerichtsreden, welche Handelsklagen zum Gegenstand haben. Wir können also mehrfach Einblick in die athenischen Handels- und Gerichtsverhandlungen gewinnen und erfahren dabei vielerlei.

Zunächst sei daran erinnert, daß die attischen Handelsaufsichtsbehörden mit der starken Entwicklung des Handels naturgemäß ebenfalls eine Entwicklung durchgemacht haben. Im 5. Jahrhundert waren die Nautodiken zuständig[1]), die noch im Jahre 398 in dem Prozeß gegen die Erben des Eraton, Lysias 17, angerufen werden. Es handelt sich da um ein einfaches Darlehen von 2 Talenten und um Grundstücke, welche als Pfand für die Summe dienten. Die Sache hatte sich wegen der Kriegszeit, wo Gerichtsstillstand herrschte, jahrelang hingezogen, aber im Jahre 401/0. war Erasistratos als der einzige in Athen anwesende der drei Brüder zur Zahlung verurteilt worden. Doch versuchen die Brüder 397 noch einmal mit einer Gegenklage beim Handelsgericht, ἔμποροι φάσκοντες εἶναι, indem sie behaupten, Kaufleute zu sein. Sie nehmen also diesen Spezialgerichtshof für sich in Anspruch mit Berufung auf ihre Zugehörigkeit zum Kaufmannsstande[2]). Leider steht in der Rede, die besonders dürftig an Angaben ist, nichts über den Beruf des Eraton; wir hören nur, daß zwei der Brüder im Jahre 401/0 abwesend waren, also vielleicht auf Handelsreisen. Ob die Nautodiken n der Lage waren, festzustellen, daß die Kläger wirklich Emporoi waren, erfahren wir nicht, lesen aber bei [Demosthenes] 33, 2 (352 v. Chr.), daß es auch damals vorkam, daß eine Partei sich fälschlich als Kaufmann ausgab, um die Vorzugsbehandlung durch das Handelsgericht zu genießen, weil es offenbar kein Handelsregister der eingetragenen kaufmännischen Firmen gab. In dem Falle des Lysias 17 hören wir über den Ausgang der Sache nur noch, daß die Nautodiken in dem Monat Gamelion ein Urteil nicht gefällt haben.

Daß aber die Emporoi auch sonst eine bevorzugte Sonderstellung einnahmen, die es lohnend erscheinen ließ, sich als Emporos auszugeben, besonders in Kriegszeiten, zeigt auch die Rede des Lykurg gegen Leokrates, der zu seiner Entlastung in der Hochverratsklage es so dargestellt hatte, als ob er in den Tagen der Schlacht von Chaironeia nicht aus Athen geflohen wäre, sondern als Kaufmann

---

[1]) Über ihre sonstige Zuständigkeit vgl. v. Wilamowitz-Moellendorff, Arist. u Athen. I, 223. I. G. I² 41.

[2]) Dies hatte J. H. Lipsius, Att. Recht 633, nicht berücksichtigt, wenn er aus diesem Rechtsfall folgerte, daß früher die Zuständigkeit der Handelsgerichte eine allgemeinere gewesen sei. Auch Hasebroek, Staat und Handel 183, sagt nichts davon.

ausgefahren und als solcher in Rhodos berufsmäßig tätig gewesen wäre. Um ihn zu widerlegen, führt Lykurg an, daß ein ordentlicher Kaufmann nicht heimlich an der Pforte bei der Akte den Peiraieus zu verlassen pflege, sondern in aller Öffentlichkeit aus dem Hafen abfahre, zum Abschied begleitet von seinen Freunden. Ferner sei Leokrates vor 338 durchaus nicht Kaufmann gewesen, sondern habe χαλκοτύποι arbeiten lassen und sei an der Pachtung der Steuer der Pentekoste beteiligt gewesen. Aber auch in diesem Falle scheint es nicht möglich gewesen zu sein, etwa aus einer offiziellen Liste der im Peiraieus verkehrenden Kaufleute den Beweis zu führen, daß Leokrates überhaupt kein Kaufmann war.

Solche und ähnliche Versuche Unberechtigter, sich als Emporoi auszugeben, erinnern daran, daß in der Tat der Stand der Emporoi und Naukleroi in Athen besonders bevorzugt war, wie das neuerdings U. E. Paoli mehrfach mit Recht betont hat. Ihre Schiffe genossen auf dem Meere doppelten Schutz gegen den Feind durch das Geleit der Flotte (s.u. 75) gegen die Seeräuber außerdem noch durch Gesetze (s. o. 18). Ihre Prozesse erfuhren eine beschleunigte Ausnahmebehandlung vor Sondergerichten, ihre ganze Tätigkeit stand unter dem Schutz der Sykophanten-Gesetze. Dabei durften diesen nicht an den Wohnsitz in Athen gebundenen Beruf auch Metöken und Sklaven ausüben, während zur Ausübung des Kleinhandels auf dem Markte nur der attische Bürger befugt war.

Um so wichtiger wäre es, etwa eine antike Definition des Begriffes Emporos und Naukleros zu lesen. Hasebroek, Staat und Handel, 2f., bestimmt die Begriffe so: ,,Naukleros ist der Händler, der im Besitz eines eigenen Schiffes ist und auf diesem Schiffe gewöhnlich in eigener Person, seine Händlertätigkeit ausübt; Emporos (ursprünglich der einfache Passagier) der Händler ohne eigenes Schiff, der auf fremdem Schiffe, eben dem Schiffe eines Naukleros, der ihn mitnimmt, seine Waren befördert." Wann aber wird ein Händler mit eigenem Schiff Naukleros und wann Emporos genannt? Diese Frage wirft mit Recht auf H. Knorringa, Emporos. Data on trade and trader in Greek literature from Homer to Aristotle. Amsterdam 1926, 96. Er antwortet: Auch der Besitzer eines eigenen Schiffes wird Emporos genannt. aber Naukleros immer dann, wenn nicht der Handel, sondern das Schiff betont wird, und vergleicht das Verbum ναυκληρῶ, ebenso den Besitzer des Frachtschiffes (Naukleros), welcher den Themistokles auf sein Schiff rettet (Thuk. I, 137, 2), und andere Belege. Auch das betont Knorringa mit Recht, daß das Geschäft des Naukleros durchaus nicht ausschließlich auf den Transport seiner eigenen Güter beschränkt war, sondern sicherlich auch fremde Güter in jedem Umfange, die nicht immer von ihrem Eigentümer begleitet werden konnten, d. h. also das Transport-Geschäft, umfaßt hat, das Hasebroek bestimmt leugnet (S. 84). Dazu vgl. V. Brants Les soc. commerc. à Athènes. Rev. de l'instruct, publ. en Belge 25, 1882, 114, der im Naukleros den Kapitän sieht, der vorzugsweise seine eigenen Güter befördert, dagegen im φορτηγός den Unternehmer, der hauptsächlich fremde Güter befördert. U. E. Paoli[1]) sagt dagegen: ,,Emporos commerciante al ingrosso, che traffica

---

[1]) Vgl. Paoli, Grossi e piccoli commercianti nelle liriche di Orazio. Riv. de Filol. N.S. II, 1924, 45f. Derselbe: Giudizi paragrafici nel diritto processuale Attico. Riv. di diritto proc. civile 2, 1925, 224.

correndo i mari, da un porto all' altro, ναύκληρος capitano di nave, dedito
anch' esso al commercio transmarino." W. Kunkel aber (Archiv f. Papyruswiss. 8, 185): Naukleros braucht weder Eigentümer noch Kapitän oder Steuermann des Schiffes zu sein, mit dem er sein Gewerbe betreibt: er ist ein Fracht-
unternehmer, der wohl vielfach mit gecharterten Schiffen arbeitet und dessen
Funktion nicht in der technischen Leitung des Transportes, sondern in der Tra-
gung der Transportgefahr besteht."[1])

Ein Vergleich dieser Definitionen, von denen ich nur die neuesten anführe,
zeigt, wie schwer die beiden Ausdrücke zu erfassen sind. In der Sprache der
Handelsgesetze (vgl. Anh. II 2a u. c.) werden sie zusammen angeführt, aber
die Dekrete des 5. Jahrhunderts nennen nur die Naukleroi (Anh. II 92/3), was
dort sicher Kapitäne bedeutet. Besonders lehrreich ist Lykurg gegen Leokrates
§ 18, wo die Folgen der Nachricht von der Schlacht bei Chaironeia auf den Hafen
Rhodos geschildert werden: und diejenigen Emporoi und Naukleroi, welche alle
Vorbereitungen getroffen hatten, um nach hier (d. h. Athen) zu segeln, löschten
ihr Getreide und die anderen Waren dort wegen des Leokrates (der übertriebene
Nachrichten nach Rhodos gebracht hatte). Wer hatte das Kommando über
diese Schiffe, der Emporos oder der Naukleros ? Doch wohl der Naukleros,
aber in diesem Falle, wo es galt, die Ladung durch Löschung in Rhodos zu retten
und nicht zu gefährden durch Weiterfahrt nach dem schon vielleicht in Feindes-
hand geratenen Hafen Peiraieus, waren die Interessen des Kapitäns und des
Emporos identisch, und beide werden gern in Rhodos geblieben sein.

Doch wir kehren zu den Nautodiken zurück. An ihre Stelle treten dann im
4. Jahrhundert, als die Handelsklagen sich immer mehr häuften und deshalb
zu Monatsklagen gemacht wurden, die Thesmotheten, und zwar ohne Unterschied, ob die Parteien Bürger oder Fremde waren. Diese Neuerung muß durch
einen gesetzgeberischen Akt[2]) erfolgt sein und zwar etwa zwischen den Jahren
355 und 342, wie J. H. Lipsius vermutet. Diese Neuerung war nach der Vermutung
von U. v. Wilamowitz-Moellendorff Arist. und Athen I, 221 eine direkte Folge
von Xenophons Schrift Πόροι (verfaßt um 355/4), in welcher er 3, 3 ausführt:
man müsse der Hafenbehörde Preise aussetzen, für den, der am gerechtesten
und schnellsten Handelsstreitigkeiten schlichtete und so den Parteien eine schnelle
Abfahrt aus dem Hafen ermöglichte. Dann würden weit mehr Leute und viel
lieber als bisher Handel treiben.

Was nun vor den attischen Gerichten verhandelt wird, das sind Seerechts-

---

[1]) Sehr interessant ist es, hierzu das heutige griechische Recht zu vergleichen, bei Kyria-
kos Spiliopoulos, Reeder und Ausrüster im heutigen griechischen Rechte, Hamburger
Dissertation 1928. Der Verfasser, ein Schüler von Prof. Dr. H. Wüstendörfer, legt S. 17
dar, daß der einzelne Kapitänreeder im Gegensatz zur Linienreederei noch heute vorherrscht,
und spricht S. 4ff. über die Begriffe Reeder — dominus navis — und Ausrüster — exer-
citor navis — und scheidet scharf mit Wüstendörfer, Seeschiffahrtsrecht 290ff. zwischen
dem Kapital (Eigentum am Schiff) und der Unternehmertätigkeit, dem planmäßigen Verbinden von Kapital und Arbeit auf eigenes Risiko zwecks Erwerbs, indem man ein
Schiff ausrüstet und dessen Erwerbsbetrieb organisiert und leitet.

[2]) Vgl. auch H. F. Hitzig, Der griechische Fremdenprozeß. Zeitschrift der Sav.-Stiftung,
Rom. Abt. 28, 1907, 228.

fälle, wie sie der Verkehr in dem größten griechischen Handelsplatze des 4. Jahrhunderts, dem Peiraieus, mit sich bringt. Wir wollen sie nur teilweise erzählen und das Typische aus ihnen zu gewinnen suchen. Alles dreht sich um das Kapital, mit dem der Seehandel arbeitet. Der Kaufherr, der etwa seine eigenen Schiffe aussendet mit wertvoller Fracht in ferne Länder und als Rückfracht dann kostbares Getreide erwartet, der kommt nicht vor. Aber der alte sturmerprobte Seemann und Kaufmann, der lange Zeit selbst die Arbeit auf dem Meere betrieb (Anh. II 15) und selbst alle Gefahren mitmachte, dann aber seit sieben Jahren sich im Peiraieus zur Ruhe gesetzt hat, aber sein mäßiges Vermögen weiter zur See arbeiten läßt, der ist unser Mann. Er ist weit herumgekommen und jetzt immer im Hafen zu finden. So kennt er alle Leute, besonders die Byzantiner, in deren Stadt er sich früher aufgehalten hat. Darum kommt Apaturios aus Byzanz, der auf sein Schiff 40 Minen Darlehen aufgenommen hatte und dessen Gläubiger eben im Begriffe sind, durch Embateusis ihr Pfandrecht an seinem Schiffe geltend zu machen (so C. F. Hitzig, Griech. Pfandrecht, 15), im Hafen zu ihm, in Begleitung des Parmenon, eines anderen Byzantiners, eines politischen Flüchtlings. 10 Minen erbietet sich Parmenon zu decken, für die 30 soll der Byzantinerfreund eintreten. Da er aber die Summe nicht verfügbar hat, weiß er seinen Bankier Herakleides dazu zu überreden, daß dieser gegen seine Bürgschaft das Geld hergibt. Da sich alsbald nach Aufbringung der 30 Minen Parmenon und Apaturios entzweiten und ersterer erst 3 Minen bar bezahlt und keine Lust hatte, mit Apaturios weiter Geschäfte zu machen, trat der gefällige Byzantinerfreund für ihn ein und schloß den Scheinkaufvertrag über Schiff und Mannschaft bis zur Rückzahlung der 40 Minen ab. So wurde Apaturios seine Gläubiger los, aber kurze Zeit darauf machte die Bank Herakleides bankerott. Herakleides hielt sich verborgen, und nun versuchte Apaturios heimlich die Mannschaft aus Athen fortzuschaffen und sein Schiff aus dem Hafen zu bringen. Parmenon aber merkt dies, hält die flüchtige Mannschaft fest, hindert das Schiff an der Ausfahrt und ruft den Byzantinerfreund zu Hilfe, der alsbald das Schiff an die Kette legen läßt (Anh. II 15) und den Bürgen der Bank das Pfand (d. h. das Schiff) übergibt, auch die Mannschaft (wohl Sklaven) mit Beschlag belegt, um einen eventuellen Ausfall an Geld durch sie noch zu decken, und es so versteht, von seiner Bürgschaft für die Bank Herakleides frei zu kommen. Der Zwangsverkauf des Schiffes ergab genau 40 Minen, von der Deckung der Gerichtskosten ist nicht die Rede. Nach Rückzahlung der beiden Darlehen an Parmenon und die Garanten der Bank war die Geldangelegenheit erledigt. Die anschließenden Prozesse zwischen Parmenon und Apaturios sind für unseren Zweck ohne Bedeutung.

Schwieriger liegt der nächste Fall. Zwei Brüder aus Phaselis, Artemon und Apollodoros, sind im Peiraieus und brauchen Geld zu einem Geschäft (Anh. II 16); ihr älterer Bruder Lakritos studiert in Athen bei Isokrates und ist bereits ein gerissener Geschäftsmann. Er läßt sich durch zwei Bekannte einem Geldmann, dem Androkles, vorstellen und bringt diesen dazu, den beiden Phaseliten gegen seine Bürgschaft auf Seedarlehen und zwar für Hin- und Rückfahrt 30 Minen zu leihen auf Waren, d. h. Wein, der erst gekauft werden und den doppelten

Wert dieser Summe, mitgerechnet die Unkosten für Unterbringung der Ware
(Weinamphoren) an Bord, haben soll. An dem Geschäft beteiligt sich als Geldgeber auch der Gastfreund des Androkles, Nausikrates aus Karystos. Der Vertrag über das Seedarlehen ist bei [Demosth.] 35, 10f. erhalten.[1])

Nach seinen Bestimmungen sollten die Entleihenden eine Ladung von 3000
Krügen Mendewein[2]) im Hafen Mende oder Skione an Bord nehmen, diese im
Pontos verkaufen und für den Erlös Rückfracht nach Athen mitnehmen und dort
das Darlehen zuzüglich der Seezinsen von 25%, welche sich auf 30% erhöhen,
falls die Rückfahrt aus dem Pontos nach dem Arktouros, d. h. zur Zeit der Herbst-
stürme[3]) erfolgt, zurückzahlen unter der bei Seedarlehensverträgen üblichen Voraussetzung, „wenn das Schiff wohlbehalten zurückkehrt", die im Lakritosver-
trage ausgedrückt ist: „wenn die Waren wohlbehalten sind". Ausdrücklich ausgesprochen ist im Vertrag, daß die verpfändete Ladung durch kein anderes
Darlehen belastet ist und nicht belastet werden darf, ferner daß die im Pontos
einzukaufende Rückfracht mit demselben Schiff nach Athen befördert werden
soll. Die Reise wurde dann auf dem Schiff des Hyblesios angetreten, das nach
Mende fuhr. Dort aber nahm der eine Bruder, Apollodoros, der allein mitfuhr,
nur 450 Krüge Mendewein an Bord, anstatt der im Vertrage ausgemachten 3000
Krüge, wie durch Zeugenaussagen des Steuermannes und des Superkargo (διοπ-
τεύων), über den man vergleiche Harpokration unter d. W., sowie auch der Mannschaft des Hyblesios-Schiffs später festgestellt ist. Außerdem nahm der eigensinne
Apollodor, wie es scheint, erst an Bord oder schon in Athen(?), noch ein Darlehen
von 11 Minen auf dieselbe Fracht und Rückfracht auf von einem jungen Halikar-
nassier Aratos, der natürlich von dem ersten Seedarlehen des Androkles nichts
erfuhr Dementsprechend benahm sich Apollodor nach Ankunft im Bestimmungshafen, dem Pontos, d. h. Pantikapaion. Er machte die Ladung zu
Geld, kaufte aber keinerlei Rückfracht für Athen, wie der Seedarlehensvertrag
ihm vorschrieb. Dies wurde nach seiner Rückkehr in den Peiraieus dadurch
festgestellt, daß das Schiff, mit dem er zurückkehrte, seinen Ankerplatz nicht
im Hafen nahm, wie sonst die Pontosfahrer, sondern in dem Außenhafen, dem
„Diebshafen", wo keine Kontrolle der abfahrenden Schiffe stattfand. Dort
lag das Schiff mehr als 25 Tage, und seine Mannschaft konnte inzwischen un-
gehindert durch irgend eine Zollgrenze im Hafen-Deigma des Peiraieus verkehren.
Auch wurde weiter festgestellt, daß Apollodor in den Tagen nach seiner Ankunft
keinerlei Ladung löschte und bei den Zollerhebern des Einfuhrzolles nichts ver-
zollte. Natürlich verlangten die Gläubiger nun Rückzahlung des Seedarlehens,
da keinerlei Pfand an Rückfracht für sie vorhanden war. Der gewandte La-

---

[1]) Vgl. H. Sieveking, Seedarlehen des Altertums. Diss. Leipzig 1893. Dazu besonders
F. Pringsheim, Der Kauf mit fremdem Geld, 1916, 4—10.

[2]) Der Wert dieser 3000 Krüge Wein unter Hinzurechnung der Unkosten für ihre
Unterbringung an Bord (Holzverschläge u. a.) und einer schon früher aufgenommenen
ersten Hypothek von wiederum 30 Minen wird in § 18 auf 1 Talent d. h. 60 Minen
angegeben.

[3]) Dazu vergleicht Paoli Riv. di Filol. NS. II, 1904, 55 Horat. od. III. 1, 25f. nec saevus
arcturi cadentis impetus, vgl. Studi di diritto Attico 1925, 23.

kritos suchte den Bruder zu verteidigen. Rückzahlung sei unmöglich, denn er habe Schiffbruch erlitten und alles verloren. Ein Schiffbruch hatte, wie sich durch Zeugenaussagen ergab, wirklich stattgefunden, aber auf der Rückreise zwischen Pantikapaion und Theodosia. Außerdem hatte aber die Fracht an Bord dieses anderen, nur leicht beladenen Schiffs aus gepökelten Fischen, Wolle, Ziegenfellen bestanden, und war nur zum geringen Teil Eigentum des Apollodor gewesen. Gegenüber diesen Tatsachen gab Apollodor schließlich zu, daß von dem durch ihn aufgenommenen Seedarlehen in Pantikapaion noch 100 kyzikenische Stateren in seiner Hand gewesen wären. Die habe er für die Rückreise einem Landsmann aus Phaselis auf dessen Schiff, mit dem er dann nach Athen zurückfuhr, geliehen, und dies Geld sei auch so gut wie verloren. So scheint sich an das erste Seedarlehen, das sich als Schwindelgeschäft herausstellt, eine Reihe von anderen Schiebungen anzuschließen, deren Ende wir nicht kennen, da wir ja bei diesen Seerechtsfällen immer nur die Rede der einen Prozeßpartei lesen können. Das Wertvollste an dem Fall des Lakritos ist aber sicher der Einblick in das Milieu der Geldmänner im Peiraieus und den anderen Haupthäfen des töslichen Mittelmeeres.

Ganz ähnlich waren die Vorgänge, welche zur Klage gegen Phormion (Demosthenes 34) führten. Auch dieser war ein Pontosfahrer und lieh sich (327/6) von Chrysippos 20 Minen auf Seedarlehen laut Vertrag, deponiert beim Bankier Kittos. Er verpflichtet sich, Fracht für 4000 Drachmen zu laden, was zusammenhängt mit einer anderen Belastung seiner Ladung (Anh. I 17). Er bringt es weiter fertig, im Peiraieus heimlich noch zwei Darlehen aufzunehmen und zwar 4500 Dr. von einem Phoinikier Theodoros, der auf dem Schiffe mitfuhr, und 1000 Dr. vom Kapitän Lampis, mit dem er dann fährt. So hätte er als Gegenwert an Waren für 150 Minen an Bord nehmen müssen, kaufte aber nur für 5500 Dr. einschließlich des Proviants ein, wie auf Grund der Ausfuhrzollquittung und durch Zeugenaussagen später festgestellt wurde. Bei seiner Ankunft im Bestimmungshafen, im Bosporos, gab er die Geschäftsbriefe an den Vertreter des Chrysippos und an einen Teilhaber von ihm nicht ab, um sich jeder Kontrolle wegen seiner Ladung zu entziehen. Sehr bald stellte sich aber heraus, daß er seine Waren, die uns nicht benannt werden, im Bosporos nicht verkaufen konnte wegen der dort herrschenden flauen Geschäftslage, verursacht durch den Kriegszustand mit den Skythen. Alsbald begannen auch seine anderen Gläubiger, die nur für die Hinreise ihr Geld gegeben hatten, ihm zuzusetzen (vgl. § 8, 22). Dem Kapitän aber, der ihn mahnte, bald die Rückfracht für Athen, die in dem Seedarlehnsvertrag vorgesehen war, an Bord zu schaffen, erklärte er, daß er keine Rückfracht zu laden habe, weil er seine Ware im Bosporos nicht verkaufen könnte. Er forderte ihn auf, abzufahren, was Lampis auch tat, und zwar mit übervoll beladenem Schiffe, das auch noch eine Decksladung von 1000 Häuten übernahm und deshalb kurz nach der Abfahrt im Angesicht des Hafens (§ 10) scheiterte. Lampis mit einem Teil der Mannschaft rettete sich im Boot, 30 freie Leute und dazu noch einige Sklaven ertranken. Phormion aber erhielt von allen Seiten Glückwünsche, daß weder er noch seine Waren an Bord gewesen waren. Lampis und Phormion kehrten auf verschiedenen Schiffen nach Athen zurück.

4 Ziebarth.

Natürlich verlangte Chrysippos alsbald sein Darlehen zurück. Es beginnen darauf die Versuche des Phormion, sich aus der Sache zu ziehen und die Klage des Gläubigers durch einen Vergleich vor dem Schiedsrichter zu erledigen. Dabei versucht er zuerst mit der Behauptung durchzudringen, daß er im Bosporos seine Waren als Rückfracht ordnungsgemäß an Bord gebracht habe. Diese Behauptung wird aber durch die Bekundung (ἀπογραφή) der bosporanischen Hafenbehörden und durch das Zeugnis der damals im Hafen Bosporos anwesenden (attischen?) Seeleute (Anh. II 17) widerlegt. So hält er sich dann an die zweite Behauptung, daß er an den Lampis das Geld, und zwar 120 kyzikenische Stateren, für die nicht angeschaffte Rückfracht ausgezahlt habe. Der Kapitän Lampis spielt dabei eine zweideutige Rolle, indem er bald zugibt, von Phormion im Bosporos Zahlungen erhalten zu haben, bald es in Abrede stellt. Er wird geradezu als Teilhaber (κοινωνός) des Beklagten bezeichnet, und es wird ihm vorgeworfen, daß er sein mit Korn beladenes Schiff auf der Rückfahrt nicht nach Athen, sondern nach Akanthos gesteuert und dort das Korn verkauft hat, was gegen das strenge attische Getreideeinfuhrgesetz (vgl. II 4b) verstieß. Wir sind nicht in der Lage, die Wahrheit dieser Angaben oder auch der widersprechenden Gegenangaben des gerissenen Phormion festzustellen, müssen uns also auch in dem Falle des Phormion an dem einseitigen Einblick in den verwickelten Seerechtsfall genügen lassen.

Ein Beispiel vom Seedarlehen aus dem Gebiete der westlichen Handelsstraßen gibt die Rede gegen Zenothemis, Demosthenes 32, erklärt von L. Mitteis, Zeitschr. d. Sav. Stift. 23, 1902, 288—93, danach v. Pringsheim a. a. O. 10—14[1]). Zenothemis diente auf dem Schiffe des Naukleros Hegestratos aus Massalia und machte mit ihm zusammen ein Geldgeschäft, indem beide im Hafen von Syrakus bei einem Massalioten Geld auf Seezins nur für die Rückreise aufnahmen, und zwar Zenothemis auf die Kornladung im Schiff, deren Größe bei Abschluß des Geschäfts nicht festgestellt wird, Hegestratos auf die angeblich ihm gehörende Gesamtladung (Anh. II 18) des Schiffes. Beide dienten einander gegenseitig bei Abschluß der Seedarlehen als „Referenzen". Das geliehene Geld schickten beide in ihre Heimat Massalia und kauften nicht, wie sie mußten, Ware dafür ein. Um sich den Besitz des Geldes zu sichern, das sie nach der üblichen Bestimmung im Seedarlehensvertrag nur zurückzuzahlen brauchten, wenn das Schiff im Bestimmungshafen glücklich ankam, beschließen sie, Schiffbruch herbeizuführen. Hegestratos wird auf der Fahrt zwei bis drei Tage nach der Abfahrt von Syrakus dabei ertappt, wie er in der Nacht versucht, unten im Schiffsraum ein Leck in den Schiffsboden zu hauen, während Zenothemis, scheinbar völlig unbeteiligt, oben auf Deck mit den anderen Passagieren sich aufhielt. Es gelingt Hegestratos, über Bord zu springen — wahrscheinlich wurde er in das Meer geworfen (Mitteis) —, er verfehlt den Kahn und ertrinkt. In der Verwirrung an Bord sucht Zenothemis die Mannschaft dazu zu bringen, das Boot zu besteigen und das Schiff aufzugeben. Aber der an Bord befindliche Vertreter der Geldgeber

---

[1]) Dazu neuerdings von M. Clerc, Massalia, Histoire de Marseille dans l'antiquité. I. 1927, 301—306, der das Schiff für Massalia als Heimathafen in Anspruch nimmt und den Prozeß vom Standpunkt des Massalioten aus betrachtet, aber ohne Mitteis oder Pringsheim zu kennen.

Protos (Anh. II 18), widerspricht diesem Vorschlage energisch und bringt die Mannschaft durch Versprechung von Prämien dazu, alles zur Rettung des Schiffes zu tun. Das Schiff erreicht wirklich den Hafen Kephallenia. Von notwendiger Reparatur ist nicht weiter die Rede, aber von neuem Streit an Bord. Zenothemis will begreiflicherweise die Weiterfahrt nach Massalia erzwingen mit der Begründung, daß dies der Heimathafen des Schiffes sei, daß Hegestratos und noch andere von der Besatzung, auch die Ladung und das auf sie geliehene Geld, von dort stammten, wo er leichter hoffen konnte, seine Beute in Sicherheit zu bringen. Der Gegenpartei aber gelingt es, den Schutz des Hafengerichts von Kephallenia anzurufen, also gewiß eine Art Verklarung über die Vorgänge auf der Reise abzulegen. Dazu war ein längerer Aufenthalt in Kephallenia notwendig, der es ermöglichte, daß inzwischen aus Athen ein Rechtsbeistand für Zenothemis eintreffen konnte, der Vertreter einer Gruppe von Winkeladvokaten im Peiraieus, wie es scheint (s. Anh. II 20). Der übernimmt die Sache, und wir dürfen gewiß vermuten, daß die Leute im Peiraieus, die er vertrat, berufsmäßig solche faulen Schiffssachen übernommen haben, vielleicht auch dauernd ihren Vertreter in Kephallenia und anderen mit dem Peiraieus in festem Verkehr stehenden Plätzen unterhalten haben. Denn solche Fälle werden sich oft wiederholt haben. Wir erfahren dann, daß das Hafengericht von Kephallenia den Spruch fällt (Anh. II 18), daß das Schiff zu seinem Ausgangshafen zurückzukehren habe, wahrscheinlich weil Protos den Frachtvertrag Athen—Syrakus und zurück vorweisen konnte (Mitteis). Nach der Ankunft des Schiffes im Peiraieus wurde das Getreide gelöscht und von Protos in Besitz genommen. Aber Zenothemis hat die Keckheit, die Getreideladung für sich in Anspruch zu nehmen und zu behaupten, daß der ertrunkene Hegestratos von ihm Geld auf das Getreide geliehen hätte. ,,Damit ist implicite die weitere Behauptung gegeben, daß dieser selbst das Getreide gekauft hatte" (Mitteis). Demgegenüber macht Protos, mit dessen von Demon geliehenem Geld das Korn eingekauft war, seine Rechte geltend. Denn er habe in Syrakus gekauft, die Zölle bezahlt und den Kaufpreis erlegt (§ 18). ,,Aber weil das Getreide mit dem von Demon geliehenen Gelde gekauft ist, haftet es für die Darlehensforderung des Demon als Pfand" (Pringsheim). Darauf erklärt Zenothemis, daß er sich von dem Pfand nicht durch Protos, dem er den Eigenbesitz des Korns bestreitet, da er nur Besitzvertreter (Agent) des Demon sei, wegführen (ἐξάγειν) lassen wolle, sondern nur durch Demon selbst. Demon aber sucht den Protos als Besitzer und selbständigen Unternehmer hinzustellen. Protos selbst zeigt eine zweideutige Haltung. Als die Getreidepreise plötzlich fallen, tritt er ganz auf die Seite des Zenothemis. Er will offenbar, wie Mitteis darlegt, die Meinung erwecken, daß er kein Darlehen, sondern einen mitgegebenen Betriebsfonds von Demon erhalten habe, den er nicht zu ersetzen, sondern nur zu verrechnen verpflichtet sei. Doch sind für uns wie in den anderen Fällen in erster Linie die Vorgänge auf der Seereise wichtig und kenntlich, dagegen nicht so sehr das Nachspiel vor dem athenischen Gericht, das Mitteis und Pringsheim aufgeklärt haben.

Deshalb erwähnen wir nur noch, daß es nicht möglich erschien, in Athen die Vorgänge in Syrakus etwa an der Hand von Beweisdokumenten, Zollquittun-

gen für Getreideausfuhrzoll, aufzuklären. Es wurde daher vor Gericht der Vorschlag gemacht (§ 18), die Sache erneut vor der syrakusanischen Hafenbehörde
zu verhandeln, doch konnten sich die Parteien darüber nicht einigen.

So wie in diesen uns genauer bekannten Fällen das Seedarlehen als eine
allgemein übliche[1]) Form der Kapitalbeschaffung in griechischen Häfen erscheint,
finden wir es bereits am Anfang des 4. Jahrhunderts erwähnt bei Lysias 32,6,
402 v. Chr. Dort steht die Angabe (Anh. II 19), daß das Vermögen des Diodotos
(† 410 v. Chr.) bestand aus 5 Talenten bar, dazu aus ausstehenden Seedarlehen
in Höhe von 7 Talenten und 40 Minen, endlich aus 2000 Dr., ausgeliehen im
thrakischen Chersones. Nach dem Tode des Diodotos weiß sein Bruder die ver-
siegelten Aufzeichnungen über diese Gelder an sich zu bringen unter dem Vorwande (Anh. II 19), daß er auf Grund der Aufzeichnungen die Seedarlehen
zurückerhalten, d. h. eintreiben müsse, was er dann auch getan hat (§ 14). Die
Zinsen von den 2000 Dr. im Chersones gingen, wie es scheint, in Gestalt von
jährlichen Kornlieferungen ein (§ 15).

Lehrreich ist endlich noch das Seedarlehensgeschäft, das der Rede gegen
Dionysodoros, [Dem.] 56 (etwa 323 v. Chr.) zu Grunde liegt. Dionysodoros
hatte zusammen mit einem Teilhaber Parmeniskos bei Pamphilos und seinem
Socius 3000 Drachmen[2]) aufgenommen zum Zwecke einer Fahrt nach Ägypten
und von da zurück nach Athen. Sicherheit bot das Schiff, ob auch die Ladung,
ist umstritten. Seezinsen wurden im Vertrage vereinbart. Die beiden Entleiher
gehörten, wie sich später herausstellte, zu den zahlreichen Agenten, welche
Kleomenes[3]) von Ägypten sich hielt, um sein Getreidegeschäft in allen wichtigen
Absatzplätzen zu fördern (Anh. II, 21). Auf der Rückfahrt lief das Schiff mit
seiner Getreideladung, angeblich wegen einer Havarie, Rhodos an. Dort erfuhr
Parmeniskos, der an Bord war, durch einen Brief seines Teilhabers, der in Athen
geblieben war, die attischen Marktpreise, welche infolge der Gründung der
Kolonie Adria (vgl. S. 19) damals gefallen waren, und löschte deshalb gegen
die Bestimmungen des Seedarlehensvertrages seine Ladung Korn in Rhodos
und verkaufte sie dort. Von da schickte er das Schiff zu einer neuen Reise nach
Ägypten und von dort wieder nach Rhodos. In Athen aber machte sein Teilhaber den Geldgebern, die ihr Geld nebst den für die Rückkehr nach Athen vereinbarten Seezinsen verlangten, den Vorschlag, die Seezinsen nur bis Rhodos zu
zahlen (§ 12), ebenso, wie er schon bei Abschluß des Seedarlehnsvertrages vor-
geschlagen hatte, die Seezinsen für die Rückfahrt nach Rhodos oder Athen

---

[1]) Dies mit Recht betont von U. E. Paoli, Stud. di dir. Attico, 9f.

[2]) In der Höhe von 2000 bis 5000 Dr. bewegen sich die uns bekannten Beispiele von Seedarlehen meistens. Daraus darf man aber nicht Schlüsse auf die Größe der Betriebskapitalien
im griechischen Handel ziehen wie Hasebroek S. 99, sondern muß dabei bedenken, daß
es Grundsatz auf dem griechischen Geldmarkt war, das Risiko zu verteilen und sein Kapital
in kleinen Summen anzulegen (vgl. Arist. Oikon. I, 6, 2 τὰς ἐργασίας νενεμῆσϑαι ὅπως μὴ
ἅμα κινϑυνεύσωσι ἅπασιν und dazu V. Brants, Les sociétés commerc. à Athènes. Rev. de
l'Instruct. publ. en Belgique 25, 1882, 115). Vgl. auch Oertel, Deutsche Literaturztg.
1928, 1626.

[3]) Berve, Alexanderreich 2, n. 431.

zu berechnen, was aber von dem Geldgeber abgelehnt war (§ 5, 9). Die Verhandlungen darüber zogen sich bis in das zweite Jahr hin. Bei diesen Verhandlungen ließ Dionysodoros mitteilen, daß sein Schiff auf der Fahrt von Ägypten leck geworden sei, und er deshalb Rhodos habe anlaufen müssen. Auch habe er in Rhodos Fahrzeuge gechartert, um einen Teil der Ladung nach dem Peiraieus zu befördern. Endlich habe er mit anderen Geldgebern in Ägypten ein Seedarlehen auf Rhodos abgeschlossen. Demgegenüber besteht Pamphilos natürlich auf dem Wortlaut seines Seedarlehnsvertrages.

Aus diesen Verhandlungen folgt übrigens, daß das alte attische Getreideeinfuhrgesetz, welches jedes Getreideschiff aus dem Auslande zur Fahrt nach Athen verpflichtete, vgl. Anh. II, 4b, damals nicht mehr streng angewendet wurde. Wie die richterliche Entscheidung schließlich ausfiel, wissen wir nicht. Wichtig dabei war die Frage nach der Reparatur des angeblich beschädigten Schiffes, die es wieder seetüchtig machte (§ 40), da es ja von neuem von Rhodos nach Ägypten gefahren war, ferner die weitere Frage, welche Teile der Ladung des im Hafen von Rhodos löschenden Schiffes von dort in anderen Schiffen nach dem Peiraieus befördert sind und wem sie gehörten (§ 24). Jedenfalls lernen wir aber aus dem Sachverhalt, daß man in Athen keine Möglichkeit besaß, etwa durch das Hafengericht von Rhodos (§ 47) durch eine vor ihm abzulegende Verklarung festzustellen, welche Beschädigungen das von Ägypten kommende Schiff in Wahrheit erlitten hatte und welche Reparaturen in Rhodos ausgeführt wurden.

Im ganzen aber gewinnen wir durch die Rede einen Einblick in einen internationalen Betrieb des Handels, organisiert durch Agenten, welche sich über die Produktionsländer und die Märkte verteilen, Handelsnachrichten sammeln, sich die Kurse mitteilen und die Ankunft der Lieferungen regeln, um immer zum Höchstpreise verkaufen zu können (so Jardé, Les céréales dans l'antiquité. I. 1925, 176f.).

Wenn die bisher behandelten Fälle von Seedarlehen fast sämtlich mit dem Peiraieus und der attischen Schiffahrt verbunden waren, so hat bereits Hitzig[1]) nachdrücklich darauf hingewiesen, daß es sich bei den νόμοι ἐμπορικοί, (Anh. II 2 und 7) soweit der Seeverkehr in Betracht kommt, um gemeingriechische Rechtssätze handelt, und H. Kreller[2]) führt das unter Berufung auf Hitzig dahin weiter aus, daß das attische Recht nach Art des heutigen internationalen Privatrechts gewisse, die eigenen Gerichte beschränkende örtliche Zuständigkeitsnormen aufstellte, was implicite die Anerkennung fremder Jurisdiktion über athenische Interessen bedeute, also praktisch nicht wohl ohne Verbürgung der Gegenseitigkeit und Anerkennung der Billigkeit des fremden Rechts denkbar sei. Damit ist aber ausgesprochen, daß z. B. das Seedarlehen als gemeingriechisch anzusehen ist. Den besten Beweis dafür liefern die Seedarlehnsfälle außerhalb Athens. Sie führen uns, wie zu erwarten, nach orientalischen Häfen. Aus einem derselben, Kition auf Cypern kam Zenon kurz vor 300 nach Athen. Nach der einen Überlieferung hatte er auf seinem Schiffe eine Ladung Purpur und erlitt „nahe dem

---

[1]) Zeitschrift der Sav.-Stiftung, Rom. Abt. 28, 1907, 228.
[2]) Lex Rhodia. Zeitschr. für Handel und Konkursrecht 85, 1921, 265.

Peiraieus Schiffbruch", nach der anderen Überlieferung (Diog. Laert. VII, 1, 13, Anh. II 23) besaß er 1000 Talente, als er nach Athen kam, und pflegte sein Geld auf Seedarlehen auszuleihen. Wenn auch diese Einzelheiten aus einer Philosophen-Vita mit aller Vorsicht aufzunehmen sind, wird man ihnen doch so viel entnehmen dürfen, daß Zenon, der gewandte griechische Kaufmann aus Kition, mit den Vorteilen des Seedarlehens genau vertraut war und gern sein Geld auf kyprischen und phoinikischen Schiffen anlegte.

Auch im ptolemäischen Recht kehrt das Seedarlehen wieder, wie so viele andere dem attischen Recht entlehnten Züge. Ulrich Wilcken hat auf einem Berliner Papyrus, einer Abschriftenrolle wahrscheinlich aus einem Agoranomen-Büro, als zweiten Vertrag, der auf der in Bruchstücken erhaltenen Seite stand, einen Seedarlehensvertrag entziffert (Anh. II 24). Er weist die Rolle der Mitte des 2. Jahrhunderts zu. Sie stammt vermutlich aus Alexandreia. Wir lesen in der Urkunde, daß Archippos, der Sohn des Eudemos, an fünf Männer, deren genaue Personalbeschreibung teilweise erhalten ist, einen Geldbetrag von unbekannter Höhe auf ein Jahr geliehen hat, da sie eine Fahrt zur Aroma-tophoros-Küste, d. h. dem Lande Punt, unternehmen wollten. Die Zahlung erfolgte διὰ Γναίου, in dem Wilcken mit Wahrscheinlichkeit den Bankier erkennt.

Bemerkenswert ist bei diesem ägyptischen Seedarlehen, welches den fünf Darlehnsnehmern, einer buntgemischten Gesellschaft, wie sie sich wohl nur im Welthafen Alexandreia zusammenfindet, wohl die Mittel zum Einkauf der nötigen Tauschwaren geben soll, für welche sie im Lande Punt Aromata eintauschen wollen, besonders zweierlei: das Darlehen scheint zinslos gewährt zu sein, und zwar ist es befristet, nicht wie sonst üblich, auf die Dauer der Schiffsreise, sondern auf ein Jahr. Auch ist in dem Vertrag nicht ausgesprochen, ob das Darlehen nur für die Hinreise oder für Hin- und Rückreise (ἑτερόπλουν oder ἀμφετερόπλουν) gegeben ist, doch ist die zweite Möglichkeit hier die gegebene. Endlich ist die Sicherheit für das Darlehen hier nicht, wie sonst in Athen durch die Verpfändung von Schiff und Ladung gegeben, sondern durch Stellung von fünf Bürgen. Auch diese Bürgen sind aus den verschiedensten Ländern, zwei aus Massalia, einer aus Karthago, einer aus Thessalonike, einer aus Elea. Dem Berufe nach ist der Karthager Seefahrer, τῶν τὴν ἔξω θάλασσαν πλοϊζομένων, gehörte also zu einer Gruppe, vielleicht auch zu einem Verbande von Seefahrern, die nicht nur die ἔσω θάλασσα, das Mittelmeer, befuhren, sondern auch die ἔξω θάλασσα, d. h. nach U. Wilckens Deutung das Rote Meer, aber auch das Meer darüber hinaus; drei andere sind Militärs und zwar der Thessaloniker ἡγεμὼν ἔξω τάξεων, also Offizier à la suite nach der Deutung von Lesquier, der zweite aus Elea gehörte zu den Gardetruppen: τῶν μετὰ τοῦ βασιλέως καταπε. [— — — δ] ευτέρων ἐπιλέκτων, der dritte aus Massalia mit dem keltischen Namen Kintos. Also kein einziger Ägypter ist unter diesen Geldentleihern und ihren Bürgen, sondern sie gehören sämtlich den Metökenkreisen einer Handelsstadt an, d. h. Alexandreia, wie U. Wilcken vermutet. Über das rechtliche Verhältnis der fünf Darlehens-empfänger untereinander bringt der Schlußparagraph des Darlehens wichtige Andeutungen. Denn zwei von ihnen, Demetrios und Hipparchos, werden ver-pflichtet, „wo auch immer die Löschung der Aromata erfolgt", entsprechend ihrem

Gewinnanteil von der Fahrt etwas, das wir nicht erkennen können, „hinzuzulegen". Sie sind also wohl die eigentlichen Unternehmer, Naukleroi, dagegen die anderen Fahrtgenossen (σύμπλοι) ihre Geschäftsteilnehmer.

Daß in einer Handelsstadt wie Milet das praktische kaufmännische Darlehen ebenfalls üblich gewesen ist, darauf habe ich bereits früher, Griechisches Schulwesen [2] 26, hingewiesen. Wir erfahren das aus dem Ehrendekret für König Eumenes, abgefaßt nicht lange vor seinem Tode (160/59), gefunden in Didyma, herausgegeben von Th. Wiegand, 7. Miletbericht 1911, 27f. Einige neue Lesungen auf Grund des Abklatsches verdanke ich A. Rehm. Die Inschrift, deren Anfang abgebrochen ist, handelt von den [δεδωρ]ημένα χρήματα des Königs, d. h. von einer Geldstiftung. Von Z. 3 bis 19 an lesen wir einen Ratsbeschluß über die Wahl einer zweigliedrigen Kommission durch die Volksversammlung zum Zwecke des Ankaufs von Korn (Anh. II 25) zur Verteilung an die Bürger am Geburtstage des Königs und zur Veranstaltung eines Opfers und einer Volksbewirtung an demselben Tage. Auch für die Zukunft soll jedesmal am 12. Taureon die Wahl dieser Kommission mit dem gleichen Auftrag erfolgen. Z. 19 beginnen Bestimmungen über die Bereitstellung der nötigen Geldmittel für den Getreidekauf, ἵνα δὲ τύχηι τὰ προειρημένα τῆς προσ[η|κ]ούσης οἰκονομίας.

Mit fast denselben Worten (Anh. II 26) beginnen auch in der etwas älteren Urkunde über die Eudemos-Stiftung die Bestimmungen über die bankmäßige Behandlung der von Eudemos laut seiner Epangelia einzuzahlenden Raten seines Schulstiftungskapitals. R. Laqueur, der in seinem Buche: Epigraphische Untersuchungen zu den griechischen Volksbeschlüssen, 1927, 152ff., glaubt, eine neue und bessere Erklärung der Eudemos-Urkunde geben zu können, hat diese wichtige Parallelinschrift übersehen. Sie bestätigt an einem neuen Beispiel die Praxis der milesschen Staatsbank, Stiftungskapitalien auf besonderes Stiftungskonto zu buchen und zunächst bis zur vollständigen Einzahlung der Raten getrennt zu verwalten, dagegen die für den Stiftungszweck fälligen Zinsen aus der Gesamtmasse der Bank, d. h. der Staatskasse, alsbald anzuweisen. Dieselbe Praxis zahlreicher getrennter Stiftungskonten kennen wir aus annähernd derselben Zeit in Delos, nur mit dem Unterschied, daß dort die Konten dauernd getrennt verwaltet werden und nicht in dem Tempelkassenbestand verschwinden, vgl. Ziebarth, Delische Stiftungen, Herm. 52, 1917, 435f., Roussel, Délos, colon. athén, 1916, 174ff. Bei der Eudemos-Stiftung soll die getrennte Buchung und Verrechnung der Stiftung dauern bis zu weiterer Beschlußfassung über den Ertrag der Stiftung durch das Volk (Z. 77). Bei der Eumenes-Stiftung heißt es zunächst ganz entsprechend:

„Die zur Herstellung des Gymnasions gewählten Männer, Eirenias, der Sohn des Eirenias, und Zopyros, der Sohn des Asklepiodoros, sollen im Monat Artemision des laufenden Jahres, d. h. am Jahresschluß, dreißig Talente ἀπὸ τῶν ὀφειλομένων ἐμπορικῶν δανείων, d. h. von den dann fälligen kaufmännischen Darlehen, hergeben an die für das neue Jahr 167/6 neugewählten Leiter der Staatsbank. Diese sollen von dem Zinsertrag dieser Summe (Z. 29) an die gewählten Männer das Geld für den Einkauf von Korn zahlen und das Kapital bei Ablauf ihrer Amtszeit ihren Nachfolgern übergeben (Z. 30)."

Hier wäre der Platz für eine entsprechende Bestimmung über die Befristung dieser getrennten Aufbewahrung der 30 Talente. Leider sind die folgenden Zeilen stark zerstört. Man erkennt zuerst, daß von den συμβόλαια die Rede ist, d. h. wohl den συμβόλαια ναυτικά, wie sie in Ephesos heißen (Syll.[3] 742, 51), den Einzelverträgen mit den Kaufherren, an welche die Stiftungsgelder, wohl in kleinen Raten, wie das üblich war, (Laum, Stiftungen 1 170) ausgeliehen waren. Je nachdem wir annehmen, daß diese Seedarlehensverträge etwa noch weiterlaufen oder erneuert werden, wäre dann die weitere Ergänzung zu gestalten (vgl. Anh. II 27).

Doch scheint nach den wenig gesicherten Ergänzungen eine Befristung der getrennten Verrechnung und Aufbewahrung der dreißig Talente hier nicht vorzuliegen. Höchstens die Z. 33 nach Rehms Lesung vermutete Erwähnung der Anataktai könnte darauf führen, da diese Behörde ja auch bei der Eudemos-Stiftung die weitere Verwaltung der Stiftungszinsen zu regeln hat.

Für die Eudemos-Stiftung aber sei bemerkt, daß R. Laqueurs Versuch, zwei Urkunden in ihr zu unterscheiden, in keiner Weise überzeugend ist. Es bleibt dabei, wie ich es im Griech. Schulwesen[2] S. 11 ausgeführt habe, daß dem uns vorliegenden Volksbeschluß über die Annahme und Verwaltung der Stiftung die von Eudemos eingereichte Epangelia, d. h. das Angebot der Stiftung, zu Grunde liegt. Aus ihr stammt wahrscheinlich auch die Bemerkung Z. 17 ἕως ὁ δῆμος βουλεύσηται περὶ τῆς ἐσομένης ἀπ' αὐτῶν προσόδου, welche Laqueur den Anstoß zu seiner Schichten-Theorie gegeben hat. Doch übernimmt er ihre Übersetzung ,,bis das Volk über die Verwendung des Zinsertrages Beschluß fassen wird", aus meiner von ihm so scharf kritisierten Übersetzung, die in diesem Falle tatsächlich irreführend und nicht zutreffend war. Nicht über die Verwendung des Zinsertrages soll das Volk Beschluß fassen, denn die stand ja durch den Wil'en des Eudemos fest, sondern darüber, welchen Zinsertrag das Kapital geben wird, d. h. über die Anlegung des Zinskapitals, über die Art des Ausleihens, worauf mich A. Rehm brieflich aufmerksam macht. Darüber soll das Volk befragt werden, gerade so wie es später bei der Eumenes-Stiftung offenbar verfügt hat, daß das von Eumenes gestiftete Kapital zunächst durch Bankvermittlung auf ἐμπορικὰ δάνεια, also kaufmännische Darlehen, ausgeliehen werden soll, weil die den besten Zinssatz gaben, wenn auch mit erheblichem Risiko. Dagegen erfolgte dann die regelmäßige Zinsertrags-Auszahlung zum Kornankauf durch die Staatsbank, welche die zweite abgezweigte Stiftung für Kornversorgung verwaltet. Welchen Beschluß man über die Anlegung des Eudemos-Kapitals gefaßt hat, erfahren wir nicht, wohl aber sehen wir, daß die Bankverwaltung für diese Stiftung sofort erfolgte. Denn die Anataktai rechnen künftig mit einem ganz bestimmten Zinsertrag, nämlich 300 Stateren, und setzen diese alljährlich in den Voranschlag des Staatshaushaltes ein, weil inzwischen dieses wie andere Stiftungskapitalien in der Staatskasse aufgegangen war, man also von dem System der Führung von Separatkonten abgekommen war, ganz sicher infolge zunehmender Geldknappheit der Staatskasse. Eine besondere Bestimmung, was mit dem Kapital zu geschehen habe, wird nicht gegeben, sie war überflüssig, wie die Praxis bei den entsprechenden Urkunden der inneren Anleihe bei Milets Bürgern (Milet 3, 147) und unserer Eumenes-Stiftung zeigt. Wenn Laqueur

S. 155 sagt, „darum trägt sie (die Stiftung) keine Zinsen mehr", so ist das mißverständlich. Denn die Stiftung des Eudemos arbeitet mit den anderen Geldern der Staatskasse zusammen und trägt sehr wohl Zinsen, die in Gestalt der 300 Stateren (also 10%) von den Anataktai alljährlich ausgeworfen werden. Es ist also weder sachlich noch zeitlich ein Abstand zwischen Z. 17f., wo von der Begründung eines Separatkontos gehandelt wird, und Z. 19f., wo das Separatkonto nicht mehr erwähnt wird. Damit fällt auch die Ausscheidung der einzelnen Stücke, welche Laqueur S. 156 glaubt der Syntaxis zuweisen zu können. Er versteht darunter eine Verabredung zwischen Volk und Eudemos über Annahme der Stiftung und dafür zugesicherte Ehrung des Stifters. Ich hatte Griech. Schulwesen² 3 das Wort mit „Stiftung" dem Sinne nach wiederzugeben versucht, hätte aber wohl besser „Anordnung", „Aufstellung" gesagt. Daß in dieser Syntaxis dem Eudemos vom Volk eine Ehrung zugesichert wäre, ist ganz unwahrscheinlich, denn diese verstand sich doch ganz von selbst. Es liegt aber bei Laqueur ein Mißverständnis von Z. 88 ἐν τοῖς κα[θήκουσι] χρόνοις vor. Er übersetzt dies S. 154 „im geziemenden Moment", S. 153 „in geziemender Frist", (gleich falsch ich selbst „in der üblichen Frist") und weist es scharf zurück, daß ich von e'ner „weiteren" Ehrung des Eudemos gesprochen habe. Wenn man aber Milet 3, 138, 22 (Anl. II 28) vergleicht: „das Volk soll wählen 75 Synedroi aus allen Milesiern, diese sollen eine Sitzung abhalten und die Ehren beantragen für das Volk von Knidos und die Geldgeber und dann den Antrag für die Volksversammlung einbringen, in welcher es üblich ist, daß das Volk über Wohltäter beratschlagt," so ergibt sich, daß auch in der Eudemos-Stiftung gemeint ist, „zu der üblichen Zeit," in der solche Ehrungen regelmäßig auf dem Programm der Volksversammlung stehen. Damit fällt aber Laqueurs grundlegende Annahme (S. 153), daß diese Stelle und ebenso Z. 17 aus einem älteren Text in das uns vorliegende Psephisma übernommen seien.

Nicht besser steht es mit seinem weiteren Versuch (S. 157), auch in dem „Gymnasialstatut" ältere und jüngere Schichten zu unterscheiden. Ebenso wie die „Neuregelung der Verwaltung der Stiftung" verdankt auch „die Erweiterung der Stiftung durch das Opferstatut an Apoll von Didyma" allein der Phantasie Laqueurs ihre Entstehung.

Wir kehren nach diesem Exkurs zur Eumenes-Stiftung zurück.

Eine lange Sanktionsformel soll dafür sorgen, daß eine anderweitige Verwendung „der Gelder", als in diesem Beschluß festgesetzt wird, ausgeschlossen ist. Sie erscheint um so notwendiger, als ja die 30 Talente, die ursprünglich zum Gymnasionbau bestimmt waren, bereits einmal dem eigentlichen Stiftungszweck entfremdet sind, gewiß infolge von dringender Gefährdung der Volksernährung.

Dabei ist es nicht uninteressant, ein Beispiel von ähnlicher Kontoschiebung aus der nicht sehr weit entfernten Stadt Teos zu vergleichen. Dort ordnet ein Dekret (Anh. II 29) aus derselben Zeit (Anfang des 2. Jahrhunderts v. Chr.) an, daß das Geld zum Ankauf eines Grundstücks, das den dionysischen Künstlern von der Stadt geschenkt werden soll, zu beschaffen ist zur Hälfte mit 3000 Drachmen, „aus dem Kapital übertragen vom Konto der Stadtbefestigung, das ausgeworfen ist zum Ankauf von Korn", zur anderen Hälfte aus der Summe, welche die Tamiai zu Verwaltungszwecken vom König (von Pergamon) erhoffen. Also auch in Teos bezahlte man aus dem Fonds für die Landesverteidigung, wenn es not tat, die Kornankäufe und andere Extraausgaben. Vermutlich verdankt dieser Fonds seine Begründung ebenfalls einer königlichen Stiftung aus Pergamon. Wir sehen aber aus dem Sachverhalt, daß die beste zinstragende Anlage für solche Stiftungsgelder in der Handelsstadt Milet die auf kurzfristige kaufmännische Darlehen war, ohne daß wir erführen, daß es in allen Fällen immer Seedarlehen sein müssen. Beachtung verdient, daß diese milesischen kaufmännischen Darlehen Ende des Jahres fällig werden, also sicher auf ein Jahr und nicht wie die attischen Seedarlehen auf die Dauer der betreffenden Seereise ausgeliehen sind, gerade wie das vielleicht alexandrinische Seedarlehen oben S. 54.

Das Ausleihen heiliger Gelder in kleineren Beträgen gegen Sicherheit meist durch Hypotheken spielt weiter eine große Rolle bei der Tempelverwaltung in Delos. Vorauszusetzen ist auch in diesem Handelszentrum, daß die Anlage von Geldern auf Seedarlehen sehr beliebt war (vgl. unten S. 89). So hat Roussel, Délos. colon. athén, 1916, 178, mit Recht die Frage aufgeworfen, ob auch in Delos wie in Milet heilige Gelder auf Seedarlehen ausgeliehen werden durften, ohne sie freilich beantworten zu können.

Auch in Ephesos fehlen die Seedarlehen nicht, denn wir lesen in dem Schuldnergesetz aus der Mithradates-Zeit (Anh. II 30) unter den Gläubigern auf Grund irgend einer Form eines Darlehensgeschäfts, welche bei dem großen Schuldenerlaß vom Jahre zirka 85 v. Chr. öffentlich in der Volksversammlung erklären, daß sie ihre Schuldner infolge der Zeitumstände von ihrer Schuld entbinden, an erster Stelle genannt „die Geldgeber, welche auf Seedarlehen ausgeliehen hatten, danach die, welche auf Handschein oder Pfand oder Hypothek oder Zusatzhypothek oder auf Kauf oder Überschreibung oder Darlehen anderen geliehen hatten". Diese Angabe öffnet einen Blick in das reich bewegte Geldgeschäft in der Hafenstadt Ephesos, bei dem das Seedarlehen an erster Stelle steht und gewiß von besonderer Bedeutung und Häufigkeit war. Eine Ausnahmebestimmung trifft nur die Fremden, sie werden von ihren Zahlungs- und geschäftlichen Verpflichtungen nicht befreit. Eine längere Frist zur Ablösung von Geldverpflichtungen wird nur den Bankkunden eingeräumt. Von ihnen heißt es: wer bei den Bankiers im Vorjahre Einlagen gemacht oder Geld geliehen oder Pfänder gegeben hat, für den sollen diese Geschäfte zu Recht bestehen nach den gesetzlichen Bestimmungen. Aber die Einlagen oder entliehenen Beträge, welche aus früheren Jahren stammen, für die sollen die Bankiers den Bankkunden oder diese den Bankiers die fälligen Zahlungen leisten in zehn Jahren, vom kommenden Jahre an gerechnet, und die Zinsen entsprechend vergüten.[1]

---

[1] Erwähnung verdient noch, daß unter den vielen Arten der Entstehung der ephesischen Zahlungsverpflichtungen die ἔρανοι nicht genannt sind, während in ähnlicher drängender Kriegslage die Achäer oder ihr Diktator die Bestimmung trifft (Polyb. 38, 9, 10), μὴ πράττειν τοὺς ὀφειλέτας, μηδὲ παραδέχεσθαι τοὺς ἀπαγομένους εἰς φυλακὴν πρὸς τὰ χρέα, τοὺς δ' ἐράνους ἐπιμόνους ποιεῖν, ἕως ἂν λάβῃ τὰ τοῦ πολέμου κρίσιν. Das kann nicht etwa bedeuten, wie Th. Mommsen, Röm. Gesch. 2³, 46 es übersetzte, „daß bis zum hergestellten Frieden alle Klubs permanent sein und alle Schuldklagen ruhen sollten", sondern es sollen neben den anderen Schuldnern auch die Eranos-Schuldner Zahlungsaufschub bis zum Frieden erhalten.

6.
Bevorzugte Zweige des griechischen Seehandels.

1. Der Getreidehandel.

Unser Quellenmaterial ist so lückenhaft und zufällig auf uns gekommen, daß es uns nicht erlaubt, ein Gesamtbild des griechischen Seehandels zu gewinnen. Wohl aber vermögen wir einzelne bevorzugte Zweige von ihm zu erkennen und können sie als Beispiele für den Gesamtseehandel und seine Ausübung ansprechen. Am meisten wissen wir vom Getreidehandel. Die allgemeinen Vorbedingungen für diesen Handel, also die Produktionsfrage und den Getreideanbau in der antiken Welt, behandelt umfassend und gestützt auf zahlreiche Vorarbeiten A. Jardé, Les céréales dans l'antiquité grecque. I. La production. Paris 1925. Nur dieser Teil ist erschienen, der 2. Teil sollte handeln vom commerce des grains et politique annonaire (vgl. S. 144, 178), doch ist der Verfasser leider inzwischen gestorben. Er war wohl ausgerüstet zu seinem Werke mit reichem statistischen und nationalökonomischen Material. Er warnt in besonnener Weise davor, die Kornfragen nur vom attischen Standpunkte zu betrachten, da Attika früh übervölkert war und eine besonders geringe Getreideproduktion hatte, oder gar die Kornfrage als das treibende und entscheidende Moment in Athens auswärtiger Politik anzusehen, wie das Grundy in seinem Buche: Thucydides and the history of his age 1911 getan habe.

Und ausgesucht diesen einseitigen Standpunkt vertritt, wohl ohne Grundy und Jardé zu kennen, neuerdings wieder Hasebroek![1])

Vom Kornhandel spricht unsere Überlieferung erst zu den Zeiten, wo er bedroht oder in Schwierigkeiten war. Welche griechischen Staaten zuerst infolge ihrer eigenen geringen Getreideproduktion und des Anwachsens ihrer Bevölkerung regelmäßig Korn von auswärts beziehen mußten, wissen wir nicht, erfahren vielmehr nur gelegentlich, daß Xerxes 481 von Abydos aus Kornschiffe aus dem Pontos kommen sah und feststellen ließ, daß sie für Aigina und den Peloponnes, also seine Feinde, bestimmt waren, worauf er sie den Hellespont passieren ließ (Herodot. VII, 147). Jardé betont aber mit Recht (S. 199), daß die Industriestädte wie Korinth, Aigina u. a. neben Athen zuerst das pontische oder ägyptische Korn nötig gehabt haben müssen, während für Staaten wie Sparta oder Theben die Brotfrage niemals, so viel wir wissen, von entscheidender politischer Bedeutung geworden ist.

Die beste Auskunft über den Anfang des Kornexportes nach Griechenland hin könnten uns die Griechenstädte in Süd-Rußland geben. Was von dort aus

---

¹) Vgl. auch Glotz, Le travail dans la Grèce ancienne. 1920. 354. „Au 5 siècle, la question de l'impérialisme était en grande partie celle du ravitaillement". Auch A. M. Andreades Ἱστορία τῆς ἑλλην. δημοσ. οἰκονομίας I, 1928, 299 warnt in demselben Sinne wie Jardé unter Berufung auf Grundy.

über die beginnenden Handelsbeziehungen mit griechischen Abnehmern fest-
zustellen ist, findet man in großen Zügen bei M. Rostovtzeff, Iranians and
Greeks in South Russia. Oxford 1922, 65ff. Ob freilich die ersten griechischen
Kolonisten, welche noch vor den Milesiern sich dort festsetzten, und dann die
Milesier selbst, schon im 7. Jahrhundert pontisches Korn als Rückfracht und als
Gegenwert für die von ihnen reichlich eingeführten Erzeugnisse des griechischen
Kunsthandwerks, deren Katalog man bei Minns, Scythians and Greeks, 338ff.
findet, geladen haben, können wir nicht sagen. Wohl aber hat Peisistratos,
in dessen Zeit Jardé (S. 101) sicher mit Recht das Aufblühen des attischen Seehandels setzt, bereits die Bedeutung der Wasserstraßen nach dem Pontos für
Athen erkannt und sich deshalb am Eingang der Dardanellen in Sigeion festgesetzt (vgl. dagegen Hasebroek S. 157). Die Perserkriege und ihre Folgen haben
dann längere Zeit die Straßen nach dem Pontos gesperrt. Die Zeit des attischen
Reiches aber bedeutet ein steigendes Aufblühen des Handels in der Ägäis und
ihren Verbindungsstraßen unter dem Schutze und der Leitung der Reichsflotte
(vgl. o. S. 9f.). Welche Bedeutung die Herrschaft über die See für die Ernährungs-
frage hatte, zeigt das attische System der Kontrolle und Schließung der Kornstraße
von Byzanz nach seinem Belieben (s. S. 11). Wie Hasebroek gerade in dieser
athenischen Maßregel einen Beweis für ,,den kosmopolitischen Charakter des
Handels dieser Zeit'' finden will   (S. 155), ist schwer zu verstehen.

Es ist bezeichnend, daß wir von den Maßregeln Athens zur Sicherung und Durchführung der Getreideversorgung in seinem Reiche kaum etwas hören, außer in
Kriegszeiten. Hasebroek wird das gewiß so erklären, daß unter dem Druck
des vom Stärkeren ausgeübten Terrors (S. 155) keiner der Untertanen etwas
zu sagen wagte. Viel einfacher ist aber doch die Annahme, daß das System
der Kornverteilung[1]) durch die Zentrale in Athen sich gut bewährte, namentlich
im peloponnesischen Kriege. Sehr wahrscheinlich stammt aus dieser Zeit bereits
das Getreidegesetz (Anh. II 4b), nach welchem zwei Drittel jeder Kornfracht
im Peiraieus gelöscht werden mußten, ebenso das andere Gesetz über die Beschränkung der Kauffreiheit im Kornhandel (Anh. II 4a) auf 50 Trachten
für jeden Kornhändler. Beide Maßregeln waren vielleicht zuerst Kriegsverord-
nungen, die nach Schluß des Krieges beibehalten wurden. Vergleichen läßt
sich Thásos mit seinen Maßregeln für den Weinhandel (Anh. II 10), die wohl
aus derselben Zeit stammen.

Einen Rest oder eine Nachwirkung der Kornverteilungspolitik Athens als
Reichshauptstadt glaubt man fast zu erkennen in dem Dekret für Klazomenai
vom Jahre 387/6 (Anh. II 31). Dort wird dieser Stadt, die im Frieden des
Antalkidas an Persien fiel, das Recht gewahrt (Z. 17), in die Häfen derjenigen
Städte, von denen die ,,Klazomenier sich mit Korn versorgen, nämlich.... und
Smyrnas einzulaufen''. Das klingt doch ganz so, als ob die Stadt bestimmte
Häfen hätte, von denen sie dauernd (vielleicht nach einem früher aufgestellten
Verteilungsplane Athens) ihr Korn bezog. Und richtig lesen wir in den Oikono-
mika II 1348b (Anh. II 32) bei der Schilderung der Ölkonfiskation in Klazomenai

---

[1]) Über die Regulierung des Imports durch Athen vgl. auch Bonner, Commercial policy
of Imperial Athens. Class. Philol. XVIII. 196—201.

zum Zwecke der Kornbeschaffung in Zeiten der Knappheit: ,,Als die Ölbauern der Stadt ihr Öl geliehen hatten (d.h. Zwangsanleihe laut Volksbeschluß), mieteten die Klazomenier Schiffe und schickten sie in die Emporien, von denen ihnen das Getreide kam, indem der Wert des Öls als Hypothek diente." Unter den Erklärern ist nun Streit, wem die Hypothek zustand. Vgl. die verschiedenen Meinungen bei Pringsheim, Kauf mit fremdem Geld 32. Wir meinen aber, daß auf die Schiffe mit der wertvollen Ölfracht Seedarlehen zum Zwecke des Korneinkaufs aufgenommen wurden. Wieder sind hier die Emporien, aus denen Klazomenai Getreide zu beziehen pflegte, ein für die dortige Gegend bekannter Begriff.

Bald nach dem peloponnesischen Kriege gewährt uns die 22. Rede des Lysias gegen die Kornhändler (gehalten Anfang 386 v. Chr.) einen Einblick in die Verhältnisse des attischen Kornhandels. Angeklagt werden die Kornhändler, § 21 auch Kleinhändler (Kapeloi) genannt, und zwar ohne Nennung eines Vertreters oder Führers, also die Gesamtheit des irgendwie organisierten Kornhändlerstandes, der Gilde. Kläger ist der Rat auf Grund einer Denunziation (Endeixis), daß diese Händler größere Bestände von Korn als die vom Gesetz erlaubten je 50 Trachten auf einmal gekauft haben, um dadurch die Preise zur Zeit der Teuerung in die Höhe zu treiben. Die Kornhändler aber berufen sich darauf, daß ihre Aufsichtsbehörde, nämlich der Sitophylax Anytos, ihnen im letzten Winter, als das Korn teuer war, den Rat gegeben habe, sich nicht weiter gegenseitig zu überbieten und zu bekämpfen, sondern zusammen einzukaufen, alles in der Absicht, dem Publikum billigere Preise zu verschaffen, ,,denn sie dürften nur um 1 Obolos teurer verkaufen". Ob sich diese Worte auf eine gesetzliche Bestimmung beziehen, ist nicht zu erkennen.

Aber die Getreidehändler hielten sich vor Gericht an die Ausrede, daß sie den gemeinsamen Einkauf nur aus Fürsorge für die Stadt gemacht hätten, um billigste Preise zu erzielen. Die Anklage aber hält ihnen vor, daß sie doch dann Tage lang bei demselben Preis hätten bleiben müssen, bis ihr Vorrat zu Ende ging, während sie in Wahrheit an ein und demselben Tage um eine ganze Drachme aufgeschlagen hätten, als ob sie nur scheffelweise eingekauft hätten. Ihr Hauptfehler aber war gewesen, wie schon U. v. Wilamowitz-Moellendorff, Arist. u. Athen, 2, 376 klar erkannt hat, daß sie es gewagt hatten, einen Ring gegen die Emporoi, die Getreide-Importeure, zu bilden, die damals in der Zeit mangelhafter Zufuhren mächtiger als je waren. Für sie ist die Rede geschrieben worden. Verurteilt ist sicher die Gilde der Kornhändler, die nun die mächtigeren Importeure preisgab.

Das Bild vom Getreidehandel, das uns die Lysiasrede gibt, wie er eng zusammenhängt mit den Börsengerüchten vom Untergang von Kornschiffen, von der Kaperung anderer durch die Spartaner, von der Schließung wichtiger Emporien oder vom Abbruch der Friedensverhandlungen, Gerüchten, wie sie in Kriegszeiten besonders leicht sich bilden, findet Jahrzehnte später in der Rede gegen Dionysodoros [Demosth.] 56, die oben S. 52 bereits besprochen wurde sein Gegenstück. Sie führt uns hinein in die Zeit der größten Krise des Kornhandels, die mit der großen Teuerung der Jahre um 330 zusammenhängt und mit der Person

des Finanzdirektors und späteren Statthalters K l e o m e n e s eng verbunden ist.
Dieser Mann, über den bereits eine stattliche Literatur entstanden ist (s. Anh. II 33),
ist fast der einzige griechische Großkaufmann und Organisator, über dessen Geschäftsführung, wenn sie auch in außerordentliche Zeiten fällt und mit politischen
Mitteln arbeitet, wir uns ein genaues Bild machen können.   Er war zuerst Finanz-
direktor in Ägypten und verstand es, durch seine Getreidemaßnahmen und durch
seine Agenten aus der Not des Auslandes bedeutenden finanziellen Gewinn zu
ziehen.   Wie er arbeitete, zeigt Aristot. Oikonom. II p. 1352b (Anh. II 33).
Zu einer Zeit, wo der Kornpreis 10 Drachmen erreicht hatte, versammelte er die
Händler um sich und fragte sie, zu welchem Preise sie für ihn „arbeiten" wollten.
Auf die Antwort „zu einem billigeren als sie den Getreidehändlern verkauften",
gab er ihnen Kaufauftrag, setzte aber dann den Verkaufspreis auf 32 Dr. für den
Scheffel fest.   Dasselbe System seiner Arbeit mit Kommissionären oder Agenten
können wir nun in der Rede gegen Dionysodor gut wieder erkennen.   Denn die
Darlehnnehmer Dionysodoros und Parmeniskos waren „Diener und Mitarbeiter"
des Kleomenes.   Der eine fuhr mit dem Schiffe, auf welches sie das Seedarlehen
aufgenommen hatten, von Athen nach Alexandreia ab, der andere blieb im Peiraieus mit dem Auftrage, dort den Absatz der zu erwartenden Kornsendung
zu besorgen, aber auch seine Korrespondenten in Alexandreia, Rhodos und anderen Häfen über die Entwicklung der Kornpreise usw. auf dem Laufenden zu
erhalten. Er tat es mit dem Erfolge, daß Dionysodor auf der Rückreise Rhodos
anlief und dort seine Kornladung löschte, weil ihn Parmeniskos rechtzeitig über
das Fallen der Kornpreise im Peiraieus infolge der Ankunft einer sizilischen
Getreidesendung (Anh. II 34) benachrichtigt hatte.   Das Schiff kehrte dann
von Rhodos nach Alexandreia zurück und brachte eine neue Kornladung nach
Rhodos.   Wie sich dann beide Agenten ihren Verpflichtungen gegenüber den
attischen Geldgebern zu entziehen suchten, ist oben S. 53 erzählt.   Natürlich
steht dieser Fall nicht vereinzelt da, sondern diese und andere Agenten des Kleomenes haben damals dauernd von Ägypten aus nach den griechischen Häfen
gearbeitet und durch ihre Privatpost den griechischen Getreidemarkt beherrscht.

Diese Kommissionäre des Kleomenes bieten uns aber den Anlaß zu einem kleinen
Exkurse. Hasebroek leugnet (S. 84) jedes Kommissionsgeschäft, doch scheint
es fast unmöglich, sich einen belebten griechischen Hafenplatz mit seiner kaufmännisch tätigen Bevölkerung, von der jeder am Handel verdienen will, vor-
zustellen, ohne eine Fülle von Zwischenhändlern und Kommissionären, und
G. Glotz, Le travail dans la Grèce ancienne 1920, 434 sagt daher sicherlich mit
Recht: zwischen dem Importeur und dem Kleinhändler (Emporos und Kapelos)
„augmente le nombre et grandit le rôle des intermédiaires", ähnlich S. 346:
„commissionnaires et portefaix font leurs offres de services". Aber Belege führt
er der Natur seines Buches entsprechend nicht an.   Wohl aber handelt schon
B e a u c h e t, Histoire du droit privé de la Rép. Ath. IV, 1897, den Hasebroek
hier nicht einmal nennt, ausführlich über den Kommissionsvertrag.   Er konnte
bei ihm lesen, daß schon Alkibiades beim Kauf der später in Olympia siegreichen
Rosse in Argos eine Kommission des Diomedes ausführte (Plut. Alc. 12), von
der freilich Isokrates in seiner 16. Rede über das Gespann nichts sagt.   Er

konnte weiter anführen, daß Beauchet (p. 380) in dem schwierigen Ausdruck παράστασις, welche Aristoteles (Polit. p. 1258, 21) neben ναυκληρία und φορτηγία als dritten Zweig der Emporia nennt, eine Einrichtung entsprechend der Kommission vermutet[1]), während Hasebroek selbst der Deutung von Suse-mihl auf „Kleinhandel, Zurschaustellen der Ware auf dem Markte" folgt (Hermes 58, 406), ohne aber dem Worte weiter nachzugehen. Für Parastasis gibt es zwei epigraphische Belege, der ältere Ditt. Syll³, 562, 68 aus Paros (207/6) (Anh. II 35) lautet: „die Ausgabe für diese Auslagen (für Ehrung der Gesandten) soll man nehmen aus der Parastasis der öffentlichen Gelder", und ist von A. Wilhelm, Österreich. Jahreshefte IV, 1901, B. 27 auf einen Budgettitel, also Bereitstellung von öffentlichen Mitteln, gedeutet. Der jüngere steht Inschr. von Priene 108, 89 (Anh. II 36) und besagt, daß für die Schulden der Stadt die Bereitstellung (Parastasis) von Pfändern nötig geworden war. Der Wohltäter Moschion stellt deshalb Silbersachen im Werte von 4000 Drachmen als Pfänder zur Verfügung. Wir sehen daraus, daß Parastasis als Zweig der Emporia eine Manipulation mit Waren bedeuten muß. Ich glaube nun nicht, daß die Tätigkeit des Krämers, des Kapelos, hier von Aristoteles gemeint sein kann, da doch Parastasis neben Naukleria und Phortegia (Frachtgeschäft) genannt wird, und der von Hasebroek mit Recht betonte Zusatz folgt (Anh. II 37): Es unterscheidet sich aber jede von der anderen dadurch, daß die eine sicherer ist, die letztere aber mehr Ertrag bringt. Dann bleibt für Parastasis nur die kaufmännische Tätigkeit über, welche in der Ausstellung der Waren am anderen Orte, d. h. in der Vertretung des Importeurs besteht. Damit stimmt aber gut, daß wir von dem Kommissionshandel und seinen Vertretern doch mancherlei wissen. Schon Beauchet weist darauf hin, daß mehrfach attische Kaufleute ihre Vertreter im Bosporos hatten, sei es ihren Koinonos (socius) (vgl. Dem. 34, 8; 52, 3) oder auch einen Sklaven, der bei dem weitausgebildeten Stellvertretungsrecht ebenfalls für seinen Herrn selbständig Handelsgeschäfte leiten konnte[2]). Dem. 38, 11 (Anh. II 38) wird die Möglichkeit erwogen, eine Schuld im Bosporos durch einen von Athen gesandten Vertreter eintreiben zu lassen. Freilich erscheint es recht unsicher, ob es gelingen wird, auf Grund schriftlicher Vollmacht das Geld zu erhalten (§ 12). Aber die Maßnahme selbst erscheint als nicht ungewöhnlich. Besonders die ägyptischen Kaufherren scheinen frühzeitig mit Agenten in anderen Märkten gearbeitet zu haben. Das Musterbeispiel bietet, wie bereits ausgeführt, Kleomenes, der Satrap und Großspekulant in Korn, der ein Netz von Agenten in Rhodos, Peiraieus und anderen Plätzen unterhielt.

Ihm stellt sich neuerdings der Großunternehmer und Dioiketes Apollonios, bekannt aus den Zenonpapyri zur Seite.

Auch er unterhielt einen Stab von Agenten in ausländischen Städten wie Gaza, Ptolemaïs, Rabatammon, Kaunos, Milet, Halikarnass zur Besorgung seiner kaufmännischen Geschäfte, welche von Rostovtzeff, A large estate in Egypt 1922, 33f. genannt werden.

---

[1]) Ebenso schon V. Brants, Les sociétés commerciales à Athènes. Rev. de l'Instr. publ. en Belgique 25, 1882, 117f., der über Kommissionshandel ausführlich spricht.

[2]) Vgl. L. Wenger, Stellvertretung im Rechte der Papyri 1906, 167.

Als weiterer Vermittler im Handel ist der Makler zu nennen. Da wir über berufsmäßige Makler im griechischen Recht (vgl. Beauchet IV, 382) nichts wissen, ist die Feststellung von L. Wenger, (a. a. O. 217) wichtig, daß ihre Tätigkeit, das Zusammenführen der Parteien, die Beurkundung ihrer Rechtsgeschäfte im Tagebuch, häufig von den Banken ausgeübt ist.

Doch wir kehren nach diesem Exkurs zum Kornhandel zurück. Einen Begriff von seinem Umfang und seiner Dauer können wir uns am ersten in der Hauptrichtung des attischen Kornimports auf der Handelsstraße vom Pontos her machen. Pontisches Korn wurde schon sehr früh exportiert. Herodot (IV, 17) weiß, daß die ackerbautreibenden Skythen Getreide bauten, um es zu verkaufen, und Perikles und dann Alkibiades haben, wie E. von Stern, Die politische und soziale Struktur der Griechenkolonien am Nordufer des Schwarzen Meer-Gebietes. Hermes 50, 1915, 202f., ausführte, die Bedeutung dieser nordischen Kornkammer wohl zu schätzen gewußt und die Verhältnisse auf diesem unsicheren Markt zu konsolidieren getrachtet. Aber das Überwiegen des attischen Einflusses war damals im Pontos von kurzer Dauer. Die Aristokratie in Pantikapaion wurde schon 438 durch die Tyrannis des Spartokos gestürzt, welcher trotz seines thrakischen Namens einer einheimischen begüterten Familie angehörte, wie Rostovtzeff vermutet. Die neuen Herren des Chersones verstanden es, in ihrem fruchtbaren Lande einen landwirtschaftlichen Großbetrieb einzurichten, und sind bald die Hauptkornlieferanten der griechischen Welt geworden. Sie hatten dabei das Glück, infolge des Ausganges des peloponnesischen Krieges ihre Handelsfreiheit im Pontos wiederzugewinnen und sogar den Wettbewerb von Herakleia Pontika, das ebenfalls von erfolgreichen Tyrannen regiert wurde, zu besiegen (s. Rostovtzeff, Iranians and Greeks, S. 68f.).

Die Athener aber haben es verstanden, trotz ihrer Niederlage die guten Beziehungen zu dem Fürstenhaus zu pflegen. So erscheint Satyros I. als ihr Freund, wie wir oben sahen, und seine Nachfolger bleiben dieser Politik treu. Satyros hat oft bei Getreideknappheit die Schiffe der anderen Kaufleute leer abfahren lassen, aber den athenischen Schiffen den Export von Korn erlaubt. Ferner hat er bei den privaten Handelsgeschäften, in denen jene Fürsten Richter waren, den Athenern nicht nur ihr Recht gegeben, sondern mehr als das (s. Anh. II 39). Wir entnehmen aus den letzten Worten die wichtige Tatsache, daß der Fürst von Pantikapaion auch von fremden Kaufleuten, die dort im Hafen verkehrten, als oberster Handelsrichter in Rechtsstreitigkeiten, angerufen wurde. Ein Beispiel dafür aus demselben Trapezitikos des Isokrates haben wir oben mitgeteilt.

Auch das Verfahren des Leukon zugunsten der athenischen Pontosfahrer wird bei Demosthenes in der Leptinea ähnlich geschildert. Er gewährte den nach Athen Fahrenden Zollfreiheit und ließ verkünden, daß sie als erste ihre Schiffe beladen dürften (Anh. II 40). Entsprechend ließ dann wieder Pairisades, der Sohn des Leukon, im Bosporos durch Heroldsruf verkünden: wer nach Athen für das attische Emporion Korn laden wolle, sollte das Getreide zollfrei ausführen (Anh. II 41).

Als Beleg führt Demosthenes 20, 35f. die Volksbeschlüsse über Leukon an, welche auf Stelen im Bosporos, im Peiraieus und im Tempel des Zeus Ourios bei Hieron aufgestellt waren, und vergleicht ihre Bedeutung mit einem Vertrage (Anh. II 42). Hasebroek (S. 119) macht daraus unrichtig einen Vertrag zwischen Athen und Leukon I. von Bosporos, zu rekonstruieren aus dem Wortlaut der Demosthenischen Rede, ebenso spricht er mit derselben Übertreibung von dem „Vertrag (S. 121) zwischen Pairisades von Bosporos und Athen."

Wir besitzen dagegen als Muster für die Leukon-Dekrete und als wertvolle Urkunde für Athens Verhältnis zu den bosporanischen Fürsten das Ehrendekret für die Söhne Leukons, Spartokos, Pairisades und Apollonios aus dem Jahre 347/6 (Anh. II 43).

Es lehrt uns, daß nach Leukons Tode (354/3) die Fürsten Spartokos († 349/8) und Pairisades eine Gesandtschaft nach Athen geschickt haben mit einem Handschreiben und dem mündlichen Auftrag, daß die beiden Fürsten sich erböten, auch weiterhin für die Absendung von Korn zu sorgen, sowie ihr Vater es getan hätte, und auch sonst dem athenischen Volke sich nützlich erweisen wollten, wenn man ihrer bedürfte. Dafür beschließt das Volk aus Dank für die empfangenen Geschenke (d. h. die Privilegien), den beiden Fürsten dieselben Geschenke, d. h. Bürgerrecht und die Atelie, zu geben wie früher dem Satyros und Leukon. Außerdem wird die Bekränzung mit goldenem Kranze im Werte von je 2000 Dr. beschlossen. Dabei beruft sich der Beschluß (Z. 26ff.) wegen der Ausführung dieser Kränze auf ein entsprechendes, früher beschlossenes Psephisma für Leukon. Weiter wird dann noch die Verkündung der Ehrung und die dazu nötige kurze Formel beschlossen und ebenso die Aufschrift für die von den Fürsten, wie es üblich war, beabsichtigte Weihung der Kränze an die Athena. Auch die Kostenfrage wird dann geregelt, ebenso die Aufzeichnung des Beschlusses und seine Aufstellung nahe bei der Stele für Satyros und Leukon angeordnet. Soweit der Hauptteil des Beschlusses (Z. 1—49). In ihm hat nun R. Laqueur Epigraphische Untersuchungen zu den griechischen Volksbeschlüssen, S. 58ff. ganz kürzlich eine merkwürdige Verwirrung angerichtet. Er will in den besprochenen Zeilen zwei ganz verschiedene Auffassungen finden, da die zu ehrenden Fürsten zuerst mit ihrem Vater und Großvater in Parallele gesetzt würden, dagegen von Z. 29 an nur mit ihrem Vater Leukon. Auf Grund dieser scheinbaren Tatsache arbeitet seine Phantasie dann weiter. Wenn die Geehrten die Kränze der Athena weihen, müssen sie darüber erst befragt sein, es muß mit ihnen über das Dekret verhandelt sein! Man denke, bei der Entfernung von Athen bis zum Bosporos! Und von einer Doppelreise der Gesandten steht in ihrer Belobigung und Einladung in das Prytaneion (Z. 50f) kein Wort! Die Urkunde wird nun von Laqueur in Schichten auseinandergelegt[1]). Es kommt aber noch schöner. Im Dekret folgt (Z. 54f., Anh. II 43) die Bestimmung: was die Gelder angeht, welche den Söhnen des Leukon noch geschuldet werden, so daß sie sie erhalten müssen, sollen die Proedren der betreffenden Volksversammlung am 18. (nämlich Elaphebolion) verhandeln, damit sie das Geld erhalten und dem athenischen Volke keine Vorwürfe machen können." Also Leukon hatte bei seinem Tode noch ein Guthaben in Athen gehabt, wie wir denn bei

---

[1]) Dabei ist S. 60 unten der Satz: „Hier also liegt die neue Auffassung vor, aus der heraus ja auch die Dedikation durch die „Leukonssöhne" (26—39)," wohl etwas verstümmelt.

5 Ziebarth.

Demosthenes 20, 40 lesen, daß er immer Geld in Athen (also auf einer Bank?)
stehen hatte. Was aber macht Laqueur daraus? „Dieser Satz gewährt einen
reizvollen Einblick in die Verhandlungen: in Athen hatte man offenbar geglaubt,
die geschuldete Summe durch die Bekränzung mit 2000 Drachmen (vielmehr
4000 Dr.!) ausgleichen zu können. Die Gesandten fühlten sich nicht befugt,
sich mit diesem Abschluß einverstanden zu erklären; man mußte am Bosporos
Rückfrage (noch eine!) halten. Der Bescheid war ziemlich eindeutig: die Bekränzung ist uns eine Ehre, aber bezahlt machen lassen wir uns damit nicht.
Behaltet als Wertobjekt eure Kränze, aber liefert das schuldige Geld ab." (!!).
Jedes Wort der Kritik an dieser wirklich blühenden „Interpretation" erübrigt sich.

Aber gerade diese Bestimmung über die ausstehende Forderung zugunsten
des oder der fürstlichen „Kornagenten" (Rostovtzeff) soll uns zu einigen weiteren
Betrachtungen anregen. Wie ist das ganze Getreidegeschäft zwischen Fürst
und Staat zu denken? Wer liefert das Korn, und wer ist der Abnehmer? Von
den Söhnen des Leukon wird nur gesagt, daß sie die Verschiffung des Korns
leiten wollen, auch erbitten und erhalten sie am Schlusse des Psephisma (Z. 59)
Schiffsmannschaften (ὑπηρεσίας), welche die Gesandten im Peiraieus unter Mitwirkung des Ratsschreibers aussuchen sollen   Aber ihr Vater Leukon hatte
selbst Getreide für Athen „abgeschickt" aus Anlaß der Teurung von 357 und
zwar so reichlich, daß der Staat infolge der trefflichen Verwaltung des Kallisthenes
nach Deckung seines Bedarfs den Überschuß weiter in Griechenland verkauft
und dabei einen Reingewinn von 15 Talenten erzielt hatte (Anh. II 44). Leukon
hat also das Getreide geliefert und nicht wie später Spartokos III. einfach geschenkt (Anh. II 45) und stand in Abrechnung mit Athen, wie auch sein erwähntes
Guthaben dort beweist. Wer aber hat den Transport besorgt? Hatte Athen
eine staatliche Handelsflotte, um Lieferungen für den Staat abzuholen? Etwa
Spezialschiffe und besondere Einrichtungen für Korntransport, wie wir sie
weiter unten beim Transport des Rötels von Keos kennen lernen werden?

Zu der Zeit, als Xenophons Poroi geschrieben wurden, sicher nicht, denn der
Verfasser schlägt ja dort (Anh. II 46) die Anschaffung von Frachtschiffen durch
den Staat vor, welche man gegen Bürgschaft verchartern könnte, um die staat-
lichen Einnahmen zu vermehren. Also wird auch das für den Staat bestimmte
Korn durch private attische Handelsschiffe verfrachtet sein. Wie legitimierte
sich dann ein solcher Kapitän im Pontos? Hatte er ein Schiffsattest oder Pass?
Sonst konnte ja jeder Phaselite Kornfracht für Athen abholen, ebenso gut wie
ein Kapitän von Mitylene, das ja ebenfalls ein Privileg[1]) von Leukon und seinen
Söhnen besaß für den Bezug von Weizen unter erheblicher Zollerleichterung
Ditt. Syll.[3], 212. Oder gab es eine Reeder-Organisation im Peiraieus, deren
Mitglieder den Korntransport vom Pontos her besorgten? Gewiß darf man sich
den Verkehr zwischen dem pontischen Kornfürsten und seinen Abnehmern
nicht zu feierlich und offiziell vorstellen, und es ist gut zu wissen, wie eine
Inschrift gelehrt hat, daß in der Kaiserzeit in Gorgippia (Anh. II 105) ein pon-
tischer König, Sauromates II. (174—210 n. Chr.), als Mitglied dem dortigen Verein

---

[1]) Aus dem Hasebroek S. 121 wiederum einen „Vertrag" macht.

von Naukleroi angehörte, dem er wie alle anderen sein Eintrittsgeld bezahlte, und zwar 1000 Artaben Korn. Unter den Mitgliedern werden weiter nicht nur Naukleroi, sondern auch Hofbeamte und Minister aufgezählt. Damit ist natürlich nicht etwa gesagt, daß schon Satyros und Leukon mit ihren Kapitänen in einem Klub vereinigt gewesen wären, aber man wird sich doch vorstellen dürfen, daß schon zu ihrer Zeit der pontische Fürstenhof reichlich demokratisch gewesen ist, und daß der Fürst die Kapitäne in seinem Hafen persönlich kannte und um sich versammelte, haben wir oben gesehen.

So viel über die Blütezeit des Kornhandels nach dem Pontos. Es ist leicht verständlich, daß die Statuen der Pontos-Fürsten auf der Agora und besonders im Emporion (II² 653, 15) aufgestellt wurden. Gewiß hat auch die attische Getreidehandels-Gesetzgebung sich in engem Zusammenhang mit dem Pontoshandel entwickelt. Eine bedeutende Förderung für den Handel des Peiraieus bedeutet das Gesetz, welches jedem in Athen Wohnenden verbot, Getreide nach einem anderen Hafen zu bringen als nach dem attischen Emporion (Anh. II 4b). Erlassen ist es sicher zur Zeit des attischen Reiches, bestanden hat es mindestens noch in Demosthenes' Zeit. Ob es aber damals noch durchgeführt werden konnte, ist eine andere Frage. Von ähnlicher Wirkung zum Schutze des attischen Hafens wird das Bodmerei-Gesetz (Anh. II 4b) gewesen sein, welches das Seedarlehen mit dem Getreideimport verknüpfte durch das Verbot, ein Seedarlehen abzuschließen mit Rückfracht an Korn, wenn der Bestimmungshafen nicht Athen war.

So viel über die Bedeutung des pontischen Kornhandels für Athen und zahlreiche andere griechische Staaten. Durch welche Gefahren aber der attische Kornhandel bedroht war, sobald die geringste Störung in der regelmäßigen Kornzufuhr eintrat, sei es durch Mangel an Korn oder durch kriegerische Störungen in den Kornstraßen, das sehen wir einmal an den letzten Jahren des peloponnesischen Krieges mit ihren Schlachten im Hellespont und sodann an den Ereignissen um die Mitte des vierten Jahrhunderts. Die wahre Kornbörse war nicht im Peiraieus, sondern in den Wasserstraßen bei Byzanz und bei Sestos. Da wußte man genau Bescheid über die vorüberfahrenden Kornschiffe, die wegen der Stromverhältnisse im Bosporos und häufig aus Witterungsgründen die dortigen Häfen anzulaufen pflegten. Dort wußten die handelsmächtigen Anlieger des Bosporos und der Propontis Byzanz, Chalkedon, Kyzikos zuerst ihren eigenen Bedarf zu decken, sei es durch Ankauf oder sei es durch Gewalt (Anh. I 33). Ja, diese Städte erwarben nach und nach eine Virtuosität darin, immer neue Vorwände zu finden, durch welche sich ein Zugriff auf die Handelsschiffe in ihren Häfen rechtfertigen ließ, und es ist kein Zufall, daß unter den Städten, welche die Pseudo-Aristotelischen Oikonomika II. aufzählen als Musterbeispiele für geniale wirtschaftliche Notstandsmaßnahmen, sich überwiegend Städte an den Wasserstraßen befinden, wie Byzanz, Lampsakos, Herakleia Pontika, Chalkedon, Selymbria, Abydos; auch Mende und Klazomenai dürfen wir im weiteren Sinne hierzu rechnen. Wie man dann vorging, um das Angreifen der Ladung der Handelsschiffe scheinbar zu rechtfertigen, dafür führe ich nur ein Beispiel an (p. 1347, 22ff.). Chalkedon konnte seine Söldner

5*

nicht bezahlen. Man befragte daher die Söldner, ob nicht ihre Heimatstadt einen Syle-Anspruch gegen eine andere Stadt hätte und sie dies Recht geltend machen wollten. Auf Grund der gesammelten Angaben der bunt gemischten Söldnerschar griff man dann die gerade vorüberfahrenden Schiffe der betreffenden Städte an, unter dem Vorwande, das Syle-Recht geltend zu machen, über das dann auf Grund des mit Gewalt genommenen Pfandes ein rechtliches Diadikasie-Verfahren stattfand, bei dem die Stadt bereit war, im Falle unrechtmäßig erfolgter Pfändung Entschädigung zu zahlen. Die Voraussetzung zu dieser Geschichte ist, daß durch den Bosporos die Schiffe aller griechischen Seestaaten zu verkehren pflegten. So hat natürlich auch König Philipp von Makedonien frühzeitig versucht, seine Hand auf den Bosporos-Verkehr zu legen. Sein Ziel war dabei die Sitopompia, die Geleitung der Kornschiffe, in die Hand zu bekommen (Dem. 18, 87, 241).

Ebenso erschienen im Hellespont auch die Schiffe der nahen thrakischen Handelsstädte, z. B. Maroneia und Thasos, um ihren Anteil am Pontoskorn zu holen. Da der Verkauf oder die Teilung, sobald das Korn knapp war, nicht immer friedlich sich abwickelte, mußte die attische Flotte im richtigen Moment zur Stelle sein, um die Sitopompia auszuführen (Anh. I 33). Denn das zeigt gerade die bevorzugte Stellung, welche der Getreidehandel einnahm, daß er durch die attische Flotte geschützt wurde.

Wir besitzen eine sehr anschauliche Schilderung, wie es in solchen Zeiten am Hellespont zuging, in der Rede gegen Polykles. Eine Flottenabteilung wurde mobil gemacht infolge einer Alarmmeldung vom Hellespont, der Trierarch Apollodor fuhr zum Hellespont und mußte dort nach den Weisungen des Strategen Timomachos bis herauf nach Hieron am Bosporos zum Geleit des Getreides (ἐπὶ τὴν παραπομπὴν τοῦ σίτου) fahren. Dies war der beliebte Sammelplatz für die Kornschiffe, wo Philipp später im Jahre 340/39 der berühmte Fang von Getreideschiffen gelang (s. oben S. 17).

Dort bei Hieron konnte sich je nach Wind und Wetter eine lange Wartezeit ergeben, 45 Tage waren es 362 im Falle des Trierarchen Apollodoros. Dann wurden die Schiffe bis Sestos geleitet. Dort aber traf den Trierarchen die Ordre des Strategen, Kornschiffe nach Maroneia zu geleiten (Anh. II 47). In Sestos teilte sich also die große Flottille von Kornschiffen aus dem Pontos, die sich in Hieron gesammelt hatte und von Apollodor geholt war. Der Stratege schickt einige von seinen Trierarchen von dort nach Maroneia zur Sicherung der dorthin bestimmten Kornschiffe. Von Maroneia fahren sie herüber nach Thasos und erhalten dort neue Ordre, Korn und Peltasten von Thasos nach Stryme zu geleiten und zu schleppen (Anh. II 47). Sie müssen aber in bösem Wetter die Nacht hindurch vor diesem Hafen vor Anker gehen, weil die Maroniten mit Thasos im Kriegszustande waren wegen Stryme, das sie seit alten Zeiten für sich in Anspruch nahmen (Belege siehe I G XII, 7, p. 76, 79). Für den Trierarchen Apollodor war dies Kommando um so schwieriger, als seine Zeit als Trierarch bereits in Sestos abgelaufen war, und natürlich auch seine Offiziere und Mannschaften deshalb schwierig wurden. Sehr anschaulich lesen wir bei Dem. 50, 14 geschildert, wie die Matrosen teils an Land entlaufen, um dort Söldnerdienste zu nehmen, teils von den Schiffen der Thasier und Maroniten, die ebenfalls im Hellespont lagen, gegen gehörigen Vorschuß und hohe Heuer sich anwerben lassen, zumal sie wußten, daß ihr Trierarch nicht mehr über Bargeld verfügte.

Wir erwähnen dieses Beispiel strammen athenischen Flottendienstes zum Schutz der Kornschiffe, fügen auch hinzu, daß dieser Seeschutz natürlich bezahlt wurde durch die einzelnen Städte, die ihn verlangten, wie das Demosthenes 8, 24 (Anh. II 48) ausdrücklich angibt. Der Preis war kleiner oder größer je nach Größe der schützenden Flottenabteilung. Er wurde bezahlt, um die ausfahrenden Kaufleute vor Beraubung zu schützen, ihre Schiffe zu geleiten.

Über den späteren Versuch der Athener, sich 325/4 eine regelmäßige Getreidezufuhr (σιτοπομπία) von Westen her durch Gründung der Kolonie Hadria zu sichern, vgl. das S. 19 Gesagte.

Von entscheidender Bedeutung wurde der Schutz der Kornschiffe natürlich in Kriegszeiten. Auch die Landbefestigungen konnten dabei mithelfen, wie denn Thukydides (Anh. II 49) berichtet, daß 412 Befestigungen am Kap Sunion angelegt wurden, um den Kornschiffen dort Schutz zu gewähren. Wenn aber die Getreideschiffe einer Kornflotte angegriffen wurden, konnte sich daraus eine Seeschlacht entwickeln. Ein bekanntes Beispiel dafür ist die Seeschlacht bei Naxos (376) (Anh. II 50). Damals war eine attische Getreideflotte bis zum Hafen von Geraistos am Kanal von Euboia gelangt, konnte aber nicht weiterfahren, da die spartanische Flotte unter Pollis bei Keos, Andros und Aigina lag, also ihr den Weg zum Kap Sunion versperrte. Deshalb erschien Chabrias mit der attischen Flotte, sicherte die Weiterfahrt der Kornschiffe zum Peiraieus, siegte bei Naxos über die spartanische Flotte (Anh. II 50).

Die Bedeutung des pontischen Korns für die griechischen Staaten hat in hellenistischer Zeit erst dann abgenommen, als die Produktionsbedingungen für die Griechenstädte am Pontos gegen Ende des 3. Jahrhunderts v. Chr., infolge der Bedrohung ihres Hinterlandes durch die ständig vordrängenden Skythen, immer schwieriger wurden. Zu Anfang des Jahrhunderts aber wurden nach wie vor die Kornpreise z. B. in Delos durch die Einfuhr vom Bosporos her bestimmt. Den Beweis dafür hat aus der Kurve der delischen Kornpreise in dem Jahre 282 A. Jardé, Les céréales, I, 168f. geführt. Er zeigt in überzeugender Weise, wie die bedeutende Preissteigerung für Weizen in Delos zusammenhing mit dem Eingreifen des Seleukos in Kleinasien und den dadurch hervorgerufenen Kriegsrüstungen des Lysimachos, die sicherlich zu einer Schließung des Bosporos führten. Wie dann nach der Schlacht bei Kurupedion im Juli oder August und dem Tode des Lysimachos die Seestaaten am Bosporos Byzanz und Chalkedon sich durch Seleukos bedroht fühlten und Bündnis mit Herakleia Pontika und Mithradates suchten und wiederum die Bosporosstraße schlossen, so daß das Korn so knapp in Delos wurde, daß man im Herbst dort Gerstenmehl zum Brot verwenden mußte. Natürlich ist Delos nicht ausschließlich auf das pontische Getreide angewiesen gewesen, sondern hat auch aus anderen Richtungen, z. B. Ägypten, Zufuhr gehabt. Aber die Schließung der Pontosstraße ist damals und auch später von größter Bedeutung für die Brotversorgung der griechischen

Staaten gewesen, soviel lehrt die delische Preiskurve mit Sicherheit, und die Insel
ist ein Musterbeispiel für eine belebte Handelsstadt, die nur auf fremdes Getreide, wie man in Andros sagte (Anh. II 51), angewiesen ist. Wie es Delos dann
verstanden hat, auch weiterhin seinen Markt reichlich mit Kornzufuhr zu versorgen, wird weiter unten zu erwähnen sein. Ähnlich lagen die Verhältnisse in
Samos, das Ende des 4. Jh. von einem Händler aus Torone Weizen einführen
ließ auf Grund eines Gesetzes, das wahrscheinlich von der Kornversorgung der
Stadt handelte (Anh. II 52), nicht anders auch in Andros (s. Anh. II 51).

Was für das kleine Delos gilt, gilt in um so größerem Maße für Athen. Neben
der Hauptzufuhrader für sein Korn gab es besonders in Zeiten der Getreidenot
noch andere Kanäle, auf denen kleinere Mengen Getreide nach Athen ge-
langten. So wie es für den Athener und Metöken gesetzliche Pflicht war, seine
Getreidefracht nach Athen zu führen, so wird das σιτηγεῖν ’Αθήναζε für fremde
Naukleroi ein Verdienst, das auf eine staatliche Belohnung sicher rechnen darf.
Wir lesen in den Ehrendekreten dies Verdienst anerkannt und belohnt für zwei
Tyrier, Vater und Sohn (Anh. II 53), der Sohn verspricht, auch in Zukunft nach
Athen Getreide zu bringen, und erhält mit dem Vater die Würde eines Proxenos
und Wohltäters. Es handelt sich also wohl um eine im Peiraieus ansässige Firma
von Mitgliedern der Tyrischen Kolonie (so v. Wilamowitz zur Inschrift). Ferner
gehörte zu den nach Athen fahrenden Getreidekapitänen Herakleides aus dem
kyprischen Salamis, der als erster der eintreffenden Kapitäne im Jahre 330/29,
wo Getreidenot herrschte, 3000 Scheffel Weizen zum Preise von 5 Drachmen
hergab und dazu noch 328/7 3000 Drachmen schenkte für den Getreideankaufs-
fonds (Sitonia) (Anh. II 54). Auch er wird wie so viele Getreidehändler zum
Proxenos und Wohltäter des Volkes ernannt. Er hatte aber im Pontos das
Unglück, daß sein Schiff von den Herakleoten aufgebracht wurde, wobei ihm die
Segel fortgenommen wurden. Deshalb wird, um den Getreidehandel zu schützen,
ein athenischer Gesandter zum Tyrannen Dionysios von Herakleia geschickt,
um die Herausgabe der Segel zu erwirken und für die Zukunft solchen Gewalt-
taten gegen die nach Athen fahrenden Schiffe vorzubeugen.

Derselbe Tyrann Dionysios, wie es scheint, tritt wenige Jahre später selbst
als Getreidespender für Athen auf mit mehreren Gaben, von denen die erste,
3000 Scheffel betragen sollte (Anh. II 55). Näheres läßt das Bruchstück des
Ehrendekrets leider nicht erkennen. Ein anderer kleiner König, Audoleon,
König der Paionen, schenkt 289/8 v. Chr. 7500 makedonische Scheffel Korn
und zwar frei in die Häfen Athens, und einer seiner Minister macht sich verdient
durch Mitwirkung bei dem Transport dieses Getreides (Anh. II 56).

Wieder auf die Pontosstraße weist uns das Ehrendekret für zwei Herakleoten
(Anh. II 57) Mnemon und ein Name auf ias, welche 4000 Scheffel Weizen zu je
9 Dr. und ihre gesamte Schiffsladung Gerste zu je 5 Dr. abgegeben hatten, wie
durch das Zeugnis des Strategen Diotimos (335/4), welcher das oder die Kornschiffe hatte geleiten lassen, festgestellt wird. Aus welcher Gegend diese Getreidesendung kam, wird nicht angegeben. Aber die Herakleoten und auch das Flotten-
geleit weisen doch wohl auf die Pontosstraße, dann müßte die Ergänzung
auf sizilischen Weizen (Z. 12) falsch sein. Korn aus Kypros bringt ein uns

nicht genannter Importeur (Anh. II 58), der selbst das Korn nach Athen fährt und außerdem in der Lage ist, mit dafür zu sorgen, daß weitere reichliche Zufuhr nach Athen kommt. Man schwankt, ob man in ihm einen Getreidehändler oder vielmehr einen höheren Beamten in dem Produktionsland, also Kypros, zu sehen hat. Ein Getreidehändler ist auch Eucharistos (Anh. II 59), der selbst Korn nach Athen bringt, und zwar für den Augenblick, (d. h. etwa 320/19) 8000 Scheffel zum Marktpreise, aber für die Zukunft weitere 4000 Scheffel in Aussicht stellt. Auch er ist bereits zum Proxenos und Wohltäter des Volkes ernannt worden. Ob er in Athen wohnte oder in dem uns unbekannten Produktionsgebiet, erfahren wir nicht. Getreidehändler sind auch Potamon und der mit ihm Geehrte (Anh. II 60). Denn er exportiert Korn aus einer uns unbekannten Stadt (Sinope ist sie im Corpus ergänzt, ebenso gut paßte Kyrene, aber von Milesiern scheint Z. 16 die Rede). Die Stadt ist so wichtig, daß die Athener sich durch eine besondere Gesandtschaft den Export von dort auch weiterhin zu sichern suchen.

Die athenischen Getreidehändler haben auch die Umgegend mit Korn versorgt, wie das allerdings etwas jüngere Beispiel von Oropos zeigt (Anh. II 61), das sich bei einem Tyrier und einem Sidonier für Kornlieferungen mit Preisnachlaß bedankt und sie zu Proxenoi ernennt, aber doch sicher keine direkten Verbindungen nach Phoinikien hatte, sondern im Peiraieus eingekauft haben wird.

Neben den eigentlichen Getreidehändlern lernen wir durch die Ehreninschriften noch weitere Förderer des Kornimports kennen. Sie bringen das Getreide nicht selbst, sondern veranlassen seine Absendung wie jener Wohltäter (Anh. II 62), der am Hellespont wohnt, zur Zeit der Seeschlacht von 323/2 viele Athener rettet und ihnen Reisegeld in die Heimat schenkt und dann wegen der Getreideknappheit veranlaßt, daß ,,das Getreide im Hellespont nach Athen geschickt wurde, nämlich an Scheffeln Weizen...." , also wohl Korn, das dort infolge der Kriegsereignisse zurückgehalten war. Nicht anders verfuhr der Sohn des Metrodoros aus Ky(zikos?), der am Hofe des Satrapen Arrhidaios (seit 321) in Phrygien sich aufhielt und dort die Absendung des Getreides aus Asien nach Athen veranlaßte (Anh. II 63). Endlich bietet das Corpus noch ein neues gutes Beispiel in der Person des Praxiadas aus Kos, Proxenos von Athen in Samos, wie es scheint (Anh. II 64). Diesem Manne wird von den Emporoi und den Athenern in Samos bezeugt, daß er den Emporoi und Naukleroi mehrfach Rückfrachten an Korn für Athen verschafft und sich für ihren Schutz gegen Verhinderung der Abfahrt oder Aufbringen eingesetzt, auch sich jedes neu ankommenden Atheners angenommen hat. Sein Lohn ist die wohlverdiente Proxenie, wie es scheint.

Ein großer Teil der angeführten Beispiele vom attischen Kornimport stammt aus derselben Zeit bald nach 330, wo eine große Getreidenot in ganz Griechenland herrschte, und zwar hat Jardé, Céréales I, 44 aus dem Dekret für Herakleides (Anh. II 54) genauer berechnet, daß die erste Mißernte in Attika die des Jahres 330, die zweite die des Jahres 328 gewesen sein muß. Eine allgemeine Getreidenot in diesen Jahren möchte er aus Mangel an bestimmten Zeugnissen bezweifeln, da Athen zu allen Zeiten den Kornimport gefördert habe und nicht bloß in jenen Jahren. Inzwischen haben wir aber in der Inschrift von Kyrene gelesen, daß die Stadt Kyrene „damals, als in Griechenland Getreidemangel herrschte", in großartiger Weise durch Getreideschenkungen geholfen hat. An der Spitze der Liste der Empfänger von kyrenäischem Getreide (Anh. II 65) steht Athen mit 100000 Scheffeln. Der Zufall will es aber, daß kein inschriftliches Zeugnis bisher gefunden ist, das sich mit Sicherheit auf diese kyrenäische Sitegie beziehen ließe (vgl. aber o. S. 71).

Als Anhang zum attischen Kornhandel erwähnen wir hier ein weiteres Beispiel von Stapelzwang, das Abkommen zwischen Athen und den Städten von Keos über den Export von Miltos (Rötel) I G II² 1128 (kurz vor 350 v. Chr.) (Anh. II 66). Rötel war, wie Hasebroek S. 152 mit Recht betont, für Athen unentbehrlich zur Herstellung der Farben zum Anstrich seiner Schiffe. Die erste Fassung des Rötelvertrages, welche als „Gesetz, wie es früher bestand", zitiert wird und vielleicht durch die ebenfalls Z. 11 zitierten früheren Volksbeschlüsse erweitert wurde, war in ihrem Wortlaut sicher bedeutend kürzer als die uns vorliegende Neufassung. Daß der Vertrag kurz vor 350 v. Chr. neu mit den Städten von Keos vereinbart wird, hat seinen Grund, wie schon U. Koehler gesehen hat, darin, daß die Beziehungen Athens zu Keos nach dem Aufstand von 363/2 neu geregelt waren (vgl. I G II² 111), andererseits sicher darin, daß der Bedarf der Marine sich gesteigert hatte. Die Bestimmungen für den Export lauten in den beiden Städten, Koresia und Julis, deren Beschlüsse auf dem Stein erhalten sind, nicht ganz gleichlautend. Bestimmt wird in Koresia erstens: der Export darf nach Athen stattfinden, wie es bereits früher war, und zweitens wird mit Beziehung auf früher ergangene Beschlüsse von Athen und Koresia bestätigt, daß die Verladung nur in einem Spezialschiff erfolgen darf, welches die Athener bezeichnen[1]), das also sicher besondere Einrichtungen, z. B. Holzverschläge für den trockenen Transport des Rötels enthielt. Als Frachtsatz, den die Unternehmer an die Kapitäne zahlen müssen, wird 1 Obol je Gewichts-Talent festgesetzt, ebenso müssen sie die Ausfuhrsteuer an die Pentekostologen zahlen. Ob neben diesen Bestimmungen das alte Gesetz weiter gelten oder aufgehoben werden soll, bleibt unsicher mit der Ergänzung von Z. 16. Bestimmt wird weiter in Julis: der Export darf nur nach Athen, sonst nirgendswohin stattfinden und zwar von dem Tage des Inkrafttretens des Dekretes an. Wer anderswohin exportiert, dem wird sein Schiff mit allem Inhalt beschlagnahmt. Auch von Julis aus darf die Verladung nur in Spezialschiffen erfolgen, welche eine Bescheinigung von Athen mit sich führen. Der Frachtsatz wird für Julis nicht erwähnt, dagegen sichert diese Stadt vom Monat Hermaion an Steuerfreiheit zu, doch wohl für die Ausführenden. Die weiteren Bestimmungen des Vertrages betreffen seine Sicherung durch Popularklage, für die eine Delatorenprämie festgesetzt wird, ferner seine eventuelle Abänderung auf Grund eines einseitigen Beschlusses der Athener.

R. Laqueur, Untersuchungen zu griechischen Volksbeschlüssen S. 37f. sucht aus diesen Inschriften Angaben über die Entstehung der uns leider verstümmelt vorliegenden Volksbeschlüsse zu entnehmen. Er vermutet, daß das frühere Gesetz zunächst in der Weise umgangen sei, daß man den Transport des Rötels

---

[1]) Vgl. die ἀπογεγραμμένα πλοῖα, welche in Myra den Fährverkehr besorgten. (Anh. II 9).

zwar nach Athen deklarierte, daß aber die Schiffskapitäne es verstanden, die
ihnen anvertrauten Waren an andere Punkte zu bringen, wobei unter Umständen
auch ein geheimes Einverständnis der koresischen Exporteure stattgefunden
hätte. Deshalb seien Zusatzbestimmungen in der Weise getroffen, daß der
Transport des Rötels nur auf einem von Athen konzessionierten Fahrzeug stattfinden sollte. Davon steht aber im Text nichts, und Laqueurs Übersetzung
von Z. 11 „um dem früheren Gesetz auch tatsächlich Geltung zu verschaffen",
anstatt „damit die Volksbeschlüsse, die früher von den Athenern und den Koresiern
über den Rötel ergangen sind, in Geltung bleiben" (oder Geltung finden), ist falsch,
da die Volksbeschlüsse von dem Gesetz zu unterscheiden sind. Richtig
ist, was Laqueur über die Binnenstadt Julis sagt. Dort bestand, wie es scheint,
ein älteres Rötel-Ausfuhrverbot nicht, sondern die Verfügung wird neu getroffen
„von diesem Tage an". Warum der Beschluß auch für Iulis gefaßt wurde, das
erklärt L. durch die Vermutung, daß keische Exporteure das für Koresos be-
stehende Ausfuhrverbot in der Weise umgingen, daß sie via Julis verfrachteten,
das bekanntlich einen Hafen besaß (vgl. dazu A. Pridik, De Cei ins. rebus 1892, 6).
Den weiteren Schlußfolgerungen Laqueurs über die Redaktion der beiden Dekrete vermag ich nicht zu folgen.

2. Der Weinhandel.

Das Wort von Hasebroek (S. 158), „der griechische Emporos ist in erster Linie
Getreidehändler", bedarf einer Einschränkung, welche derselbe Xenophon gibt,
der von den „getreideliebenden Emporoi" spricht. Er sagt Poroi V, 3 (Anh. II,
67): „Welcher Stand bedürfte nicht des Friedens, wenn die Stadt Ruhe hat?
Fangen wir bei den Naukleroi und Emporoi an: bedürfen ihn nicht die, welche
reich sind an Getreide, oder reich an Wein, oder reich an süßem Wein, oder reich
an Öl, oder reich an Schafen, oder welche mit ihrem Verstand und ihrem Geld
zu arbeiten verstehen, und die Handwerker und Sophisten und Philosophen,
und die Dichter und die, welche deren Werke aufführen, und die, welche nach
sehenswerten oder hörenswerten heiligen oder profanen Dingen streben, aber
auch die, welche schnell Vieles verkaufen und kaufen müssen, wo könnten sie
dies besser erreichen als in Athen?" Ich habe die ganze Stelle ausgeschrieben,
damit klar wird, daß zuerst verschiedene Zweige der Emporoi aufgezählt werden,
dann die Bankiers usw. An erster Stelle erscheint der Getreidehändler, aber neben
ihn tritt dann der Weinhändler mit seinen zwei Zweigen, dem, der mit Wein
überhaupt handelt, und dem, der nur mit Süßwein handelt, dann der Ölhändler
und der Viehhändler. Dieselbe Zusammenstellung der wichtigsten kaufmännischen Handelsartikel Korn, Öl, Wein nennt für den Markt von Lampsakos und
für Herakleia Pontika Ps. Arist. Oec. II p. 1347a, 34ff.

Von der äußeren Ausdehnung und Bedeutung des griechischen Weinhandels
besaßen wir seit langem eine stets wachsende Kenntnis durch die griechischen
Amphorenhenkel, die Stempel tragen, also Weinetiketten darstellen, welche die
Echtheit des Weins, sein richtiges Maß verbürgen oder sein Alter durch Angabe
des Jahrgangs angeben sollten.

Die Amphorenhenkel sind wichtige Urkunden für den Weinhandel von Rhodos
und von Thasos. (Zeugnisse s. I. G. XII 8 p. 77), aber auch von Knidos u. a. O.,
und als solche für den Weinimport in Süd-Rußland in umsichtiger Weise verwertet
von Minns, Scythians and Greeks 1909, 441 ff.
Eine äußere Bestätigung der üblichen Richtung des Weinexports von Griechenland nach dem Pontos steht bei [Demosth.] 35, gegen Lakritos § 35 (Anh. II 68)
„denkt doch einmal nach, ob ihr je gewußt oder gehört habt, daß jemand nach
Athen Wein aus dem Pontos als Handelsartikel eingeführt hat und nun gar
koischen Wein! Ganz im Gegenteil wird doch Wein gerade aus unseren Gegenden, aus Peparethos und Kos und Thasos und Mende und manchen anderen
Städten nach dem Pontos eingeführt, dagegen aus dem Pontos hierher werden
andere Produkte eingeführt". Diese wertvollen Angaben über die gangbaren
Sorten des Weinhandels im 4. Jahrhundert werden nunmehr bestätigt durch die
Papyri n. 428 und 535, beide aus dem 3. Jahrhundert v. Chr., der Florentiner
Sammlung Papiri Greci e Latini IV und V der Società Italiana. Sie stammen
aus dem Archiv des Zenon und enthalten Listen von Waren, die teils zur Be-
frachtung eines Schiffes dienen sollten (vgl. u. S. 80) teils vermutlich zu ähn-
lichem Zwecke auf Lager gehalten wurden. In beiden werden mehrfach Weinkrüge genannt und zwar knidischer und chiischer Wein (428, 31. 71. 110 vgl. 23),
dann weiter leukadische (428, 115), lesbische (535, 29,43), thasische (535, 45), wohl
auch korakesische (535, 48) Krüge. Allerdings waren die Keramia nicht ausschließlich mit Wein gefüllt, sondern auch mit Honig, Pökelfleisch und anderen
Dingen.
Auch Reben von Mende und Maroneia (P. Cair. Zenon 59 033, 13, 14) kommen
vor; ebenso syrischer (P. Soc. Ital. VI, 594, 19) und sizilischer (P. Cair. Zenon
59 007) Wein.
Von den anderen Weinproduktionsinseln haben wir Gesetze wie die thasischen
(s. u.) nicht erhalten, doch beweist z. B. auf Kos die Steuer auf „Wein am Meere"
Ditt. Syll.³ 1000, 5, ebenso in Kalymnos Steuer auf „Wein aus Weinbergen" (eb.
Z. 7), daß der Wein dort eine besondere Bedeutung hatte. Schon Töpffer, Beitr.
z. griech. Altertumswiss. 213 hat über diese Weinsteuern gehandelt (Anh. II 69).
Der Weinhandel von Rhodos ist wie der von Thasos vor allem nach den Fund-
orten der rhodischen Amphorenhenkel zu beurteilen. Sie lehren uns durch ihre
Inschriften, wer der Fabrikant der Weinkrüge war, oder sein Ergostasiarches,
sein Betriebsvorstand, genannt auf dem Henkel bei M. P. Nilsson, Exploration
archéologique de Rhodes 1909, 56, ferner geben sie meist eine Datierung, endlich
zeigen uns die Fundorte der Henkel die Richtung der Exportwege. Anschaulich
zeigt uns auch der Fund eines Amphorenlagers in Villanova an der Küste bei
Ialysos, wie der Exporteur seine Vorbereitungen zur Ausfuhr traf (vgl. Annuario
della Scuola arch. Ital. di Atene 4/5, 1924, 27 ff. Gefunden sind dort 500 Krüge,
doch wird die Zahl der an der Küste als Fracht für ein Schiff gelagerten Krüge,
die hauptsächlich aus der Fabrik des Diskos und von drei anderen Töpfern
stammten (200 bis 180 v. Chr.), auf tausend geschätzt, vgl. dazu Clara Rhodos I,
1928, 84f. Hauptabnehmer des rhodischen Weins war Ägypten, wie die vielen
Tausende von Henkeln zeigen, die in Alexandreia gefunden sind, dann folgen

nach den Feststellungen von H. van Gelder, Geschichte der alten Rhodier, 1900, 424f., die Hafenstädte Südrußlands (vgl. auch Minns, Scythians and Greeks) und die Küstenstädte Kleinasiens, aber auch die Städte Süd-Italiens.

Über den thasischen Weinhandel hat kürzlich der Hafen von Thasos selbst ganz neue Auskunft gegeben.

Wie in der athenischen Gesetzgebung das Getreide die erste Rolle spielte, so war es mit dem Wein in Thasos. Ihm gelten die Gesetze aus dem 5./4. Jahrhundert, welche auf den Orthostaten eines Tempels am Markte vereinigt gefunden sind (vgl. Anh. II 10).

Das erste Gesetz verbietet unter den üblichen Strafbestimmungen den Ankauf von Most oder Wein von der Frucht noch auf den Weinstöcken und zwar vor dem 1. Plynterion (Mai—Juni). Es richtet sich offenbar gegen die Weingroßhändler, welche die ganze Ernte eines Weinberges auf Spekulation kaufen. Die emptio spei soll verboten werden, ebenso wie es im Gnomon des Idios Logos 104, welchen der Herausgeber G. Daux anführt, heißt (Anh. II 71): Es ist nicht erlaubt, noch nicht geerntete Früchte zu verkaufen.

Das zweite Gesetz betrifft das Weingeschäft: Wer Wein in Pithoi kauft, für den soll der Kauf rechtskräftig sein, wenn er sich die Pithoi mit dem Stempel hat versehen lassen. Hier kann nicht der Stempel gemeint sein, welchen die thasischen wie die knidischen und rhodischen Amphoren bekamen, wenn sie aus der Töpferei geliefert wurden, sondern der Verschlußstempel, der bei dem ältesten bekannten Beispiel, den Weinkrügen aus einem verbrannten Hause in der mykenischen Stadt auf dem Menelaionhügel bei Sparta, aus einer runden Scherbe bestand, überdeckt mit Weinblättern und weichem Ton, den mehrere sich kreuzende Fäden festhielten, welche durch die Eigentumsmarke des Besitzers gesichert waren (so D. Fimmen, Die kretisch-mykenische Kultur², 1921, 118).

Es gab in Thasos auch bereits Bestimmungen über die im Weinhandel ortsübliche Gemäße, wie das vierte Gesetz zeigt: Niemand darf für den Kleinverkauf den Wein aus Amphoren oder aus einer Pithakne oder aus einem falschen Pithos schöpfen, (sondern nur aus dem Pithos ?). Wer den Wein dennoch aus den verbotenen Gemäßen, zu denen sich die erklärenden Modelle aus der thasischen Keramik vielleicht im Museum zu Thasos finden, verkauft, gegen den sollen dieselben Klagen, Bürgschaftsforderungen, Geldstrafen gelten wie für das Verfälschen des Weins durch Wasser. Diese Bestimmung richtet sich nicht so sehr gegen die, welche schlecht messen, wie sie Lukian Hermotimos § 59 (Anh. II 72) nennt, also gegen das unrichtige Maß beim Weinverkauf, sie soll vielmehr zur Kontrolle des Weinhandels dienen, in dem nur das Normalmaß eines Pithos, dessen Größe wir nicht kennen, zugelassen ist.

Sehr wichtig ist weiter das 3. Gesetz: Kein thasisches Schiff darf fremden Wein einführen zwischen Athos und Pacheie, womit der Küstenstrich der thasischen Peraia gemeint sein muß. Tut es das dennoch, so soll es dieselben Strafen schuldig sein wie der, welcher Wasser in den Wein gießt, und der Steuermann soll dieselbe Strafe schulden. Die Klagen aber und die Bürgschaftsforderungen sollen ebenso (wie im Gesetz über Weinverfälschung durch Wasser, nicht erhalten), eintreten.

Hier wird also für thasische Schiffe, zugunsten des thasischen Weinbaus oder Weinhandels, eine Beschränkung ihrer freien Handelserlaubnis festgesetzt. Wenn diese Beschränkung durchgeführt werden konnte, muß es auch ein Aufsichtsrecht der thasischen Hafenbehörden über die Schiffsfrachten und eine Anmeldepflicht der Kapitäne[1]) für ihre Ladung (vgl. Anh. II 70 B) gegeben haben, wie sie an anderen Orten durch die Bücher der Zollbehörden ausgeübt wurde. Kamen die Schiffe aber nicht vom Hafen Thasos, sondern weiter her, wie das bei der verbotenen Ladung an fremdem Wein wahrscheinlich ist, so werden in den Küstenhäfen vielleicht „die Beauftragten nach dem Festlande" (Anh. II 10, 2, 5) entsprechende Kontrollbefugnisse gehabt haben.

Auf dem Stein mit den Hafengesetzen stand 2, 1—3 noch ein weiteres Gesetz, dessen Wortlaut leider bei Anbringung einer späteren Inschrift wahrscheinlich in römischer Zeit ausgemeißelt ist. Es muß vom Weinhandel nach dem Festlande gehandelt haben, denn hier werden die Festlandsbeauftragten im Falle des Fehlens eines anderen Klägers mit der Anstrengung der Klage gegen den Übertreter des Gesetzes beauftragt, und die von ihnen eventuell ersiegte Strafsumme fällt ohne Abzug der Stadt anheim. Strengen die Festlandskommissare die Klage nicht an, obwohl sie Kenntnis von der Übertretung erhielten, so haben sie selbst das Doppelte der Strafsumme zu entrichten. Die Klage gegen sie ist eine Popularklage mit einer Delatorenprämie von der Hälfte der Strafsumme. Die Annahme der Klage gegen die Festlandskommissare haben die Demiurgen durchzuführen.

Bei diesen Hafengesetzen handelt es sich um Nachträge zu früheren Gesetzen, von denen eins das Verbrechen der Verfälschung des Weins durch Wasser zum Gegenstand gehabt haben muß, da dieses Gesetz und zwar seine Strafbestimmung zweimal 2, 10 und 14 zitiert wird. Auch aus dem Anfang des 4. Jahrhunderts besitzen wir ein Gesetz über die Seefahrt der Thasier (Anh. II 70), gefunden am Hafentor oder auf der Agora. Leider ist es nur bruchstückweise uns überliefert. Es enthält wie es scheint, Dienstanweisungen für die καρπολόγοι, eine Zollbehörde.

Die Bedeutung der thasischen Weinhandelsgesetze, welche Hasebroek noch nicht erwähnt, liegt darin, daß sie zeigen, wie neben Athen auch andere Staaten, die im Besitz einer leistungsfähigen Handelsflotte waren, Schutzmaßnahmen für ihren eigenen Seehandel getroffen haben. Also war der Handel im 4. Jahrhundert doch nicht so stark kosmopolitisch, wie ihn Hasebroek S. 112 darstellt, sondern die griechischen Stadtstaaten haben sehr wohl ihren nationalen Handel gehabt, den Hasebroek S. 106 ausdrücklich in Abrede stellt,

---

[1]) Wie in Thasos der Kapitän (Kybernetes hier genannt, wie mehrfach in den Papyri z. B. Pap. Cairo Zenon 59 013, 59 014 a 1), ausdrücklich haftbar gemacht wird für Übertretung des Weinhandelsgesetzes, so heißt es etwa zur selben Zeit in dem Kornexportprivilegium für Methone (s. Anh. I 18): „Die Methonäer sollen nach schriftlichem Antrag bei den Hellespontwächtern (Korn) ausführen bis zu der festgesetzten Menge. Straflos soll auch das ausführende Schiff sein." Diese Worte bedeuten die freie Fahrt für den Kapitän des Kornschiffes, dagegen die Worte im thasischen Gesetz Fahrtunterbrechung für das Schiff mit „Kontrebande", die man leicht an den nicht thasischen Weinkrügen oder Pithoi erkennen konnte.

geradeso, wie sie ihre sehr eigenen nationalen Münzen hatten, welche sie je nach ihrer Handelsorientierung zu ändern wußten, wie das bisher am deutlichsten die Münzen von Abdera gezeigt haben, wenn man sie so interpretiert, wie es M. L. Strack und C. Regling gelehrt haben[1]).

3. Der Ölhandel und andere Handelszweige.

Über den Ölhandel haben wir wenige inschriftliche Zeugnisse, darunter aber eins, das wohl typisch genannt werden kann. Es berichtet, wie so oft beim Kornhandel, nicht von dem gewöhnlichen Geschäft auf dem Ölmarkt, sondern vom Ölgeschäft zur Zeit einer Mißernte im Jahre 176/5 v. Chr. Damals hat ein kluger attischer Großkaufmann, (sicher ein Metöke, da für seinen kurzen Namen nur etwa 7 Buchstaben Raum auf dem Stein ist), der sonst Korn nach Athen importierte, für sein Schiff eine für den Pontos bestimmte Fracht von 1500 Metretai Öl außerhalb Athens eingekauft, in der Absicht, als Rückfracht wieder Korn vom Pontos mitzubringen. Dann aber erfuhr er in den Zwischenhäfen, wo er sich aufhielt, von dem äußerst schlechten Ausfall der Ölernte und der einsetzenden Ölknappheit und entschloß sich zu der patriotischen Handlung, seine Ölladung schnell nach dem Peiraieus zu bringen, unter Verzicht auf die Pontosfahrt. Als er dann dort sein Öl aus dem Emporion herausgeschafft hatte, setzten ihm die Händler arg zu, um sein Öl zu kaufen, boten ihm natürlich auch höhere Preise, als sein Einkaufspreis gewesen war; es scheint aber, daß er das Öl nicht an sie losschlug, sondern es der Stadt zu billigem Preise abgab, wie im Vorjahre das Korn. Sein Lohn ist dann das uns erhaltene Ehrendekret (Anh. II 73). Wir sehen aus der Inschrift, daß die Handelsstraße zum Pontos und die Rückfracht von dort mit Getreide noch genau so beliebt war wie im 4. Jahrhundert.

Ein attisches Ölhandelsgesetz wurde später von Hadrian erlassen (Anh. II 73a). Es verpflichtet den Ölbauer, ein Drittel seiner Ernte ,in besonderem Falle nur ein Achtel, abzugeben an die staatlichen Ölaufkäufer zu dem von ihnen festgesetzten Preise. Zu diesem Zwecke muß jeder Ölbauer eine eidlich erhärtete schriftliche Anmeldung über den Ertrag seiner Ölernte einreichen. Auch der für den Export Öl aufkaufende Händler muß eine genaue Angabe über die Größe seines Einkaufs machen und angeben, für wen er kauft und wo sein Schiff ankert. Unterläßt er diese Anzeige, so wird sein eingekauftes Öl beschlagnahmt, ebenso wenn er eine falsche Angabe gemacht hat. Ebenso heißt es weiter unten (Z. 41) von dem Emporos, dem Exporteur, daß er melden muß, was er ausführt, und wieviel er von jedem Lieferanten gekauft hat. Auch ihn trifft, wenn er die Anzeige unterläßt, der Verlust seiner Ladung. Gelingt es ihm aber, unbemerkt abzufahren, so soll in seinem Heimatshafen und beim Kaiser Anzeige erstattet

---

[1]) Vgl. Die antiken Münzen Nordgriechenlands II 11, 16ff. Auch dieses wichtige Gebiet, die Verwertung der Münzen als Quellen zur Handelsgeschichte, z. B. für einen Handelsplatz wie Tarent durch den großen Münzfund von 1911 (s. Glotz, Hist. Grecque I, 1925, 188) sehr wichtige Aufschlüsse gegeben haben, ist in Hasebroeks ,Staat und Handel' kaum berücksichtigt, vgl. dazu noch Regling, ,Die Münzen von Priene 1927' und meine Besprechung Phil. Woch. 1928, 1449f.

werden. Die daraus sich ergebenden Prozesse soll der Rat allein entscheiden bei Streitobjekten bis zu 50 Amphoren. Bei größeren Mengen Öl soll das Volk mitwirken. Erfolgt eine Anzeige von einer Person der Schiffsbesatzung, die natürlich eine Prämie erhält, muß der Stratege am folgenden Tage den Rat berufen und für beschleunigte Erledigung des Prozesses sorgen. Da Hadrian bewußt an die alte attische Gesetzgebung des Solon anknüpfte, ist es wohl möglich, daß die angeführten Kontrollbestimmungen für den Ölhandel schon viel früher bestanden haben.

Für das 3. Jahrhundert v. Chr. aber verdanken wir den Papyrusurkunden weitere wichtige Nachrichten über den Ölhandel nach Ägypten. Öl gehörte mit Most zu den höchstbesteuerten (50%) Importartikeln (vgl. den u. S. 80 genannten Pap. Cair. Zen. 59012, 259 v. Chr.). Aber der Import muß sich gelohnt haben, denn wir lesen im Pap. Cair. Zenon 59 015 (259 oder 258 v. Chr.) von Schiffsladungen, die nur aus Öl bestanden. Das Schiff des Theon hatte 255 milesische Krüge (Keramia zu je 16 Choes), dazu 101 Halbkrüge Öl an Bord, ebenso das Schiff des Aeropos 122 milesische und samische Krüge, dazu 140 Halbkrüge, endlich ein kleineres Schiff (ein Keles) 143 milesische Krüge und 34 Halbkrüge. Es wird auch Bruch in Abrechnung gebracht, beim Schiff des Theon 3 milesische Krüge, 1 samischer Halbkrug, beim Schiff des Aeropos je 1 samischer Krug und Halbkrug, auf dem Keles 2 milesische Krüge und 1 Halbkrug. Das gesamte Öl muß für Rechnung des Ölmonopols zum festen Preis von 46 Drachmen je Metretes abgeliefert werden. Die Unkosten für Transport und Auslagen im Löschungshafen (Alexandreia?), auch Leuchtturmabgabe (Euploias) sind auf der Unkostenrechnung genau notiert. Auch im Pap. Cairo Zenon 59 077 ist von einem Ölschiff, das von Syrien oder Palästina kommt, die Rede (im Jahre 257 v. Chr.).

Die inschriftlichen Quellen für die Erkenntnis der einzelnen Zweige des griechischen Handels sind übrigens noch keineswegs genügend ausgeschöpft. Dies hat an einem äußerst lehrreichen Beispiele G. Glotz für den griechischen Holzhandel gezeigt in seinem bereits früher angeführten glänzenden Aufsatz: L'histoire de Délos d'après les prix d'une denrée (Rev. Ét. Grecq. 21, 1916, 281—315). Auch für den Holzhandel ist es wie für den Kornhandel möglich die Kurve der Preise für bestimmte Jahrzehnte an den delischen Rechnungsurkunden abzulesen. Dabei ergibt sich aus den Einzelnachweisen von Glotz etwa folgendes Bild: Die Preise für den griechischen Holzhandel wurden in Makedonien gemacht. Der makedonische König bestimmt sie nach seinem Ermessen und den Finanzbedürfnissen seines Landes (Glotz, a. a. O. 292). Der makedonische Holzhandel zeigt uns die Linie der griechisch-makedonischen Politik ganz klar. Schon bei der Erwerbung von Amphipolis spielt er eine wichtige Rolle, Olynth wurde groß als Zentrum des Holzhandels, Iason von Pherai konnte seine Flotte bauen, seitdem er mit Makedonien verbündet war (Xen. Hell. VI, 1, 11). Freunde der makedonischen Holzkönige pflegten Holzgeschäfte zu machen, wie Andokides, oder sich Holzhäuser zu bauen, wie Timotheos. Gnadenbeweise dieser Könige bestanden oft in Geschenken von Schiffsbauholz oder sonstigem Nutzholz[1]). Doch

---

[1]) Belege bei Glotz a. a. O., bei Casson, Maced. Thrace and Illyria 1926, 52/3 sind diese Dinge nicht genügend gewürdigt.

gab es auch zahlreiche andere Bezugsquellen für anderes als makedonisches Holz, z. B. kaufte man Holz vom Olymp in Mysien oder vom Ida in der Troas, oder pontisches Holz aus Sinope oder Amisos, Holz aus Kilikien, Kypros, Syrien. Auf dem delischen Markte aber herrschte Pech und Holz aus Kleinasien oder Makedonien vor, je nachdem die Seeverbindungen zwischen Delos und Makedonien und Delos und der kleinasiatischen Küste frei oder durch kriegerische Verwicklungen gesperrt waren. Den Zwischenhandel aber nach Delos hin besorgten Holzhändler aus Karystos auf Euboia oder aus Chios, je nach den politischen Verhältnissen, oder endlich delische Händler. Dabei können wir den delischen Holzhändler Menon mindestens 34 Jahre bei seinem Geschäft mit makedonischem Holz verfolgen.

Genannt werden die Seeräuber als ein Faktor im delischen Seeverkehr nicht, bis auf die oben S. 22 gegebenen Stellen, aber wenn man sich ein Bild von den Handels- und Verkehrsmöglichkeiten im ägäischen Meere im 3. Jahrhundert v. Chr. machen will, so gibt es kein besseres Mittel, als das Studium der delischen Marktpreise an der Hand eines so unterrichteten Führers, wie es G. Glotz ist. Das Ergebnis seiner Untersuchungen ist, daß die drei Preisperioden im Handel mit Pech zwischen 315 und 166 v. Chr., welche er auf dem delischen Markte feststellt, genau den drei politischen Epochen der Herrschaft von Antigonos und Demetrios, dann der Ptolemäer, dann der makedonischen Könige über das Inselmeer entsprechen. Die Kurse auf dem Markte in Delos werden bis in ihre kleinsten Schwankungen durch die politischen Ereignisse reguliert. Wird der Ptolemäer Feind des Antigoniden, so schließen sich die makedonischen Häfen für den delischen Händler.

Wir brechen hier ab und widerstehen der Versuchung, dem griechischen Handel noch weiter zu folgen in der von Xenophon in der angeführten Stelle angedeuteten Richtung, also zunächst noch dem Viehhandel nachzugehen. Auch dieser ist uns schon früh in seiner Bedeutung dadurch kenntlich, daß der Staat eine Steuer auf ihn legt, ebenso wie auf den Holzhandel (vgl. über diese Steuer J. Töpffer, Beitr. z. griech. Altertumswiss. 1897, 214). Denn, wenn wir mehr geben wollten, als eben nur bevorzugte Zweige des griechischen Handels, dann müßten wir die gewaltige Aufgabe der Behandlung aller Zweige des griechischen Handels in Angriff nehmen, die nur gelöst werden kann auf Grund einer Bearbeitung auch des Riesenmaterials, welches die Papyrusurkunden bieten. Was uns für den griechischen Handel der vorhellenistischen Zeit bisher so schmerzlich fehlt, das sind Zahlen, statistische Angaben jeder Art. Die Hafenbehörden mußten ja überall über alle eingehenden und ausgehenden Waren ihres Hafens genau Buch führen, da sie die dafür fälligen Hafenzölle zu vereinnahmen hatten. Unmittelbar nach Löschung seiner Waren, heißt es im Hafengesetz von Kyparissia aus dem 4. oder 3. Jahrhundert (Anh. II 11). das uns den anschaulichsten Begriff vom Landungsverfahren vermittelt, muß jeder Importeur sein Warenverzeichnis bei den Pentekostologen, den Erhebern des Fünfzigstels vom Werte, einreichen und den Zoll bezahlen, bevor er irgend etwas zum Markte bringt oder verkauft. Zehnfache Strafe trifft ihn bei Steuerhinterziehung. Dieselbe Vorschrift gilt für den Export aus der Stadt auf dem Landwege. Ohne die Beihilfe und Erlaubnis der Pentekostologen darf keine Ware verladen werden, wiederum unter Androhung der gleichen Strafe. Noch genauer sind die Landungsvorschriften im Hafen von Delos, wie das Gesetz für den Handel mit Holzkohlen (2. Jahrhundert v. Chr.) zeigt (Anh. II 12). Jede zu verkaufende Menge muß die öffentliche Wage passieren. Verkaufen darf nur der, der die Ware zu Schiff gebracht, nicht ein Händler, der sie erst in Delos gekauft hat. Den Verkaufspreis muß der Importeur in seiner Anzeige der Waren bei den Pentekostologen angeben und ist streng an ihn gebunden, darf auch der Marktbehörde (den Agoranomen) keinen billigeren Preis angeben, (wenn er etwa nach der Marktlage sieht, daß er nicht verkaufen kann). Diesen Bestimmungen sind auch diejenigen unterworfen, die zollfreie Einfuhr genießen, also mit den Pentekostologen nichts zu tun haben. Auch sie sind an ihren, der Marktbehörde angegebenen Preis gebunden. Zuwiderhandelnden droht Ausschluß von der Benutzung der öffentlichen Masse und das Verbot, den Lagerplatz in Delos zu benutzen, oder die Bezahlung einer täglichen Platzmiete von einer Drachme. Was würden wir darum geben, wenn in einem griechischen Hafen solch ein Eingangsjournal einer Hafenbehörde gefunden würde! Mit einem Schlage könnte vielleicht der oben erwähnte Streit über die griechische Industrie und ihre Exportmöglichkeiten entschieden werden. Alle die Schiffsgeschichten aus den Handelsreden des Demosthenes würden anschaulicher für uns werden, wenn wir das nötige Schiffsinventar dazu lesen könnten.

Und solche Schiffsinventare oder Frachtlisten sind wirklich auf Papyrusurkunden entdeckt worden! Sie gehören zu den Zenon-Papyri, welche so zahlreiche wertvolle Urkunden enthalten, und sind veröffentlicht teils von dem glücklichen Entdecker Edgar in den Papyrus Cairo-Edgar, teils von den italienischen Gelehrten in den Papyri della Società italiana. Erkannt hat unter ihnen Schiffsinventare zuerst U. Wilcken, Arch. f. Papyr. 6, 394. Er las dort die entscheidenden Worte des Pap. Soc. Ital. 428, Z. 56/7. „Wir brachten aus dem Hause (?) des Tettaphos (?) in das Schiff" (Anh. II 103) s. o. S. 82. Dazu stimmen die Bemerkungen (II, Z. 30) „gewöhnlicher Wein, von dem wir täglich gebrauchen", ähnlich Z. 28. Aufgezählt werden in bunter Folge die einzelnen Stücke der Ladung, wie sie ganz kürzlich H. Schaal, Flußschiffahrt und Flußhandel im Altertum. Bremer Festschrift 1928, 399 aus diesem Papyrus mitgeteilt hat.

Noch klarer ist der Sachverhalt bei dem Pap. Cairo, Edgar n. 59012 aus dem Jahre 259 v. Chr. Er enthält die Liste von zwei Schiffsladungen, die für den Minister Apollonios durch seine Kapitäne Patron und Herakleides nach Alexandreia importiert und in Pelusion auf Grund einer Abschätzung ihres Wertes verzollt wurden. Die Schiffe bringen Waren der verschiedensten Art, welche nach dem Zolltarif in 4 Gruppen eingeteilt sind.

Zu dem höchsten Steuersatze von $50^0/_0$ werden eingeführt Most 5 Krüge (Keramia zu 10 Metretai), dazu 4 Halbkrüge, Essig, weißes Öl. Zu dem nächsten Satz von $33^1/_3$ % Wein in Krügen von Chios (70 Kr.), dazu 4 Halbkrüge, in Krügen von Thasos (3), dazu auf dem Schiffe des Herakleides 61 Kr. Krüge von Chios und 2 Halbkrüge, ferner 4 Krüge von Thasos, Feigen in Krügen (9). Weiter zum Steuersatz von 25%: Honig aus Theangela (in Karien) 6 Halbkrüge, aus

Rhodos 1 Kr., aus Attika 1 Stamnos, aus Lykien 1 Halbkrug, aus Korakesion 4 Halbkrüge, aus Chalybon (in Syrien), kleine Krüge mit Käse aus Chios und anderem Käse, 1 Krug mit Pökelfisch, 4 Krüge mit einer leckeren Sorte. Weiter Fleisch in Kruken und zwar Bauchspeck, Wildschwein-, Hirsch-, Ziegenfleisch, dann wieder samische Erde 2 Stamnoi, pontische Nüsse in 1 Krug aus Chios, Granatapfelkerne, Schwämme und zwar harte und weiche. Endlich zum billigsten Steuersatz von 20% reine Wolle eine Kiste. Auch was die Mannschaft der Schiffe mit sich führt an Öl (in Schläuchen ?) und Wein, muß verzollt werden, dagegen bleiben Möbel und Geräte, Betten, Lampen, Tische, Waffen zollfrei, stehen aber in der Sonderrechnung für beide Kapitäne für Transportgebühren (Phoretron Pap. Cair. Zen. 59 013/14), wohl vom Hafen zum Magazin in Alexandreia. Den vollen Nutzen werden diese und andere Schiffspapiere erst geben, wenn man sie in Listenform und Einzelangabe der Preise bearbeitet und weiter zum Vergleiche heranzieht, was sich von den eingeführten Waren, meist Eßwaren, im Kleinhandel in Ägypten nachweisen läßt und zu welchen Preisen. Für unsere Zwecke genügt es hier, darauf hinzuweisen, welch wertvolles Material zur Handelsgeschichte[1]) in diesen und anderen Papyri zu finden ist, und zwar aus derselben Zeit, wie die mehrfach erwähnten delischen Tempelrechnungen, zu denen hoffentlich die französischen Herausgeber bald einen Index, ein Adreßbuch der Lieferfirmen und eine Preisliste der gangbaren Artikel, welche der Tempel immer wieder einkaufen und bezahlen mußte, geben werden. Ein ähnliches Adreßbuch von Handwerker- und Unternehmerfirmen läßt sich auch für das Athen des 4. Jahrhunderts auf Grund der eleusinischen Tempelrechnungen u. a. mit Nutzen, herstellen, und so kann dann die urkundliche Basis für die griechische Handelsgeschichte, vielleicht in Form einer Sammlung von ,, Quellen zur griechischen Handelsgeschichte" immer breiter und sicherer gestaltet werden.

---

[1]) Eine umfassende Ausnutzung dieses Materials dürfen wir von Hans Schaal in Bremen erwarten, der soeben aus seinem Werke über den Handel des Altertums eine wertvolle Probe veröffentlicht hat, ,,Flußschiffahrt und Flußhandel im Altertum" in der Festschrift zur 400 Jahrfeier des Alten Gymnasiums zu Bremen, 1928, S. 370—423.

7. Seehandel und Geld.

Unter den Einzelfragen, die für den Seehandel von entscheidender Bedeutung waren, ist die Geldfrage die wichtigste. Wir meinen damit nicht die Frage nach der Beschaffung des Kapitals für den Seehandel, die oben bei Behandlung des Seedarlehens berührt worden ist, sondern die Frage nach Beschaffung der nötigen Zahlungsmittel für das Schiff, das fremde Häfen anlief. Es ist bekannt, daß die Fülle der auf griechischen Märkten kursierenden Münzen verwirrend groß war. Wie dadurch Zahlungen sehr erschwert und verteuert wurden und ferner das Gewerbe der Geldwechsler aufblühen mußte, hat z. B. G. M. Calhoun, The business life of ancient Athens, Chicago 1926, 89f., gut entwickelt.

Die größten regelmäßigen Zahlungen, von denen wir aus früherer Zeit Kenntnis haben, waren die Tributzahlungen der attischen Bundesgenossen. Sie erfolgten in Delos und Athen in den Münzsorten der Einzelstaaten, veranschaulicht durch die großen Geldbeutel , die auf Tributlisten noch heute erhalten sind (A. Wilhelm Anzeig. Akad. Wien 1909, 54 Abbildung zu I. G. I 38), bei deren Verrechnung es gewiß oft Streit mit den Bankiers gab, wie denn auch für den Handel die große Verschiedenheit der Zahlungsmittel sehr erschwerend war. In dem ersten Abschnitt des peloponnesischen Krieges hat deshalb die attische Reichsbehörde das attische Münzgesetz erlassen (Anh. II 74), durch welches als Einheitsmünze des Reichs die attische Münze zwangsweise eingeführt wurde. Daß es ein Grundgesetz des Reiches war, zeigt seine Verkündigung durch Herolde in allen vier Quartieren des Bundes, Ionien, den Inseln, Hellespont und Thrakien, und seine Aufstellung vor jeder Münze in den Bundesstädten, endlich die Aufnahme seiner Hauptbestimmungen in die Formel des Ratseides der Städte. Verboten wurde das Prägen von anderen Silbermünzen und der Gebrauch von fremden Münzen, Maßen und Gewichten. Jeder Bürger wurde verpflichtet, alles Lokalgeld an die städtische Münze seiner Stadt abzuliefern. Das Wechselgeschäft besorgte die Stadt, öffentlich wird Liste geführt über die abgelieferten Summen und den beim Einwechseln dafür gezahlten Betrag.

Für das Handelsschiff blieb das Problem der Zahlungsmittel immer neu, je nach dem Hafen, den es anlief. Wir begreifen, daß große Handelszentren dieser Frage besondere Aufmerksamkeit widmeten. Erhalten ist uns aus Olbia das Münzdekret (Anh. II 75 aus dem 4. Jahrhundert), das vermutlich besonders durch die Bedürfnisse des Seehandels veranlaßt ist. Es erlaubt die Ein- und Ausfuhr aller geprägten Gold- und Silbermünzen. Doch darf der Verkauf oder Ankauf nur erfolgen auf dem Stein im Ekklesiasterion, wo sicher eine Überwachung erfolgte. Wer an anderer Stelle mit geprä ter Münze handelt, dem wird die verkaufte Geldsorte oder der Ankaufspreis, den er gezahlt hat, beschlagnahmt. Auf dem Markte von Olbia gilt nur das städtische Kupfer- und Silbergeld[1]). Zu-

---

[1]) Vgl. Chersonesos und seine Fürsorge für das städtische Geld, wie sie J. Zingerle Klio 21, 1927, 64 gezeigt hat.

widerhandelnde trifft Beschlagnahme der in auswärtigen Geldsorten abgeschlossenen Umsätze. Endlich wird der Kurs des kyzikenischen Goldstaters auf 11½ (oder 10½?) Stateren von Olbia festgesetzt, und damit auch die olbische Münze auf dem griechischen Geldmarkt überhaupt tarifiert, ferner auch alles Gold- und Silbergeld von jedem Zoll befreit. Wenn also der attische Kaufherr in Olbia landete und seine Warenladung verkaufte, erhielt er olbisches Silbergeld. Dies konnte er nach H. Schmitz's Ausführungen entweder verwerten zum Ankauf der Rückfracht am Platze oder zum Umwechseln am Stein im Ekklesiasterion gegen anderes Geld, das er zur Weiterfahrt brauchen konnte. Oder endlich er fuhr mit dem erlösten Silber ab, um es an anderen Orten zu wechseln oder mit nach Hause zu bringen. Daß dieser Wechselzwang für auswärtiges Geld von Olbia eingeführt war, um der Stadt Einnahmen zu schaffen von dem Agio, halte ich mit J. Hasebroek für selbstverständlich und vermag H. Schmitz nicht zu folgen. Wer aber Kursverluste vermeiden wollte, wird in Olbia am besten mit Kyzikenern bezahlt haben, die auch sonst als Zahlungsmittel oder als Geldanlage sehr beliebt waren[1]), wie z. B. der attische Metöke Lysias das im Hause aufbewahrte Barvermögen seiner Familie angibt auf 3 Talente Silber, 400 Kyzikener und 100 Dareiken, dazu silberne Schalen.

Die Frage der Valuta spielt besonders beim Seedarlehen eine wichtige Rolle, wie das zum ersten Male, soweit ich sehe, U. E. Paolo, Studi di diritto Attico, Firenze 1925, 24f., dargelegt hat. Wenn das Seedarlehen nur für eine Reise gegeben war (ἑτερόπλουν), und der Gläubiger das beliehene Schiff begleitete oder begleiten ließ, wie es die Regel war, erhielt er am Bestimmungsorte sein Geld bar ausgezahlt, natürlich in der Münze des Landes. So zahlt Phormion, der in Athen Drachmen erhielt, im Bosporos kyzikenische Stateren aus (Dem. 34, 23), ebenso Artemon (Dem. 35, 36). Dabei konnten beide infolge des hohen Kurses der attischen Drachme ein vorteilhaftes Wechselgeschäft machen. Ja, es lohnte sich unter Umständen, Bargeld aus Athen zu exportieren, anstatt Waren dafür einzukaufen, weil der Wechselverdienst ganz beträchtlich war, wie das bereits Xenophon in den Poroi klar ausgesprochen hat[2]).

Besonders schwierig war die Buchführung an Bord, da ja die Geldsorten und der Kurs in den verschiedenen Häfen, die angelaufen wurden, wechselten. Wir besitzen ein anschauliches Beispiel in der Rede gegen Polykles (Dem. 50, 30, Anh. II 76). Dort wird die Buchführung über die Auslagen des Trierarchen Apollodoros, die über seine Dienstzeit vier Monate hinausgingen, also von dem nachfolgenden Trierarchen zu erstatten waren, geschildert. „Denn so genau hatte ich die Auslagen aufgezeichnet, daß ich nicht nur die verauslagten Summen selbst aufschrieb, sondern auch, wo sie ausgegeben wurden und wofür, welches der Preis war, in welcher Münze und wie hoch das Aufgeld für Silber war, damit ich es dem Nachfolger genau nachweisen konnte, wenn er etwa meinen sollte, daß ihm etwas zu Unrecht angerechnet sei."

Dieses Beispiel kaufmännischer Buchführung an Bord, wie sie der Trierarch Apollodoros, der zugleich Chef des Bankhauses seines Vaters Pasion war, führen

---

[1]) Vgl. Regling in Pauly-Wissowa-Kroll XII 1, 224 f. u. Kyzikener.
[2]) S. Anh. II 79.

ließ, verdient um so mehr Hervorhebung, als J. Hasebroek (S. 10) schreibt: „Wir hören wohl von Geschäftsbüchern der griechischen Bankhalter dieser Zeit, aber nirgends von solchen bei einem Emporos oder Naukleros." Und ähnlich (S. 94): „Wer wollte im Ernst annehmen, daß einer der Emporoi und Naukleroi, wie sie uns bei den attischen Rednern leibhaftig entgegentreten, sich mit einer Buchführung abgegeben hätte, wie sie uns beim Bankhalter Pasion begegnet!" Ganz gewiß werden viele Kapitäne genau so gewissenhaft Buch geführt haben, wie der Trierarch Apollodoros, besonders wenn sie für Rechnung ihrer Auftraggeber fuhren. Das lehren auch die Beispiele einer so genauen und umständlichen Buchführung, welche uns mehrfach die Inschriften von Orten geben, die im Mittelpunkt des Verkehrs gelegen mit den verschiedenen in ihrer Umgebung gebräuchlichen Münzsorten rechnen mußten, wie Epidauros, Delphi, Delos, vgl. z. B. I. G. IV, 2 B. 23 Τύχωνι ἐπικαταλλαγὰ ἐπὶ τὸ καταλλαχθὲν ἀργύριον ἐς Ἀθάνας =:· erklärt von B. Keil, Ath. Mitt. 20, 1895, 66, oder die delphischen Rechnungen mit fünf verschiedenen Geld- oder Münzfußbenennungen, erklärt von B. Keil, Von delphischem Rechnungswesen, Hermes 37, 1902, 515 ff. oder endlich delische Kassennotierungen über Einzelbeträge, die in der Tempelkasse in getrennten Stamnoi-Krügen aufbewahrt wurden in den Geldsorten, in denen sie eingegangen waren, aber jedesmal mit Angabe der Umrechnung εἰς ἀττικοῦ λόγον, Tabelle bei R o u s s e l, Délos. colonie Athén. 1916, 169 f.

Weitere Beispiele geben ptolemäische Papyri, z. B. die Privatrechnung aus der Zeit des Philadelphos bei Schubart, Z. f. Numismatik 33, 1022, 68 ff., (Pap. Zenon 59 022), in welcher mehrfach hinter dem Geldbetrag in goldenen Achtdrachmenstücken oder in goldenen Fünfdrachmenstücken (τρίχρυσα) wiederkehrt καὶ τούτου ἐπαλλαγή, also das Aufgeld, welches diese Stücke im Verkehr erzielten, angegeben ist (so Regling bei Schubart a. a. O.).

Zur Ausführung der mitunter recht schwierigen Wechselgeschäfte mußte der Schiffszahlmeister überall Fühlung mit den Geldwechslern haben, deren Sortengeschäft eben durch die Handelsschiffe immer wieder belebt wurde. Einen guten Beleg für das enge Zusammenarbeiten von Handelsschiffahrt und Geldwechsler hat man in der Geschäftsanzeige des Bankiers Kaïkos bei Theokrit epigr. 15 (Anh. II 77) finden wollen. Sie ist von einem erfahrenen Bankfachmann, W. L e a f, hervorgehoben und erklärt worden bei G.M. C a l h o u n, The business life of ancient Athens, Chicago 1926, 105 f. Der Bankier Kaïkos, an dessen Geschäft in einem Seehafen, wahrscheinlich auf Alexandreia, das Epigramm nach Leafs Vermutung angebracht war, sichert Einheimischen wie Fremden gleiche Zinsen zu. Depositen und Abhebung werden à conto notiert. „Laß die Konkurrenz (ein anderer) Ausflüchte machen, Kaïkos zahlt fremdes Geld aus auf Verlangen auch bei Nacht." Leaf erinnert daran, daß wegen der Windverhältnisse im östlichen Mittelmeer (Etesien) Schiffe sehr häufig erst bei Sonnenuntergang im Hafen einlaufen, also der Geldwechsler im belebten Hafen sehr zu seinem Vorteil sein Lokal oder seinen Wechseltisch auch nachts geöffnet halten wird. Doch wird sich diese Deutung auf Wechseln fremder Geldsorten kaum halten lassen, da ὀθνεῖα χρήματα nicht ξενικὰ νομίσματα sind, sondern nur die Guthaben der Kunden des Kaïkos.

So müssen die geschäftlichen Beziehungen zwischen Banken und Handelsschiffen vielseitig gewesen sein. Denn der seefahrende Kaufmann oder der Trierarch, der für längere Zeit an Bord ging, brauchten mehr als jeder andere einen Vertrauensmann im Heimatshafen für die Geldgeschäfte in ihrer Abwesenheit. Beispiele haben wir oben S. 13 bereits gegeben. Hinzuzufügen ist etwa Isaios frg. 12 (Anh. II 78) aus der Rede für den Bankier Eumathes, einen Metöken. Sein Kunde ist der Trierarch des Jahres 358/7, der seine geschäftliche Zuverlässigkeit rühmt und ihm bei Begründung einer eigenen Bank durch Verstärkung seiner Einzahlungen behilflich ist.

Am besten aber war es für das Handelsschiff, wenn es im Bestimmungshafen gelang, das für die Ladung erhaltene Bargeld gleich wieder anzulegen in einer Rückladung[1]). Dann fielen alle eventuellen Valutaverluste beim Wechseln der als Zahlung empfangenen fremden Münzsorten weg. Der praktische Xenophon drückt das De vectig. III, 2 (Anh. II 79) so aus: „Die Kaufleute müssen in den meisten Städten eine Rückladung einnehmen, denn die auswärtigen Städte haben kein brauchbares Geld." Danach aber stellt er fest, daß man im Hafen von Athen Fracht jeder Art haben, aber auch das empfangene Bargeld als gute Rückfracht ausführen könne, da das athenische Geld so gut und vollwertig sei, daß man überall noch Aufgeld dafür erhalte.

Voraussetzung für die Rückladung war natürlich der Verkauf der ersten Ladung. Wenn aber Unverkäuflichkeit der Frachten eintrat, weil z. B. der Markt im Bosporos wegen eingetretener Kriegszeit die aus Athen gebrachten Waren nicht aufnehmen konnte, so mußte das schwere finanzielle Schwierigkeiten für das Schiff zur Folge haben.

Das nahe Verhältnis des seefahrenden Kaufmanns zum Bankier ergibt sich weiter aus zahlreichen uns bekannten Einzelfällen. Da eine eingehende Geschichte des griechischen Bankwesens noch nicht geschrieben ist, muß ich hier daran erinnern, daß das griechische Bankgeschäft seine Wiege bei den Tempeln hatte, wie G. Glotz, Le travail dans la Grèce ancienne, 362, es ausdrückt, und zwar zuerst durch das Sortengeschäft, das Geldwechseln, groß geworden ist. Denn nur der Geldwechsler (ἀργυραμοιβός) war imstande, die unendliche Fülle der Zirkulationsmittel zu übersehen und auf ihren Geldwert, aber auch auf ihre Echtheit zu prüfen. So wird er auch zum ἀργυρογνώμων und δοκιμαστής (Geldprüfer). Über diese Begriffe handelt grundlegend R. Herzog. Aus der Geschichte des Bankwesens im Altertum. Tesserae nummulariae, Gießen 1919, 26f. Der Geldwechsler wird eine wichtige Vertrauensperson des täglichen Lebens. Das Depositengeschäft folgte dem Sortengeschäft. Die Vermittlung von Zahlungen war nur ein weiterer Schritt, falls beide Parteien ein Depositum beim Bankier hatten. Als wichtigstes Aktivgeschäft entwickelt sich bald das Darlehnsgeschäft. In Athen aber und anderen Hafenplätzen war die Hauptsache der kaufmännische Kredit, die Emporoi waren die zahlreichen Kunden der Bank. „Er war Kunde bei der Bank des Vaters (nämlich Lykon aus Herakleia) wie auch die anderen Kaufleute" (Dem. 52, 3). Welche Kredite die Bank vorzugsweise vermittelte,

---

[1]) Die Verpflichtung zur Anschaffung einer Rückladung stand in jedem Seedarlehensvertrag. Vgl. Dem. 35, 24.

wie die Frage nach der Durchschnittshöhe der Kredite und des geforderten Zins-
fußes können wir nur dann beantworten, wenn uns ein Einzelbeispiel vorliegt.
So sei hier wiederholt, daß Seedarlehen oft von Bankiers gegeben werden, die
dafür die Bezeichnung Ekdosis hatten (Anh. II 80), und daß ein Bankhaus wie
das des Pasion durch seine weitreichenden persönlichen und geschäftlichen Verbindungen in der Lage war, auch in anderen Plätzen seinen Kunden leicht Kredite
zu eröffnen. Dies spricht Apollodoros, der Sohn des Pasion, aus. ,,Denn da ich
Pasions Sohn war, und er in Griechenland viele Gastfreundschafts- und Kredit-
beziehungen besessen hatte, wußte ich im Notfalle immer, wo ich Geld leihen
konnte" (Anh. II 81). So hatte denn auch Pasion seine Kunden nicht nur in
Athen, sondern überall da, wo man Handelsbeziehungen zum athenischen
Platze unterhielt. Als der pontische Ministersohn mit zwei Schiffen nach Athen
kommt, wird er durch den Phoinikier Pythodoros, den Vertreter und Kunden-
acquisiteur, wie es scheint (Anh. II 82) bei Pasion eingeführt. (Über seine Geschäfte mit Pasion vgl. oben S. 13). Als der Geschäftsmann Lykon aus Herakleia Pontika, der selbst Geldgeschäfte mit Seedarlehen machte (Dem. 52, 20),
eine Geschäftsreise nach Ägypten antreten will, von der er nicht zurückkehren
sollte, rechnet er mit dem Bankier Pasion vor Zeugen ab und trifft Verfügung über
sein Bankguthaben von 16 Minen, 40 Drachmen, das seinem Socius Kephisiades
aus Skyros ausgezahlt werden soll, der zur Zeit auf Geschäftsreise war. Es
scheint nicht, daß Lykon vorher in Athen ansässig war, auch Kephisiades ist
der Bank nicht persönlich bekannt, doch wird ausgemacht und auf dem Gramm-
mateion mit dem Guthaben des Lykon notiert, daß die zwei Zeugen des Depo-
nierungsaktes nach Rückkehr des Kephisiades diesen der Bank Pasion vorstellen
sollen. Das geschah auch nach fünf Monaten, und Kephisiades empfing, da Lykon
inzwischen an den Wunden, die er im Busen von Argolis im Kampf mit Seeräubern empfangen hatte, gestorben war, ordnungsmäßig die Auszahlung. Es
ist aber für die damaligen Bankverhältnisse sehr bezeichnend, daß diese allem
Anschein nach vollständig rechtmäßige Auszahlung des Guthabens angezweifelt
und bestritten werden konnte durch den Athener Kallippos, der in seiner
Eigenschaft als Proxenos der Herakleoten in Athen Einsicht in die Bücher der
Bank (Anh. II 83) verlangte, da er feststellen müßte, ob der verstorbene Hera-
kleote Geld hinterlassen hätte. Nachdem er Kenntnis von dem Guthaben des
Lykon erhalten hatte, ging er fort und ließ fünf Monate nichts von sich hören,
kam aber dann geraume Zeit nach der Auszahlung an Kephisiades wieder zum
alten Pasion und setzte ihm auseinander, da Lykon ohne Erben verstorben sei,
wäre er als Proxenos der Herakleoten berechtigt zur Empfangnahme der Erbschaft und wollte den Metöken aus Skyros Kephisiades auf Herausgabe der
erhaltenen Auszahlung verklagen. Pasion versprach dann, dem Kephisiades
und den beiden Zeugen von dem Verlangen des Kallippos Kenntnis zu geben,
das diese natürlich ablehnten. Die Sache schleppte sich drei Jahre hin, schließlich
verklagte Kallippos den alten Bankier Pasion, der krank war, auf Schadenersatz,
weil er ihn durch die Auszahlung an Kephisiades schwer geschädigt hätte, zumal
er vorher versprochen hätte, das Guthaben nicht auszuliefern. Darüber starb
der alte Pasion, sein Sohn Phormion mußte den Prozeß weiterführen, mit

welchem Ausgang, ist uns unbekannt, auch gehen uns die juristischen Spitzfindigkeiten der Prozeßgegner hier nicht weiter an, nur als „Bankfall" ist uns der Prozeß merkwürdig.

Ähnliche Einblicke in die Geschäftsführung attischer Banken und ihre Beziehungen zum Handel können wir leider nicht oft tun. Immerhin lernen wir auch Beispiele von Produktivkredit zum Ankauf von Bergwerksgruben und Konsumptivkredit kennen. Auch das Lombardgeschäft spielte eine wichtige Rolle. Belege bietet Hasebroek, Zum griechischen Bankwesen, Hermes 45, 1920, 160 f., vgl. Örtel, Anhang zu Pöhlmann, Gesch. d. soz. Frage u. d. Sozialismus 3 A. II 1925, 531.

Weit großzügiger aber entwickelte sich das Bankwesen in hellenistischer Zeit, wie ich bereits früher in meinem Aufsatz „Hellenistische Banken", Zeitschr. für Numismatik XXXIV, 1923, 36—50, dargelegt habe. Suchen wir auch in dieser Epoche nach der Zusammenarbeit von Banken und Seehandel zu verfolgen, so bietet ein gutes Beispiel der Mitwirkung der Bankiers im Kornhandel vor Delos I G XI, 4, 1055 (Anh. II 84). Die Stadt Histiaia schickte um 230 v. Chr. ihre Sitonai zum Getreidekauf nach Delos. Sie werden dort geschäftlich unterstützt von Athenodoros, dem Sohn des Peisagoras, einem Rhodier in Delos, der ihnen nicht nur beim Geschäft zur Seite stand (Z. 10), sondern ihnen außerdem eine Summe zinslos vorstreckte und dazu verhalf, daß sie ihr Einkaufsgeschäft in Delos schnell abschließen konnten. Aus diesen Worten hat schon Dittenberger geschlossen, daß Athenodoros nicht ein Getreidemakler gewesen ist, sondern ein Geldmann, der aus früheren Geschäften offenbar Grund zur Dankbarkeit gegen Histiaia gehabt hat.

Einen ähnlichen Sachverhalt, d. h. den Getreideeinkauf im Auftrage des Staates Samos durch eine Kommission von vier Importeuren (εἰσαγωγεῖς) setzt die samische Inschrift aus der Zeit um 100 v. C. voraus, die B. Laum Ath. Mitt. 38, 1913, 51 f. behandelt hat. Auch hier steht den Einkäufern zur Seite ein „Geschäftsbeistand" (ὁ πραγμ(α)τευσάμενος αὐτοῖς).

Ein anderer rhodischer Großkaufmann, Antisthenes, der Sohn des Aristonikos, adoptiert von Charmokles, hat ebenfalls im 3. Jahrhundert der kleinen Insel Ios einen ähnlichen Dienst, wie es scheint, beim Getreideankauf geleistet und wird dafür durch ein Ehrendekret geehrt (vgl. Anh. II 85). Wie stark die Rhodier beim Getreidegroßhandel namentlich auf Delos mitzusprechen hatten, lehrt weiter die Getreideschenkung des Königs Massinissa im Jahre 179, bei welcher als Vermittler drei delphische Sitonai und der Gesandte der Rhodier (Anh. II 86), auftreten dessen Namen Charmylos, Sohn des Nikarchos, Durrbach aus der Weihung zu Ehren des Massinissa XI, 4, 1116, erschlossen hat. Auch die Numismatik der Inselstaaten bestätigt den starken rhodischen Einfluß nach 200 v. Chr., vgl. XII, 5 p. XXXVII, Anc. Greek inscr. Brit. Mus. p. 453 u. 447.

Eine willkommene Bestätigung für die herrschende Stellung des rhodischen Geldes auf dem Getreidemarkt von Delos und Tenos bietet die Tätigkeit des delischen Bankiers Timon, des Sohnes des Nymphodoros aus Syrakus (über ihn Roussel, Délos. col. Athén. 12). Er hatte Veranlassung, sich dem Inselbunde,

der gerade unter dem Einfluß von Rhodos zu neuem Leben gebracht war, gefällig
zu zeigen, ebenfalls beim Getreideankauf. Er verzichtete zu Gunsten der Ne-
sioten auf das Agio von 5%, welches die Getreideverkäufer sonst berechneten,
und ersparte damit dem Inselbunde eine nicht unbeträchtliche Summe. Leider
ist der Text dieser wichtigen Inschrift zu Anfang (Anh. II 87) nur unvollständig
festzustellen. Die Worte Z. 2 scheinen auf die Annahme von rhodischem Geld
als Zahlung zu gehen. Aber man erkennt, daß es sich um Verteuerung des Korn-
preises durch das Aufgeld (Kollybos) beim Verkäufer handelt, das für 100 rhodische Drachmen fünf Drachmen betrug. Da die Sitonai dadurch in Verlegenheit
kamen, hat Timon die Zahlung ohne Aufgeld angenommen und dadurch dem
Inselbunde, dessen Synedroi seine Hilfe anrufen, eine bestimmte Summe er-
spart. Das Bild vom Geldmarkte in Delos wird anschaulich. Die Getreide-
einkäufer des Inselbundes bringen gute rhodische Drachmen mit, die im wieder-
hergestellten Inselbunde offizielle Geltung gehabt haben werden. In Delos aber
nehmen die Getreidehändler sie nur gegen ein Aufgeld von 5% in Zahlung.
bis sich die Bank Timon entschließt, sie al pari anzunehmen. Timon erhält
dafür die üblichen Ehrungen, auch die Proxenie des Bundes (vgl. o. S. 70 f).

Es gab aber noch schwierigere Fälle, in welchen die Hilfe eines geschäfts-
gewandten Bankiers oder Geldmannes zur Rettung oder Freimachung einer Getreideladung nicht zu entbehren war. Einen solchen Fall von der Insel Samos
habe ich bereits in meinem Aufsatz „Zum samischen Finanz- und Getreidewesen",
Zeitschr. f. Numismatik XXXIV, 1924, 356f. behandelt. Er betrifft die Getreidezufuhr der Stadt zur Zeit der Kornknappheit vor 264/3 v. Chr. Das Korn war auswärts von einem Sitones, dem die Stadt das nötige Einkaufskapital in Form einer
Hypothek geliehen hatte (Anh. II 88), eingekauft, doch scheint das Geld nicht
gereicht zu haben, so daß der Sitones sich veranlaßt sieht, ein Darlehen auf die
Getreidefracht, also ein Seedarlehen, von unbekannter Größe aufzunehmen,
und zwar im Namen der Stadt. Natürlich konnte das Korn im Hafen von Samos
trotz der drohenden Hungersnot, nicht gelöscht werden, ehe nicht das Seedarlehen mit Zinsen abbezahlt war. In dieser dringenden Notlage springt Bulagoras, der Sohn des Alexis, ein reicher und sehr verdienter Mitbürger (vgl. das
Dekret zu seinen Ehren, Anh. II 88) ein, erbietet sich in der Volksversammlung
sofort im Namen der Stadt das Geld zu zahlen für Darlehen, Zinsen und sonstige
Unkosten und verzichtet auf die üblichen Formalitäten, wie Ausfertigung einer
Schuldschreibung (Syngraphe) und Stellung von Bürgen durch die Stadt, damit
die Mitbürger schnell zu Brot kämen. Daß Bulagoras als Bankier seinen Reich-
tum erworben hat, wird nicht gesagt, ist aber nicht ausgeschlossen bei seiner
großen Vertrautheit mit den Geldgeschäften des Staates, von denen das Ehrendekret für ihn berichtet.

Sicher ein Bankier ist es schließlich, der in Delos in einem ähnlichen Falle
einer verpfändeten Kornladung einschreitet zu Gunsten der Verpflegung einer
Stadt, die in Delos einkauft, deren Name uns aber auf dem von ihr ausgehenden
Ehrendekret (IG XI, 4, 1049 vgl. dazu meinen Aufsatz a. a. O.) nicht erhalten
ist. Es heißt da (Anh. II 89) von der Tätigkeit des Mnesalkos, des Sohnes
des Telesarchides: zur Zeit der Getreideknappheit hat er Korn, das von Deliern,

welchen die Stadt Geld schuldete, zweimal eingebracht war, dem Volke abgeschickt und vorher die Pfändenden abgefunden, auch sonst hat er der Stadt oft zu notwendigem Gebrauch Kapital gegeben und dieses zurückerhalten, soweit die Stadt in der Lage war, es zurückzuzahlen. Als Belohnung für diese Leistungen wird ihm die Würde als Proxenos der uns unbekannten Stadt[1]), die er und seine Brüder von ihrem Vater geerbt hatten, bestätigt, was uns einen wichtigen Fingerzeig für die wirtschaftlichen Motive gibt, welche oft zur Ernennung von Konsuln in Delos geführt haben werden[2]). Interessant ist also hier die Tatsache, daß delische Gläubiger der Stadt im delischen Hafen das Getreide, das dort gekauft und für die Stadt verladen wurde, pfänden trotz der oder gerade wegen der Notlage der Stadt, und daß dann ein delischer Geldmann, der auch sonst schon der Stadt Geld geliehen hatte, für sie eintritt und die Pfändung rückgängig macht, d. h. die zwei Gläubiger der Stadt auszahlt.

---

[1]) Holleaux dachte an eine Stadt an den Ufern des Pontos, vgl. aber Jardé, Céréales I, 175.

[2]) Auch der Bankier Mantineus, Sohn des Satyros aus Tenos, war Proxenos von Delos, XI, 4, 763/4, vielleicht auch Philon, der Sohn des Hybrinos aus Syrakus, XI, 4, 758. Vgl. Durrbach zu Choix d'inscript. de Délos I, p. 87.

8. Organisation der griechischen Seefahrer und Reeder.

Mit der Herrschaft der kilikischen Seeräuberflotte war der Höhepunkt der griechischen Seeräuberei erreicht. Es ist natürlich, daß wir von den dramatischen Einzelheiten ihrer Seeherrschaft wenig erfahren. Denn wir hören immer nur von der Gegenseite, im Seeräuberreich erstand kein Schriftsteller, der ihre Taten beschrieben hätte.

Aber die Opfer der Seeräuber, die Kaufleute, Reeder und Verfrachter, welche doch recht genau mit der Praxis dieser Beherrscher der Meere Bescheid wußten, taten sie nicht alles, um sich gegen die Geißel der Meere zu schützen? Schlossen sie sich nicht zusammen zu einer Abwehr- und Schutzorganisation, verstanden sie es nicht, ihre Rechte gemeinsam zu wahren? Bildeten sie nicht Syndikate und Seefahrerberufsgenossenschaften?

Es führt uns das auf die Frage der **kaufmännischen Verbände** und ihrer Bedeutung. Für die hellenistische Zeit ist sofort zu antworten, daß uns bedeutende kaufmännische Verbände mit Delos als Zentrum bekannt sind, die wir unten besprechen werden. Wo aber die Anfänge fester Vereine oder Verbände von Kaufleuten und Reedern zu finden sind, die Wurzeln jener hellenistischen Verbände, ist eine schwierigere Frage. Ich kehre mit ihr zu alten Studien zurück, die ich bereits 1896 in meinem ‚Griechischen Vereinswesen‘ begonnen habe, und gehe hier eine teilweise Neubearbeitung des Abschnitts „Handelsgilden" S. 26—33.

Es ist kein Zweifel, daß bereits die attischen Seefahrer und Kaufleute durch die gemeinsamen Handelsstraßen, die sie befuhren, durch die gemeinsamen Interessen am Hafen Peiraieus und seinem praktischen Ausbau, durch zahlreiche andere Berufsverbindungen untereinander zu einem engeren Zusammenschluß getrieben wurden. Der Gemeinschaftsgedanke liegt ja im seemännischen Berufe begründet, wie schon Aristoteles in der Ethic. Nicomach. (Anh. II 90) entwickelt hat. Er vergleicht die Gemeinschaft, die aus der Zusammengehörigkeit zu einer Stadt, einer Phyle oder einem Schiff entsteht, und stellt fest, daß die Schiffsgenossen durch die gemeinsamen Interessen am Arbeiten ihres Geldes vereinigt werden. Und der Zusammenschluß von συνναῦται (Schiffsgenossen) zum Zwecke der Ausübung religiöser Handlungen ist durch Weihungen mehrfach bezeugt (Anh. II 91). Auch die Teilnahme an einem Seedarlehen begründete eine Gemeinschaft und zwar zunächst eine societas, wie das V. Brants, Les sociétés commerciales à Athènes 1882, gut ausführte, und wie es das Seedarlehen von Alexandreia (?) an die fünf Fahrtgenossen (σύμπλοι s. o. S. 55) bestätigt hat. Die Zusammengehörigkeit der Seeleute drückt sich z. B. darin aus, daß in dem ausländischen Hafen Bosporos der König Satyros aus Anlaß eines vor ihn gebrachten Rechtsstreits, den er nicht selbst entscheiden will, die gesamten im Hafen liegenden attischen Kapitäne zusammenruft, ihnen Mitteilung von dem Rechtsfall macht und sie bittet, in Athen für den Beklagten einzutreten (zur Sachlage vgl. oben S. 14). Ebenso wird im attischen Hafen der Schiedsrichter in Handelssachen aus den „Leuten vom Emporion" (ἐκ τῶν ἐκ τοῦ ἐμπορίου, Dem. 56, 26), genommen.[1])

So ist es zum mindesten höchst wahrscheinlich, daß die attischen Naukleroi zur Erledigung gemeinsamer Pflichten und zur Geltendmachung gemeinsamer Rechte bereits früh einen Berufsverband gebildet haben. Eine solche attische Handelskompanie ist bereits im Solonischen, d. h. dem nach Kleisthenes erweiterten Solonischen Vereinsgesetze neben den Seeräubergenossenschaften erwähnt. Und wenn es I G I² 128, 3, 418/7 v. Chr. (Anh. II 92) heißt: „Da die Naukleroi (und die Emporoi) Beitrag zahlen, ein jeder eine Drachme von seinem Schiff, damit das Heiligtum für den Gott erhalten werde", so ist auch hier die regelmäßige Zahlung der Abgabe jedes Naukleros für sein Schiff zugunsten eines Tempels kaum denkbar ohne eine Organisation der Naukleroi, welche sich zu dieser Beisteuer zum Tempelbau verpflichtet hat. Auch in dem verstümmelten Gesetz über das Heiligtum der Anakes (I² 127, nach 433 v. Chr., Anh. II 93) findet man im Zusammenhang mit einer Abgabe für diese Seefahrtsgottheiten in Z. 33 und 34 die Naukleroi erwähnt und wird auch hier eine Abgabe vermuten dürfen, zu welcher die Naukleroi verpflichtet waren (vgl. weiter Anh. II 94).

Im 4. Jahrhundert lesen wir dann zu einer Zeit, wo der attische Handel z. B. nach Phoinikien bereits voll entwickelt war, und wo die Kaufleute aus Kition bereits eine einflußreiche Landsmannschaft im Peiraieus ebenso wie die Ägypter bilden und ihren heimischen Kultus offen betreiben dürfen[2]) in dem Ehrendekret II² 343 (von 332/1), (Anh. II 95) daß die Emporoi und Naukleroi in der Volksversammlung für die Verdienste eines einflußreichen Sidoniers Zeugnis ablegen und seine Ernennung zum Proxenos anregen und durchsetzen. Es ist höchst wahrscheinlich, daß hier eine Kundgebung der vereinigten Peiraieus-Reeder vorliegt, die gute Ursache gehabt haben werden, den Sidonier Apollonides, vielleicht wieder einen phoinikischen Getreidehändler aus der Kolonie im Peiraieus (s. oben S. 70) zu ehren, und daß die Ehrung nicht „von einigen Handelsherren" ausgeht, wie die Kritiker meines Griechischen Vereinswesens, Francotte und F. Poland, Vereinsw. 112 meinen. Diese privaten Antragsteller wären nach attischem Gebrauch namentlich aufgezählt worden, während die Emporoi und die Naukleroi als Antragsteller vermutlich eine feste Vertretung, also eine Organisation gehabt haben. Ganz ähnlich ist das Auftreten der Emporoi in Samos zu beurteilen, von dem wir oben S. 71 gesprochen haben. Weiter ist ganz ähnlich der Sachverhalt in der viel späteren Inschrift II, 3, 1339. Wieder ehren die Emporoi und Naukleroi den Archon[3]) des Jahres 97/6 v. Chr.

---

[1]) vgl. Diphilos C Gr Fr. 4,331 Mein., der bei Hochzeitsgästen unterscheidet πότερ' Ἀττικοὶ ἅπαντες ἢ κἀκ τοὐμπορίου τινες.

[2]) I G I² 337 (Syll.³. 280).

[3]) Irrtümlich habe ich, Vereinswesen 28, denselben Mann auch als den Proxenos der Kaufherren bezeichnet infolge Verwechselung, was bereits Poland richtig gestellt hat.

Argeios, Sohn des Argeios (Pros. Att. I. n. 1586), der in jenen Jahren auch Stratege, also höchster Leiter des Hafenwesens war, wegen der ihnen bewiesenen
Tüchtigkeit (ἀρετή) und Gerechtigkeit. Auch hier liegt eine Äußerung bewußter
kluger Politik oder Interessenvertretung der Peiraieus-Reeder vor, welche
die Annahme einer geschlossenen Vereinigung rechtfertigt, zumal in einer
Zeit, wo in den anderen großen Handelszentren Delos, Alexandreia, Berytos
überall solche Verbände bestanden (s. unten). Jedenfalls bildet die Tatsache
keinen Beweis gegen das Bestehen eines Gesamtreederverbandes im Peiraieus,
daß es im I. Jahrhundert auch einen kleineren Verein dort gab, die Naukleroi
und Emporoi um Zeus Xenios (Anh. II 96). Dieser Kaufmannsverein, welcher
passend seinen Beitrag für Zeus, den Beschützer der Fremden, zahlt und dessen
Mitglieder, soweit sie genannt werden, attische Bürger sind, beantragt durch
seinen Tamias beim Rat von Athen die Bestätigung seines Ehrendekrets über
die Aufstellung eines Schildbildes im Amtsbüro des von ihm geehrten Hafen-
kommissars (ἐπιμελητὴς ἐπὶ τὸν λιμένα) Diodoros. Schon früher hat er denselben
für die Kaufleute wichtigen Beamten zu seinem Proxenos ernannt[1]). Der Rat
genehmigt antragsgemäß die Anbringung des gemalten Bildes im Amtszimmer
der Hafenbehörde.

Nächst dem Peiraieus wird man kaufmännische Verbände am ehesten in
Rhodos vermuten. Hier war ein überaus reger Transithandel, dessen Träger
nicht nur die Rhodier waren, sondern auch die sehr bunt zusammengesetzte
Fremdenkolonie[2]) der Hauptstadt. Hier war ferner das Vereinswesen so reich entwickelt wie kaum sonst in einer griechischen Stadt. Es ist zuletzt von F. Poland,
Geschichte des griechischen Vereinswesen, 1909, behandelt worden. Nachträge
mit etwa 14 Vereinen hat H. Kasten in meinem epigraphischen Bericht, Jahresber. f. Altertumswiss. 213, 1927, III, 9ff., gegeben. Nach den Feststellungen
Polands (S. 317f.) gab es in Rhodos etwa 30 Vereine, deren Mitglieder überwiegend Fremde und sonstige Nichtbürger waren, bei 25 anderen Vereinen kennen
wir die Herkunft der Mitglieder nicht, ganz wenige sind exklusiv rhodisch.
Merkwürdigerweise wird kein einziger rhodischer Verein als kaufmännisch
bezeichnet, auch Landsmannschaften sind dort sehr selten, nur die Herakleoten
auf Rhodos und Chalke (Belege bei Poland 81). Es ist aber mit Sicherheit anzunehmen, daß das kaufmännische Element gerade in Rhodos eine große Rolle
in den Vereinen spielte (so auch Poland S. 114).

In ganz anderer Weise als im Peiraieus konnten sich die kaufmännischen Verbände in dem viel jüngeren Hafen von Delos entfalten, und sie sind uns dort infolge der reichen Inschriftenfunde weit besser bekannt geworden. Über die bunt
gemischte Bevölkerung von Delos hat aus den Inschriften lehrreichen Aufschluß
gegeben: P. Roussel, Délos, colonie Athénienne, Paris 1916, 72ff. Unter den drei
Hauptgruppen, den Athenern, Römern und οἱ ἄλλοι ξένοι oder οἱ ἄλλοι Ἕλληνες,
bildeten sich Genossenschaften zunächst unter der letzten Gruppe, den Griechen
aus dem Orient. Der Handel führte sie nach Delos, sie waren dort ξένοι
(Ἕλληνες) παρεπιδημοῦντες, oder sie waren ἔμποροι und ναύκληροι οἱ καταπλέοντες

---

[1]) Zu Proxenos von Vereinen vgl. I G. XII, 9. 239.

[2]) Ihre Bestandteile aufgezählt bei van Gelder, Geschichte der alten Rhodier, 1900, 230f.

εἰς τὸ ἐμπόριον (Roussel 87). So hatten sie gemeinsame Interessen, und deren Vertretung führte sie zusammen. Der älteste Verein, den wir kennen, sind οἱ ἐκ Τύρου ἱεροναῦται aus dem 3. Jahrhundert (Belege im Suppl. Epigr. Gr. I n. 341), von deren Eigenart, ob mehr Landsmannschaft oder mehr Kultverein[1]) wir nichts wissen. Es folgt eine zweite Landsmannschaft von Tyriern, der Verein der tyrischen Herakleisten, Emporoi und Naukleroi, nur bekannt durch ein Ehrendekret (Anh. II 97). Zur Zeit des Dekrets bestand der Verein schon länger, besaß aber, wie es scheint, ein eigenes Heiligtum noch nicht, da er seine Sitzungen im Apolloheiligtum abhält (vgl. Z. 1, ‚Versammlung im Heiligtum des Apollo‘[2]). Er war aber im Aufblühen begriffen, wie der ganze 166 neu eröffnete Freihafen Delos und wünscht deshalb, ein Vereinsheiligtum für den heimatlichen tyrischen Gott Herakles zu begründen, und erbittet dazu und erhält vom Rat und der Volksversammlung zu Athen den Platz durch seinen Priester Patron, Sohn des Dorotheos, dem das Ehrendekret gilt. Von dem Vereinszwecke und seiner Betätigung erfahren wir bei dieser Gelegenheit, daß Patron sich jedem seefahrenden Kaufmann und Kapitän gegenüber wohlwollend gezeigt hat (Z. 11). Aus diesen Worten schließt Roussel, Delos 90, daß diese Tyrier eine Gesellschaft auf gegenseitige Hilfe zwischen den dem Risiko auf See ausgesetzt waren, gebildet hätten, und Ch. Picard, Bull. cŏrr. hell. 48, 1921, 265 folgt ihm hierin. Eine etwas vorsichtigere Interpretation wird den Worten nur so viel entnehmen, daß der Verein durch wohlhabende Mitglieder Fürsorge für die eintreffenden Tyrier ausübte und dazu vielleicht auch seine Mitgliederbeiträge, die Symbolai und Leiturgien (Z. 44), verwendet. Eine mehr kaufmännische als religiöse Einstellung der Tyrier deutet vielleicht auch die abgekürzte Vereinsbezeichnung „Der Verein der tyrischen Emporoi und Naukleroi" Z. 49 an. Auch in einem anderen Einzelzuge zeigt sich ein gesunder kaufmännischer Geist in der Vereinsverwaltung: der Kassierer ist nicht in der Lage, die Unkosten für das Dekret, also wenige Drachmen, allein auszuwerfen, sondern bedarf dazu der Mitwirkung des Vorsitzenden (Z. 54).

Weit klarer erkennen wir das Vorwiegen der kaufmännischen Betätigung bei dem etwas jüngeren größten kaufmännischen Klub auf Delos, dem „Verein der berytischen Poseidoniasten auf Delos, Emporoi und Naukleroi und Endocheis" (Anh. II 98). Die Inschriften allein würden uns ein sehr unvollständiges Bild von dieser vornehmsten kaufmännischen Korporation von Delos geben, da nicht einmal ein Dekret erhalten ist, sondern nur eine Anzahl von Weihungen der Mitglieder, welche Picard das Material zu einer Prosopographie gegeben haben: Bull. corr. hell. 45, 1921, 276—286, aber die archäologischen Funde kommen uns hier sehr zu Hilfe. Das ganze Vereinshaus der berytischen Poseidoniasten ist ausgegraben und von

---

[1]) Über die delischen Kultvereine vgl. Poland S. 560f., dazu aber reiches, neues epigraphisches Material zusammengestellt in meinem epigraphischen Bericht, Jahresbericht für Altertumswissenschaft 193, 1922, III, 70—75.

[2]) Oder hatte er doch schon ein Herakles-Heiligtum und will sich nur seiner wachsenden Mitgliederzahl entsprechend vergrößern ? Vgl. Z. 41: ἀναθεῖναι δὲ αὐτοῦ εἰκόνα γραπτὴν ἐν τῶι τεμένει τοῦ Ἡρακλέους καὶ ἀλλαχῇ οὗ ἄν αὐτὸς βούληται u. 51 ἀναγραψάτωσαν τόδε τὸ ψήφισμα εἰς στήλην λιθίνην καὶ στησάτωσαν ἐν τῷ τεμένει τοῦ Ἡρακλέους.

Picard in seiner glänzenden Publikation herausgegeben: Exploration archéol. de Délos VI. L'établissement des Poseidoniastes de Bérytos 1921. Das Poseidoniastenhaus liegt westlich vom heiligen See und von der Löwenterrasse. Seine Hauptfront mit 7 Türen, darunter dem Haupteingang, liegt an der südlichen Straße von 3,80 bis 5,70 m Breite. Man tritt in das Hauptor, das sich in nichts von der Tür eines Privathauses unterscheidet, und schreitet durch das Vestibül in den kleinen Hof. Drei zylindrische Altäre sind in ihm wiedergefunden, geweiht den orientalischen Göttern des Vereins, ein vierter, der Göttin Roma geweiht, konnte aus Bruchstücken zusammengesetzt werden. Auch seine Basis ist in dem kleinen Hof festgestellt. An seiner Südseite erhob sich eine Exedra aus weißem Marmor. Sie trug Bronzestatuen für Stifter und Wohltäter des Klubs. Noch zahlreiche andere Ehrendenkmäler waren im kleinen Hof aufgestellt, er diente als Ehrenhalle des Vereins. Durch einen Pronaos betrat man dann das hinter dem kleinen Hof nach Westen gelegene Heiligtum, das uns zeigt, in welcher Form private Kulte in Delos ausgeübt wurden. Vier symmetrische Türen führten zu vier Nischen. In ihnen standen die Kultbilder der Vereinsgötter, des Poseidon von Berytos, weiter wahrscheinlich der Aphrodite-Astarte, des Herakles, endlich das erhaltene Standbild der Göttin Roma, deren Nische später eingebaut ist. Kehrte man aus dem Heiligtum durch den kleinen Hof zur Mitte der Gebäudeanlage zurück, so öffnete sich anstoßend an das Heiligtum der große Hof, welcher die ganze Nord-West-Ecke der Anlage einnahm (15,80 : 13,37 m). Er diente ohne Zweifel für Zwecke der Versammlung der Mitglieder und kaufmännische Beratungen. Die anstoßende Nord-Ost-Ecke des Hauses war ein Hof mit Impluvium in der Mitte, wie ihn alle größeren Häuser in Delos haben. Um die Zisterne lief eine Säulenhalle, deren Epistyl Inschriften trug. Die ganze Süd-Ost-Ecke des Vereinshauses vom Vestibül des Haupteingangs beginnend, enthielt Wohnräume, aller Wahrscheinlichkeit nach bestimmt für vorübergehend in Delos anwesende Mitglieder des Klubs (ξενών). Auch der Festsaal des Klubs (θιασών) wird hier gelegen haben. Unter diesen Räumen sind Keller-Magazine aufgedeckt mit zahlreichen Amphoren, welche nach Picards Vermutung dem Import von syrischen Weinen dienten, durch welche Berytos berühmt war (Plin. n. h. XIX, 7, 74, XV, 17, 66). Die gesamte Anlage mit ihren geräumigen Höfen und ihrer Einrichtung und dem Schmuck mit Kunstwerken läßt einen kaufmännischen Klub mit zahlreichen Mitgliedern und guten Finanzen vermuten.

Für die Frage nach dem Alter des Poseidoniastenhauses, welche Picard, Etablissement d. Pos. 131, erörtert, ist wichtig, daß bereits im Jahre 178/5 v. Chr. eine Gesellschaft von Maklern und Frachtunternehmern aus Laodikeia in Phoinikien (Anh. II 99) in Delos erscheint und einem seleukidischen Minister, dem Heliodoros, Sohn des Aischylos, aus Antiocheia, ihre Verehrung bezeugt, d. h. also sich bedankt für Förderung ihrer Seefahrtsinteressen. Nun haben zuerst die Numismatiker festgestellt, daß das phoinikische Laodikeia nur eine Zeitlang unter Seleukos IV. diesen Namen geführt hat, dann aber nach der Zerstörung der Stadt durch Tryphon um 140 v. Chr. wieder Berytos heißt[1]). Man sieht also,

---

[1]) Literatur bei Picard a. a. O. 298. Auch die Nabatäer in Berytos bildeten dort (130—223 n. Chr.) Gilden oder Landsmannschaften und betrieben ihren heimatlichen Kult,

wie um 178 die Laodikeier in Delos zuerst eine Filiale ihrer heimischen Genossenschaft besitzen, wohl ohne eigenen Grundbesitz, den der freie delische
Staat nicht so leicht abgab. Später aber, als Delos Freihafen geworden war,
wurde dort ein κοινὸν τῶν ἐν Δήλωι ἐμπόρων καὶ ναυκλήρων καὶ ἐγδοχέων gegründet um das Jahr 110/9. Dieses Datum erscheint auf einer Basis, gefunden
in der Nähe der Agora des Theophrastos, geweiht vom δῆμος ὁ Λαοδικέων τῶν ἐν
Φοινίκηι zu Ehren des Königs Antiochos VIII. Dieselbe Basis, abgebildet
bei Picard, Établissement 133, zeigt auch eine Weihung zu Ehren des Demos
von Athen, ausgehend von dem genannten Berytier-Verein. Auf dasselbe
Datum führt der Name des Künstlers Menandros, des Sohnes des Melas, dessen
Signatur die Basis trägt. Es muß also um diese Zeit die alte Filiale der Laodikeier ersetzt sein durch die Neugründung des kaufmännischen Berytier-Klubs
der Poseidoniasten, und jene Basis an der Hauptzugangsstraße des heiligen Bezirks vom Hafen her drückt den Dank der Berytier an die fremdenfreundliche
athenische Regierung aus. Natürlich mußten die international denkenden
berytischen Kaufherren beizeiten auch mit Rom gute Beziehungen sich sichern.
Den Beweis gibt ihr Klubhaus, in dessen Heiligtum, wie bereits erwähnt,
neben den heimischen Göttern auch die Dea Roma Einzug hielt. Ferner erscheint
unter den Wohltätern des Vereins der römische Praetor Cn. Octavius Cn. f.,
wohl der Konsul des Jahres 87 (nach Picard a. a. O. 303).

Von der Verfassung der Berytier kennen wir wenig, da nicht einmal ein Dekret
von ihnen erhalten ist. Auch die Verfassung anderer Berufsvereine ist uns meist
unbekannt, daher ist es völlig irreführend, wenn Stöckle in seinem Artikel „Berufsvereine" Pauly-Wissowa-Kroll Suppl. Bd. IV 1924, 157ff., der Aufzählung
der Gruppen von Berufsvereinen einen Abschnitt „Organisation" usw. folgen
läßt. Was er dann gibt, gehört gar nicht dahin, sondern zu einem allgemeinen
Artikel „Kultvereine" oder „Vereinswesen", wie Stöckle selbst auch zugibt.
An der Spitze des Vereins stand der Archithiasites (Prosopographie der uns bekannten Träger dieses Amts bei Picard a. a. O. 276f.) neben ihm der ἱερεύς.
Die Mitgliederzahl war sicher bedeutend, wie das Klubhaus zeigt. Dieses allein
kann uns auch einen Begriff von der Bedeutung des Vereins geben.

Das Bild von den kaufmännischen Vereinen auf Delos wird vervollständigt durch
die Synodos mit uns unbekanntem Namen, in deren Dekret (Anh. II 101) beschlossen wird, zwei Wohltäter in den Verein aufzunehmen und zwar ohne Eintrittsgeld, sie von jeder Liturgie zu befreien und sie bei jeder Festesarbeit zu bekränzen.
Außerdem soll man eine Abschrift des Ehrendekrets in die Heimat abschicken
und zwar „an den Verein unserer Mitbürger in ...." . Für den Namen des
Ortes steht Raum für etwa elf Buchstaben auf dem Stein zur Verfügung, so daß
Alexandreia gerade passen würde. Auf Ägypten führt auch die Synodos der
älteren Lagerhausbesitzer (ἐγδοχεῖς) in Alexandreia (Anh. II 100), also wieder
eine Niederlassung eines auswärtigen Verbandes in Delos. Sie weiht im Heiligtum von Delos die Statue des Nauarchen und Strategen des Königs Ptole-

---

wie eine griechische Weihung von ihnen an die Tyche von Petra gelehrt hat. Vgl. Mélanges
de la Faculté orient., Univ. St. Josèphe à Beyrouth VII, 1914—21, 382f., dazu Picard,
Établissement 133.

maios VIII. (127—117), des Krokos, welcher sicherlich durch sein Amt in der
Lage war, ihre Geschäfte zu fördern. Wem die zweite Weihung derselben Synodos gilt, ist nicht mehr zu sagen, da der Anfang der Inschrift fehlt. Aus der
Bezeichnung πρεσβύτεροι ἐγδοχεῖς folgt ohne Zweifel, daß es auch einen jüngeren Konkurrenzverband von νεώτεροι ἐγδοχεῖς in Alexandreia gab. Hier
haben wir also wie bei den Kaufleuten und Spediteuren von Laodikeia eine Organisation, die von Hafen zu Hafen geht.

Sie führt uns nach Alexandreia, der Welthandelsstadt, wie sie schon im
Altertum genannt ist von Strabon und in dem Papyrus Berl. 13 045, in welchem
ein Schriftsteller wohl aus der früheren Ptolemäerzeit sagt: ,,Alexandreia ist
die Stadt der Welt'' (Anh. II 102). Die Bedeutung Alexandreias als Handels-
mittelpunkt ist erst neuerdings durch Papyrusfunde in vielen Einzelzügen klarer
geworden. Ein Gesamtbild hat W. Schubart, Aegypten von Alexander d. Gr.
bis auf Mohammed 1922, 1—180, zu geben versucht. Er war dazu um so mehr
berufen, als er die Alexandreia-Papyri meist selbst entziffert hat[1]).

Wir haben uns auch für diesen wichtigsten Abschnitt der griechischen Handelsgeschichte nicht die Aufgabe gestellt, den materiellen Handel von Alexandreia
im einzelnen zu verfolgen, seinen nördlichen Zufuhrstraßen nachzugehen, etwa
die Agenten des Zenon auf ihren Einkaufsreisen nach Syrien, Phoinikien, Kleinasien und den dortigen Handelsplätzen zu begleiten, ihre Einkäufe und deren
Verladung für Pelusion oder Alexandreia mit eventueller Umladung in Tyros
unter Erledigung der Zollformalitäten zu verfolgen, die Frachtlisten der Schiffe
(s. o. S. 80) dabei zu vergleichen und uns so ein Bild zu machen von den Schiffsladungen, die im Fremden-Emporion von Alexandreia einliefen. Wir können das
alles und vieles andere jetzt feststellen mit Hilfe der Zenon-Papyri, d. h.
der Akten und des Briefwechsels des Zenon aus Kaunos, der unter Ptolemaios
Philadelphos längere Jahre eine leitende Vertrauensstellung bei dem Finanz-
minister Apollonios einnahm, auch im auswärtigen Dienste in Syrien und Phoinikien tätig war, den Minister auf Inspektionsreisen begleitete und jahrelang
in Philadelpheia seinen Amtssitz hatte. Die Literatur über die Zenon-Briefe ist
bereits beträchtlich, aber die Texte liegen noch nicht vollständig vor und werden
noch reichen Stoff zur Einzelinterpretation bieten. So suchen wir auch hier
wieder nur das festzustellen, was sich über die Organisation der alexandrinischen
Kaufleute aus ihnen und anderen Zeugnissen gewinnen läßt.

Ganz allgemein werden sie bezeichnet in dem bereits berühmten P. Zenon
Cair. 590 (Anh. II 104), ,,die Fremden, die einlaufen[2]), und die Kaufleute und die
Lagerhausbesitzer und andere'', alle diese werden als Ablieferer der Landesmünzen
und der Goldstücke an den Vorsteher der Münze in Alexandreia genannt, wie
es der königliche Erlaß über die Münzenerneuerung vorschrieb. Eine Organisation ist hier nicht angedeutet, da eben jeder einzelne die Pflicht hatte, die
zum Einziehen aufgerufenen älteren Goldmünzen abzuliefern.

---

[1]) Vgl. auch H. Schaal, Flußschiffahrt und Flußhandel im Altertum, Festschrift zur
Vierhundertjahrfeier des Alten Gymnasiums zu Bremen 1928, 398f.

[2]) Schubart übersetzt: ,,Die auswärtigen Großkaufleute und Reeder'', aber der Zusatz
,,die einlaufen'', steht nur bei dem ersten Ausdruck die ,,Fremden'', und die Lagerhausbesitzer sind gewiß nicht ,,auswärtig''.

Wir wissen aber aus der angeführten delischen Inschrift, daß es Vereine von Endocheis (Lagerhausbesitzern) in Alexandreia gab, und wir finden den Zusammenschluß nach Berufsarten auch sonst in Ägypten durchgeführt. Zwar mußte M. San Nicolò, Ägypt. Vereinswesen I, 1913, 135f. auf Grund seiner Zusammenfassung der Angaben über die Schiffahrt auf dem Nil und den Kanälen und ihre Organisation feststellen, daß von einer Vereins-Organisation der Naukleroi oder Kybernetai damals wenig festzustellen wäre. Aber kürzlich hat W. Kunkel, Verwaltungsakten aus spät-ptolemäischer Zeit, Arch. f. Papyrusforsch. 8, 1927, 185f., in den von ihm dort mitgeteilten Berliner Papyri eine Korporation von Naukleroi, die ἐκ Μέμφεως ναύκληροι Ἱπποδρομῖται, festgestellt aus dem 1. Jahrhundert v. Chr. Sie führen ihren Namen nach dem Hippodrom in Memphis, in dessen Nähe sich ihr Haus oder Ladeplatz befunden haben muß. Von ihren Beamten wird der Prostates und der Grammateus genannt. Sie sind zum Getreidetransport aus dem Gau Herakleopolites verpflichtet[1]) durch einen Vertrag mit dem Dioiketes von Alexandreia. Sie melden dem Strategen Dionysios in einer ,,Apostolos'' genannten Eingabe, daß sie das Getreideschiff zum Transport bereitgestellt haben, Pap. n. 1. Darauf ergeht die Ladeverfügung für das Schiff des Zabdion und eine zweite Ladeverfügung für das Schiff des Apollonios, in denen wir entweder Mitglieder des Vereins oder Außenstehende, deren Schiffe von den Naukleroi gechartert waren, erblicken müssen. Wahrscheinlicher ist nach Kunkel a. a. O. S. 186 das erstere. Danach bildet der Verein ,,eine Genossenschaft kleiner Schiffseigentümer und -kapitäne, deren Zweck die Verteilung des Transportrisikos war''. Sicherlich war dieser Verein nicht ohne Druck von Seiten der Regierung gebildet worden. Denn diese wußte schon früher die Handelsflotte des Landes nahe mit sich verbinden. Rostovtzeff schildert dies an der Persönlichkeit des Apollonios, des Dioiketes des Königs Ptolemaios II., seines Wirtschaftsministers, dessen Wirksamkeit uns in ganz eigenartiger Weise durch die Zenon-Briefe bekannt geworden ist. Er ist das Musterbild eines alexandrinischen Handelsherrn, der unablässig daran arbeitet, Alexandreias Handel überall hin zu erweitern. Er besaß eine richtige Handelsflotte auf See, daneben aber auch eine Flotte von Nil- und Kanalschiffen. Diese dienten größtenteils den Staatstransporten besonders von Korn, so daß Apollonios in dieser Tätigkeit als Agent des Staates erscheint und seine Flußflotte zur Verfügung des Königs hält. Da nun derselbe Flottenbesitzer zu gleicher Zeit Minister ist, so liegt der Gedanke nahe, daß auch seine Seeflotte im Dienste des Königs stand, und Rostovtzeff vermutet direkt, daß die Beziehungen der römischen Kaiser zur alexandrinischen Kaufmannsflotte[2]) eine Erbschaft aus ptolemäischer Zeit gewesen sind.

Diese Vermutung wird gestützt durch das, was wir sonst über die Organi-

---

[1]) Diese Verpflichtung wird um so leichter verständlich, wenn wir aus dem königlichen Erlaß n. 15 bei Kunkel erfahren, daß zur Sicherstellung der Getreideversorgung Alexandreias der private Kornhandel aus den Gauen oberhalb von Memphis ausschließlich für die Belieferung der Hauptstadt tätig sein durfte.

[2]) Vgl. darüber sein Buch: A large estate in Egypt in the third century. University of Wisconsin Studies in the social sciences and history 6, Madison 1922, S. 122f.

sation des alexandrinischen Handels wissen. Der Handel von Alexandreia war nicht in erster Linie bodenständig, sondern international. Seine Kaufherren waren weniger Ägypter, als aus allen griechischen Handelsplätzen eingewanderte Griechen, wie das oben behandelte Seedarlehen, dessen fünf Teilnehmer und ihre Bürgen aus Massalia, Karthago, Sparta, Thessalonike, Elea stammen, zeigen mag.

So hatte die Stadt ihre Handelsbeziehungen in der ganzen griechischen Welt. Wenn aber ihre Kaufleute als Pioniere des alexandrinischen Handels hinauszogen, z. B. nach Perinth oder nach Tomoi oder nach den italischen Häfen, so gründeten sie dort im Ausland einen Verband der Alexandreer (οἶκος τῶν ᾿Αλεξανδρέων) oder den Verband der in Perinthos handeltreibenden Alexandreer[1]). Zu größeren Geschäften wie zur Getreidelieferung für den römischen Staat vereinigten sich ihre Naukleroi zu dem στόλος ᾿Αλεξανδρεῖνος, der classis Alexandrina.

In den Häfen des westlichen Mittelmeeres können wir korporative Niederlassungen der Alexandriner bisher nicht nachweisen, wohl aber solche (statio) der Tyrier in Puteoli und Rom, der Berytier in Puteoli, der Syrer und Asianer in Malaka (Belege bei Poland 115). Das Fehlen der Alexandriner wird hier nur Zufall unserer Überlieferung sein, denn wie groß die Handelsinteressen der alexandrinischen Verfrachter in Puteoli und Ostia waren, das zeigt eben klar die „alexandrinische Getreideflotte" (Anh. II 107). Wir treffen sie erst unter Kaiser Commodus in Ostia, der seinerseits seine classis Africana Commodiana Herculea nach ihrem Muster organisiert hat, wie Rostovtzeff, Social und econom. history of the Rom. Emp. S. 598 (s. o.) vermutet (Literatur bei ihm). Aber Rostovtzeffs Vermutung hat volle Wahrscheinlichkeit, daß die feste Organisation der alexandrinischen Reeder auf die Ptolemäerzeit zurückgeht. Er stützt seine Vermutung durch den wichtigen Hinweis,[2]) daß auch die pontischen Könige wie die Ptolemäer königliche Kaufleute gewesen sind, und daß einer von ihnen, Sauromates II., neben seinen Naukleroi in ihrem Klub saß mit samt seinen Ministern, auch sein Eintrittsgeld bezahlte, wie jedes andere Mitglied (vgl. Anh. II 105). Wir werden uns demnach die Organisation der ägyptischen Kaufherren und Reeder als weit entwickelt und viele Häfen umfassend vorstellen dürfen und können zum Vergleich dieser Verhältnisse in der römischen Kaiserzeit auch noch die palmyrenischen Kaufleute heranziehen, welche zur Zeit des Hadrian ihren Handel so weithin organisiert hatten, daß wir in Koptos die „Hadrianischen palmyrenischen Kaufleute", auch „Hadrianische palmyrenische erythräische Naukleroi" genannt, ansässig finden (Anh. II 106). Das beste Bild aber von dem Betrieb des Kornhandels im 2. Jahrhundert n. Chr., wie er die Versorgung der Großstadt Rom ermöglichen half, bietet uns das Kontorhaus oder Getreidebörsengebäude, das in Ostia (Anh. II 107) am Piazzale degli corporazioni aufgedeckt ist, ein umfangreiches Gebäude, welches bereits Ch. Picard zum Vergleich mit dem de-

---

[1]) Belege bei Poland, Griech. Vereinswesen 1909, S. 114 und 596, E 25, wo nachzutragen ist Brillant in Rev. Philol. 36, 1912, 292, ebenso zu E 21b Seure, Rev. archéol. 1912, 325 und 26 und zu E 94b (Puteoli) Dubois, Pouzzoles antique 73ff. und Ch. Picard, Bull. corr. hell. 44, 1921, 625f.

[2]) Schon in seiner früheren Schrift: A large estate in Egypt 1922, 35f., 133.

lischen Klubhaus herangezogen hat, weil auch in Ostia ein Tempel in der Mitte des Versammlungshofes lag. In die Seitenhallen dieses Hofes mündeten 59, seit Commodus 64, Magazin- und Büroräume, bestimmt für die zahlreichen fremden Schiffahrtsgesellschaften (stationes), welche die Getreideeinfuhr nach Ostia besorgten. Ihre Namen sind in dem Mosaikfußboden der Hallen erhalten. Sie waren geographisch angeordnet. Erhalten ist der Nordflügel mit den Korporationen aus Gallien, Sardinien, Afrika. Eine syrische Statio fehlt, aber die statio naviculariorum Alexandrinorum ist unter n. 40 von Paribeni festgestellt.

7*

Anhang I.

Quellenstellen zur Geschichte des Seeraubs.

1. Thuk. I 4

(Μίνως) τό τε ληστικόν, ὡς εἰκός, καθήρει ἐκ τῆς θαλάσσης, ἐφ᾽ ὅσον ἐδύνατο, τοῦ τὰς προσόδους μᾶλλον ἰέναι αὐτῷ.

2. Thuk. I 5

οἱ γὰρ Ἕλληνες τὸ πάλαι καὶ τῶν βαρβάρων οἵ τε ἐν τῇ ἠπείρῳ παραθαλάσσιοι καὶ ὅσοι νήσους εἶχον, ἐπειδὴ ἤρξαντο μᾶλλον περαιοῦσθαι ναυσὶν ἐπ᾽ ἀλλήλους, ἐτράποντο πρὸς λῃστείαν, ἡγουμένων ἀνδρῶν οὐ τῶν ἀδυνατωτάτων, κέρδους τοῦ σφετέρου αὐτῶν ἕνεκα καὶ τοῖς ἀσθενέσι τροφῆς, καὶ προσπίπτοντες πόλεσιν ἀτειχίστοις καὶ κατὰ κώμας οἰκουμέναις ἥρπαζον καὶ τὸν πλεῖστον τοῦ βίου ἐντεῦθεν ἐποιοῦντο, οὐκ ἔχοντός πω αἰσχύνην τούτου τοῦ ἔργου, φέροντος δέ τι καὶ δόξης μᾶλλον.

3. Thuk. I 7

αἱ δὲ παλαιαὶ (sc. πόλεις) διὰ τὴν λῃστείαν ἐπὶ πολὺ ἀντίσχουσαν ἀπὸ θαλάσσης μᾶλλον ᾠκίσθησαν.

4. Thuk. I 13, 5

ἐπειδή τε οἱ Ἕλληνες μᾶλλον ἔπλῳζον, τὰς ναῦς κτησάμενοι (sc. οἱ Κορίνθιοι so richtig Hasebrock S. 48, dagegen falsch Ormerod S. 96, der an Ἕλληνες als Subjekt denkt) τὸ λῃστικὸν καθῄρουν καὶ ἐμπόριον παρέχοντες ἀμφότερα δυνατὴν ἔσχον χρημάτων προσόδῳ τὴν πόλιν.

5. Plut. Quaest. Graec. 55

„Διὰ τί τοῖς Σαμίοις, ὅταν τῷ Ἑρμῇ τῷ χαριδότῃ θύωσι, κλέπτειν ἐφεῖται τῷ βουλομένῳ καὶ λωποδυτεῖν;" ὅ, τι κατὰ χρησμὸν ἐκ τῆς νήσου μεταστάντες εἰς Μυκάλην ἀπὸ λῃστείας δέκα ἔτη διεγένοντο καὶ μετὰ ταῦτα πλεύσαντες αὖθις εἰς τὴν νῆσον, ἐκράτησαν τῶν πολεμίων οἱ Σάμιοι.

6. Ditt. Syll. [3] 10

Αἰάκης ἀνέθηκεν ὁ Βρύσωνος ὃς τῆι Ἥρηι τὴν σύλην ἔπρησεν κατὰ τὴν ἐπίστασιν.

7. Herod. III 39

ἔκτητο (sc. Πολυκράτης) δὲ πεντηκοντέρους τε ἑκατὸν καὶ χιλίους τοξότας. ἔφερε δὲ καὶ ἦγε πάντας διακρίνων οὐδένα.

8. Digest 47, 22, 4

ἐὰν δὲ δῆμος ἢ φράτερες ἢ ὀργεῶνες ἢ γεννηταὶ (ἢ ἱερῶν ὀργίων ἢ ναῦται codd.) ἢ σύσσιτοι ἢ ὁμόταφοι ἢ θιασῶται ἢ ἐπὶ λείαν οἰχόμενοι ἢ εἰς ἐμπορίαν, ὅτι ἂν τούτων διαθῶνται ⟨τινες⟩ πρὸς ἀλλήλους, κύριον εἶναι, ἐὰν μὴ ἀπαγορεύῃ δημόσια γράμματα dazu v. Wilamowitz Antig. v. Karyst. 278; Sondhaus De Solonis legibus 1909, 77. — **9.** Zur Deutung der ἐπὶ λείαν οἰχόμενοι als Prisengesellschaften, nicht aber Seeräubervereine vgl. Beauchet, Hist. du droit privé IV 364f.

10. Schwyzer Dial. Graec. ex. 363 A 3f. (vgl. Ormerod, Piracy 76)

τὰ ξενικὰ ἐ(θ)θαλά(σ)σας ἅγεν ἄσυλον, πλὰν ἐ(λ) λιμένος τῶ κατὰ πόλιν. αἴ κ᾽ἀδίκως συλοῖ, τέ|τορες δραχμαί. αἴ δὲ πλέον δέκ᾽ ἀμαρᾶν ἔχοι τὸ σῦλον, ἡμιόλιον ὀφλέτω ϝότι συλάσαι.

11. Herod. VI 17

ὁρμώμενος δὲ ἐνθεῦτεν ληστὴς κατεστήκει Ἑλλήνων μὲν οὐδενὸς, Καρχηδονίων δὲ καὶ Τυρσηνῶν.

12. Teos: Flüche gerichtet gegen den, welcher [κιξα]λλεύοι ἢ κιξάλλας ὑποδέχοιτο ἢ ληίζοιτο ἢ ληϊστὰς ὑποδέχοιτο εἰδὼς ἐκ γῆς τῆς Τηίης ἢ θαλάττης φέροντας. Ditt. Syll. ³ 37/8 19 f. Schwyzer, Dialectorum Graecarum ex. epigr. 7, 10.

13. Skyros. Plut. Kim. 8, 3.

ᾤκισαν δὲ καὶ Σκῦρον ἑλόντος Κίμωνος ἐξ αἰτίας τοιαύτης. Δόλοπες ᾤκουν τὴν νῆσον, ἐργάται κακοὶ γῆς· ληϊζόμενοι δὲ τὴν θάλασσαν ἐκ παλαιοῦ, τελευτῶντες οὐδὲ τῶν εἰσπλεόντων παρ' αὐτοὺς καὶ χρωμένων ἀπείχοντο ξένων, ἀλλὰ Θετταλούς τινας ἐμπόρους περὶ τὸ Κτήσιον ὁρμισαμένους συλήσαντες εἶρξαν. Ἐπεὶ δὲ διαδράντες ἐκ τῶν δεσμῶν οἱ ἄνθρωποι δίκην κατεδικάσαντο τῆς πόλεως Ἀμφικτυονικήν, οὐ βουλομένων τὰ χρήματα τῶν πολλῶν συνεκτίνειν, ἀλλὰ τοὺς ἔχοντας καὶ διηρπακότας ἀποδοῦναι κελευόντων, δείσαντες ἐκεῖνοι πέμπουσι γράμματα πρὸς Κίμωνα, κελεύοντες ἥκειν μετὰ τῶν νεῶν ληψόμενον τὴν πόλιν ὑπ' αὐτῶν ἐνδιδομένην. Παραλαβὼν δ' οὕτω τὴν νῆσον ὁ Κίμων τοὺς μὲν Δόλοπας ἐξήλασε καὶ τὸν Αἰγαῖον ἠλευθέρωσε. vgl. Thuk. I 98, 2 ἔπειτα Σκῦρον τὴν ἐν τῷ Αἰγαίῳ νῆσον, ἣν ᾤκουν Δόλοπες, ἠνδραπόδισαν καὶ ᾤκισαν αὐτοί.

14. Themistokles. Corn. Nepos Them. 2, 3 deinde maritimos praedones consectando mare tutum reddidit.

15. Plut. Per. 17

γράφει ψήφισμα πάντας Ἕλληνας. + εἰς σύλλογον πέμπειν Ἀθήναζε τοὺς βουλευσομένους περὶ τῶν Ἑλληνικῶν — καὶ τῆς θαλάττης, ὅπως πλέωσι ἀδεῶς καὶ τὴν εἰρήνην ἄγωσιν.

16. eb. 19. Durch Befestigungsarbeiten auf dem Chersones πόλεμον ἐνδελεχῆ καὶ βαρὺν ἐξέκλεισεν, ᾧ συνείχετο ἡ χώρα — γέμουσα ληστηρίων ὁμόρων καὶ συνοίκων.

17. [Xen.] Πολιτ.-Ἀθην. II 11 ἐὰν μὴ πείσῃ τοὺς ἄρχοντας τῆς θαλάσσης.

18. Methone. IG I² 57. Z. 18

hότι δοκε[ῖ δίκαιο]ν ἔναι, ἐὰν Μεθοναῖος τεῖ θαλάττει χρῆσθα[ι μεδὲ || ἐχσ]ἔναι hορίσασθαι, καὶ ἐὰν εἰσεμπορεύεσθ[αι καθ᾽|ἄπε]ρ τέος ἐ[ς] τὲν χόραν, — Die Formel [χρέσθον δὲ τεῖ θαλ]άττει ἀσυλεὶ καὶ ἀ[σπονδεί] auch I² 133, 9 in einem Vertrag mit einer unbekannten Stadt. Vgl. auch I² 46, 7 [χρέσθ]αι δὲ τοῖς ἐμπορίοις . . . ἄλλοις δ]ὲ μὲ ἒ hὰ Ἀθεναῖοι π [— —] in einem Beschlusse über die Gründung einer uns unbekannten Kolonie.

19. Aphytis. IG I² 58, 10f.

μ[ὲ κολύεν δὲ Ἀθεναῖον μεδὲ χ συ]μμάχοντον Ἀθεναῖον[μεδένα Ἀφυταῖος χρέματα ἄ]|[γ]εν ὁπόθεν ἂν βόλοντ[αι ἀλλ᾽ ἐχσἔναι Ἀφυταῖον τ]οῖ βολομένοι πλὲν Ἀθ-[έναζε καὶ ἄγεν Ἀθεναίοις χ]ρέματα ἀσυλεὶ καὶ ἀσ[πονδεί. | τὸς δὲ βολομένος ἀ]||υτὸν ἄγεν καὶ σῖτον κ[ατὰ τὰ φσεφίσματα τὰ ἐφσε]|φισμένα τοῖ δέμοι κ[αὶ τοῖς χσυμμάχοις τελόντ]|ας τὰ τέλε, hὰ ἂν φσε[φίσεται ὁ δῆμος ὁ Ἀθεναῖον — —]

20. IG I² 93a 11f.

τὴν δὲ ναῦν ἣν δέται ἐκκομίσασθαι ἐξ Ἀχαίας ἐκκομισάσθω καὶ ἐξεῖναι αὐτῶι πλῆν καὶ χρήματα ἐσάγειν ὅσης Ἀθηναῖοι κρατῶσι καὶ ἐς τὰ Ἀθηναίων φρόρια· ἐς δὲ τὸν κόλπ[ον μὴ] ἐξε[ῖναι — —]

21. Vertrag mit Perdikkas. IG I² 71, 22 (423/2)

και ουδένα κ-]|[ο]πέας έχσάγεν έάσο, έάμ μὲ 'Αθε[ναίοις — —]

vgl. dazu v. Hiller zu I² 46, 11 wo das Zitat ,,cf n. 57, 23" zu verbessern ist in 71, 22.

22. Athen-Hestiaia. IG I² 42b

Z. 23 [τὲς] δὲ χρεμάτον ἐσφο[ρᾶς μὲ ἐ]ναι ἐπιφσε-| [φίζεν ἀφἐνάι τινα αὐ τ]ὸν, ἐὰμ μὲ λειστὸν [ἐ φορὸν χ]συλλέφσε- [ος ἐ ἀγαθὸ παραίτιος τις] αὐτὸν ἄ[λ]λο εἰ.

23. IG I² 53, 7

[λ] ειστὰς μὲ h[υποδέχεσθαι] [μέτε αὐ]τὸς λείζε[σθαι — —]

24. Thuk. II 32

ἐτειχίσθη δὲ καὶ 'Αταλάντη ὑπὸ 'Αθηναίων φρούριον — — τοῦ μὴ λῃστὰς ἐκπλέοντας ἐξ 'Οποῦντος καὶ τῆς ἄλλης Λοκρίδος κἀκουργεῖν τὴν Εὔβοιαν.

25. Andokid. I 138

ἔτι δὲ πολέμου γενομένου καὶ τριήρων ἀεὶ κατὰ θάλασσαν οὐσῶν καὶ λῃστῶν ὑφ'ὧν πολλοὶ ληφθέντες, ἀπολέσαντες τὰ ὄντα, δουλεύοντες τὸν βίον διετέλεσαν.

26. Lys. 32, 6 ναυτικὰ δὲ ἐπέδειξεν ἐκδεδομένα ἑπτὰ τάλαντα καὶ τετταράκοντα μνᾶς . . . . δισχιλίας δὲ ὀφειλομένας ἐν Χερρονήσῳ. § 7 (Διογείτων) τὰ γράμματα λαμβάνει ἃ κατέλιπε σεσημασμένα, φάσκων τὰ ναυτικὰ χρήματα δεῖν ἐκ τούτων τῶν γραμματείων κομίσασθαι; vgl. § 14 ἔτι τοίνυν ἐξήλεγχεν (die Witwe) αὐτὸν ἑπτὰ τάλαντα κεκομισμένον ναυτικὰ καὶ τετρακισχιλίας δραχμάς, καὶ τούτων τὰ γράμματα ἀπέδειξεν.

27. Lys. 19, 50.

ἠκούετε — — ὡς Διότιμος ἔχοι τάλαντα τετταράκοντα πλείω ἢ ὅσα αὐτὸς ὡμολόγει παρὰ τῶν ναυκλήρων καὶ ἐμπόρων.

28. IG II² 12, 16

χρήματα ἅ ἐστιν Πυθοφά[νει 'Αθήνησιν] ἢ ἄλλοθί που ὤν 'Αθηναῖοι κ[ρατῶσιν], ähnlich 22 ὅσης 'Αθηναῖοι κ[ρατῶσιν].

29. Isokrat. 4, 16

τίς γὰρ ἂν τοιαύτης καταστάσεως ἐπιθυμήσειεν, ἐν ᾗ καταποντισταὶ μὲν τὴν θάλατταν κατέχουσι, πελτασταὶ δὲ τὰς πόλεις καταλαμβάνουσι . . .

29a. Xen. Hell. VI, 2, 1

(οἱ 'Αθηναῖοι) ἀποκναιόμενοι καὶ χρημάτων εἰσφοραῖς καὶ λῃστείαις ἐξ Αἰγίνης καὶ φυλακαῖς τῆς χώρας . . vgl. 29 πολιορκούμενοι ἐκ τῆς Αἰγίνης ὑπὸ τῶν λῃστῶν. vgl. Xen. Hell. V, 1 συνδόξαν καὶ τοῖς ἐφόροις ἐφίησε (sc. 'Ετεόνικος) λήζεσθαι τὸν βουλόμενον ἐκ τῆς 'Αττικῆς.

30. [Dem.] 52, 5

τύχης δὲ συμβάσης τοιαύτης τῷ Λύκωνι τούτῳ, ὥστε εὐθὺς ἐκπλέοντα αὐτὸν περὶ τὸν 'Αργολικὸν κόλπον ὑπὸ λῃστρίδων νεῶν τά τε χρήματα καταχθῆναι εἰς "Αργος καὶ αὐτὸν τοξευθέντα ἀποθανεῖν.

31. Xen. Hell. IV 8, 35 (388 v. C.)

'Αναξίβιος καὶ 'Ιφικράτης λῃστὰς διαπέμποντες ἐπολέμουν ἀλλήλοις.

32. Diod. X 95.

'Αλέξανδρος μὲν ὁ Φερῶν τύραννος λῃστρίδας ναῦς ἐκπέμψας ἐπὶ τὰς Κυκλάδας νήσους, — — εἰς δὲ τὴν Πεπάρηθον ἀποβιβάσας μισθοφόρους στρατιώτας ἐπολιόρκει τὴν πόλιν.

Polyaen. VI 2, 2 'Αλέξανδρος μετὰ τὴν ἐν Πεπαρήθῳ ναυμαχίαν — — συνέταξε τοῖς ἐπὶ τῶν νεῶν διὰ τάχους προσπλεῦσαι τῷ Δείγματι τοῦ Πειραιῶς καὶ ἀπὸ τῶν τραπεζῶν ἁρπάσαι τὰ χρήματα — — οἱ δὲ ἀποβάντες — — σπασάμενοι τὰς μαχαίρας ὥρμων ἐπὶ τὰς τραπέζας, — — οἱ δὲ τὰ χρήματα ἁρπάσαντες ἀπέπλευσαν. Xen. Hell. VI 4, 35 ἄδικος δὲ λῃστὴς καὶ κατὰ γῆν καὶ κατὰ θάλατταν.

33. [Dem.] 50 (g. Polykles) 6
ἔτι δὲ τῶν ἐμπόρων καὶ τῶν ναυκλήρων περὶ ἔκπλουν ὄντων ἐκ τοῦ Πόντου, καὶ Βυζαντίων καὶ Καλχηδονίων καὶ Κυζικηνῶν καταγόντων τὰ πλοῖα ἕνεκα τῆς ἰδίας χρείας τοῦ σίτου, καὶ ὁρῶντες ἐν τῷ Πειραιεῖ τὸν σῖτον ἐπιτιμώμενον καὶ οὐκ ὄντα ἄφθονον ὠνεῖσθαι, ἐψηφίσασθε τάς τε ναῦς καθέλκειν τοὺς τριηράρχους· vgl. 17 εἰσαγγελθέντων δὲ ὅτι Βυζάντιοι καὶ Καλχηδόνιοι πάλιν κατάγουσι τὰ πλοῖα καὶ ἀναγκάζουσι τὸν σῖτον ἐξαιρεῖσθαι — —

34. Dem. 23, 166
οὐ γὰρ ἤλθομεν οὐδαμοῖ τῆς Θρᾴκης ἀλλ᾽ ἐπ᾽ Ἀλωπεκόννησον, ἢ Χερρονήσου μὲν ἐστι καὶ ἦν ὑμετέρα, ἀκρωτήριον δ᾽ ἀνέχον πρὸς τὴν Ἴμβρον ἀπωτάτω τῆς Θρᾴκης, λῃστῶν δ᾽ ἦν μεστὴ καὶ καταποντιστῶν — ἐνταῦθα δ᾽ ἐλθόντων ἡμῶν καὶ πολιορκούντων τούτους, πορευθεὶς (sc. Χαρίδημος) διὰ Χερρονήσου πάσης τῆς ὑμετέρας, ἡμῖν μὲν προσέβαλλεν, ἐβοήθει δὲ τοῖς λῃσταῖς καὶ καταποντισταῖς.

35. Dem. 23, 148
οὐδ᾽ ὅτι λῃστικόν ποτε πλοῖον ἔχων ἐλῄζετο τοὺς ὑμετέρους συμμάχους.

36. Dem. 7, 2
ἔλεγε δὲ — — ὡς λῃστὰς ἀφελόμενος ταύτην τὴν νῆσον κτήσαιτο καὶ προσήκειν αὐτὴν ἑαυτοῦ εἶναι. Dem. 12, 13 καίτοι τὴν νῆσον οὔτ᾽ ἐκείνου οὐθ᾽ ὑμᾶς ἀφειλόμην, ἀλλὰ τὸν λῃστὴν Σώστρατον. εἰ μὲν οὖν αὐτοί φατε παραδοῦναι Σωστράτῳ, λῃστὰς ὁμολογεῖτε καταπέμπειν.

Dem. 7, § 15
συμπέμπων τοὺς πλευσομένους μετὰ τῶν στρατηγῶν τῶν ὑμετέρων ὡς κοινωνήσαντας τῆς κατὰ θάλατταν φυλακῆς.

37. Dem. 18, 241
ἄπλους δὲ ἡ θάλαττα ὑπὸ τῶν ἐκ τῆς Εὐβοίας ὁρμωμένων λῃστῶν γέγονεν (fehlt bei Ormerod und unter den Test. IG XII, 9, p. 152).

38. Dem. 12, 2
ἔπειτα Θασίων ὑποδεχομένων τὰς Βυζαντίων τριήρεις καὶ τῶν λῃστῶν τοὺς βουλομένους, οὐδὲν ἐφροντίζετε, τῶν συνθηκῶν διαρρήδην λεγουσῶν πολεμίους εἶναι τοὺς ταῦτα ποιοῦντας. vgl. Kaerst, Gesch. d. Hellenism. ³ 239.

39. Dem. 4, 34
πρὸς τῷ Γεραιστῷ τὰ πλοῖα συλλαβὼν ἀμύθητα χρήματ᾽ ἐξέλεξε.

40. Didymos col. 10, 47
παρανομώτατον ἔργον διεπράξατο τὰ ἐφ᾽ Ἱερῷ πλοῖα τῶν ἐμπόρων καταγαγών, ὡς μὲν ὁ Φιλόχορος ⌐ πρὸς τοῖς διακοσίοις, ὡς δ᾽ ὁ Θεόπομπος ρπ, ἀφ᾽ ὧν ἑπτακόσια τάλαντα ἤθροισε vgl. auch Dem. 18, 241 εἶτα τοῦ μὲν Ἑλλησπόντου διὰ Βυζαντίων ἐγκρατὴς καθέστηκε καὶ τῆς σιτοπομπίας τῆς τῶν Ἑλλήνων κύριος.

41. Dem. 21, 173
τῆς μὲν Παράλου ταμιεύσας (Μειδίας) Κυζικηνῶν ἥρπασε πλεῖν ἢ πέντε τάλαντα. Schol. ἐν τῷ συμμαχικῷ πολέμῳ ἐψηφίσαντο Ἀθηναῖοι λῄζεσθαι τοὺς θάλατταν πλέοντας, κἂν ἔμποροι ὦσι, τῶν πολεμίων. παρατυχὼν οὖν ἐμπόροις Κυζικηνῶν ἀφείλετο αὐτῶν ὡς πολεμίων τὰ χρήματα. Vgl. Ormerod p. 117.

42. [Dem.] 17, 19

τὴν θάλατταν πλεῖν τοὺς μετέχοντας τῆς εἰρήνης καὶ μηδένα κωλύειν αὐτοὺς μηδὲ κατάγειν πλοῖον μηδενὸς τούτων.

43. U. Wilcken, Zu der epidaurischen Bundesstele vom J. 302 v. Chr. (Sitzungsber. d. Berl. Akad. 1927. 277—301) (fehlt bei Ormerod) [ἐπιμελεῖσθαι δὲ καὶ .... ὅπως ἡ θά]λαττα καθαρὰ ἦι (II 22). Vielleicht kann man hier noch weiter ergänzen [ληστῶν], denn so heißt es auch vom König Eumelos vom Bosporos (309—304), daß er so erfolgreich für die Seepolizei auf dem Pontos gesorgt hat, bei Diod. XX, 25, καθαρὰν ληστῶν ἀπέδειξε τὴν θάλασσαν, die ganze Stelle s. I 66

44. Ψήφισμα des Moirokles (nach 344/3). [Dem.] 58, 53

Μοιροκλῆς — — ὁ τὸ ψήφισμα γράψας κατὰ τῶν τοὺς ἐμπόρους ἀδικούντων καὶ πείσας οὐ μόνον ὑμᾶς ἀλλὰ καὶ τοὺς συμμάχους, φυλακήν τινα τῶν κακουργούντων ποιήσασθαι... ὥσπερ ἕνεκα τούτου γράψας καθαρὰν εἶναι τὴν θάλασσαν .. cf. § 56 οὐ γὰρ δήπου Μηλίους μὲν, ὦ Μοιρόκλεις, κατὰ τὸ σὸν ψήφισμα δέκα τάλαντα νῦν εἰσπράξομεν, ὅτι τοὺς ληστὰς ὑπεδέξαντο ..

45. Ditt. Syll. ³ 263. Beschluß zu Ehren des Kleomis, Sohnes des Apollodoros aus Methymna. Z. 10f.

ἐπειδὴ κ[αὶ το]ὺς ἁλόντα[ς ὑπ]ὸ τῶν ληιστῶν ἐλ[ύσατο].

46. Dittenberger Or. Gr. I, 8

τὰν πόλιν καὶ τὰ ἱερ[ὰ] | διαρπάσαν μετὰ τῶν [λ α]ίσταν ἐνέπρησε ebenso Z. 51.

47. Curt. IV 8, 15. ante omnia mare a piraticis classibus vindicare iussus: quippe obnoxium praedonibus erat in bellum utroque rege converso.

48. IG II² 399, 10f. (320/19 v. C.) (fehlt bei Ormerod)

Εὐρύλοχος πατ[ρικὴν ἔ] | χων εὔνοιαν πρὸς τὸν δῆ[μον τὸν] | 'Αθηναίων διατελεῖ χρή[σιμος ὢν] | καὶ κοινεῖ καὶ ἰδίαι τοῖς [ἀφικνου]| μένοις 'Αθηναίων εἰς Κυδ[ωνίαν] || ²⁵ καὶ πολλοὺς 'Αθηναίων λ[υτρωσά]-|μενος ἐκ Κρήτης ἀπέστ[ειλε τοῖς] αὐτοῦ ἀναλώμασιν καὶ [αἴτιος ἐ]-|γένετο τοῦ σωθῆναι ἐ[κ τῶν πολ]-|[εμίω]ν εἰς τὴν ἰδίαν συν.. Die Worte Z. 15f. kehren wörtlich wieder II² 283, 9, wo es aber heißt: [ἀπέστειλε 'Αθ-ή]ναζε τοῖς αὐτοῦ ἀναλώμασιν..

49. IG II² 283, 2   •

[..ἐσιτ]ήγησεν ἐξ Αἰγύπτου τ — — — Z. 8 [πολλοὺς τῶν πολιτῶν] λυτρωσάμενος ἐξ Σικ- | [ελίας ἀπέστειλε 'Αθ]ήναζε τοῖς αὐτοῦ ἀναλ- | [ώμασιν — Z. 12 καὶ νῦν εἰς τὴν φυλακὴν | [ἐπέδωκε τάλαντον] ἀργυρίου.

50. IG II² 1629, 217ff. (mit Kirchners und Preuners Ergänzungen). (Syll.³ 305)

ὅπως δ'ἂν ὑπάρχηι | [τῶ]ι δήμωι εἰς τὸν ἅπαντα | [χρ]όνον ἐμπορία οἰκεία καὶ | [σιτ] οπομπία, καὶ ναυστάθμο | [οἰκ]είου κατασκευασθέν-| [το]ς ὑπάρχει φυλακὴ ἐπὶ | [Τυρ] ρηνοὺς καὶ Μιλτιά- | [δης] ὁ οἰκιστὴς καὶ οἱ ἔποι-| [κοι ἔχ] ωσιν χρῆσθαι οἰκεί- | [ωι ναυ]τικῶι, καὶ τῶν 'Ελ- | [λήνων] καὶ βαρβάρων οἱ | [πλέοντε]ς τὴν θάλατταν | [καὶ αὐτοὶ ε]ἰσπλέωσιν εἰ- | [ς τὸ ναύσταθμ]ον τὸ 'Αθηναίων, | [πλοῖά τε ἔξον]τες καὶ τὰ ἄλ[λα ἐμ βεβαίωι].

51. Strab. p. 477

μετὰ γὰρ τοὺς Τυρρηνοὺς, οἳ μάλιστα ἐδήωσαν τὴν καθ'ἡμᾶς θάλασσαν, οὗτοί (d. h. Κρῆτες) εἰσιν οἱ διαδεξάμενοι τὰ ληστήρια.

51a. Ditt. Syll. ³ 409, 9f.

καὶ ἐπὶ Πραξιβούλου ἄρχον[τ | ¹⁰ ος (315/4) Γλαυκέτου καθειληφότος Κύθνον καὶ καταγαγόντ|ος ἐντεῦθεν τὰ πλοῖα, τήν τε πόλιν ἔλαβεν καὶ αὐτὸν | Γλαυκέτην καὶ τὰ πλοῖα τὰ μετ'αὐτοῦ, καὶ παρεσκεύ|ασεν ἀσφάλειαν τοῖς πλέουσι τὴν θάλατταν. Durch die letzten Worte erst wird Glauketas unzweideutig als Seeräuber gekennzeichnet, wie Tarn, Antigonos Gonatas 86 mit Recht erklärt. Vgl. auch Ormerod, Piracy 124. Ferguson, Hellenist. Athens 142

52. Rhodos Diod. XX 81

ἐπὶ τοσοῦτον γὰρ προεληλύθει δυνάμεως ὥσθ'ὑπὲρ μὲν τῶν Ἑλλήνων ἰδίᾳ τὸν πρὸς τοὺς πειρατὰς πόλεμον ἐπαναιρεῖσθαι καὶ καθαρὰν παρέχεσθαι τῶν κακούργων τὴν θάλατταν vgl. Strab. p. 652 θαυμαστὴ δὲ καὶ ἡ εὐνομία καὶ ἡ ἐπιμέλεια πρός τε τὴν ἄλλην πολιτείαν καὶ τὴν περὶ τὰ ναυτικά, ἀφ'ἧς ἐθαλαττοκράτησε πολὺν χρόνον καὶ τὰ λῃστήρια καθεῖλε καὶ ῾Ρωμαίοις ἐγένετο φίλη καὶ τῶν βασιλέων τοῖς φιλορωμαίοις τε καὶ φιλέλλησιν vgl. Polyb. IV 47 πάντες οἱ πλοΐζόμενοι ἐνεκάλουν τοῖς ῾Ροδίοις, διὰ τὸ δοκεῖν τούτους προεστάναι τῶν κατὰ θάλασσαν (220).

53. Polyaen IV 6, 16 (fehlt bei Ormerod)

Ἀντίγονος ἐπολιόρκει ῾Ρόδον . . . κηρύξας αὐτοῖς ῾Ροδίοις εἶναι πᾶσαν ἀσφάλειαν· ὁπόσοι δὲ περὶ Συρίαν, Φοινίκην, Κιλικίαν, Παμφυλίαν ἦσαν ἔμποροι καὶ θαλασσουργοὶ ῾Ρόδιοι, καὶ τούτοις ἐκήρυξεν ἀσφάλειαν τῆς θαλάσσης ἐπὶ τῷ μὴ καταίρειν εἰς῾Ρόδον, ἵνα βοηθείας ἐρήμην ῾Ρόδον ἐξέλοι.

54. Diod. XX 83, 3

εὐθὺς δὲ τῶν τε πειρατῶν καὶ τῶν ἄλλων τοὺς εὐθέτους ἐξέπεμψε πορθήσοντας τὴν νῆσον καὶ κατὰ γῆν καὶ κατὰ θάλατταν.

55. Diod. XX 97, 5

ἐπεφάνη (Ἀμύντας) παραδόξως πειραταῖς τισιν ἀπεσταλμένοις ὑπὸ Δημητρίου. οὗτοι δ'εἶχον ἄφρακτα τρία, κράτιστοι δοκοῦντες εἶναι τῶν τῷ βασιλεῖ συστρατευόντων.

56. Diod. XX 110

καὶ πειρατῶν παντοδαπῶν τῶν συντρεχόντων ἐπὶ τοὺς πολέμους καὶ τὰς ἁρπαγὰς οὐκ ἐλάττους τῶν ὀκτακισχιλίων.

57. Strab. p. 219

οὐ γὰρ ἂν χώραν εὐδαίμονα ἀφέντες (d. h. die Tyrrhener) τῇ θαλάττῃ κατὰ λῃστείαν ἐπέθεντο ἄλλοι πρὸς ἄλλα τραπόμενοι πελάγη.

58. Strab. p. 232

πρότερον δὲ ναῦς ἐκέκτηντο (sc. Antiates) καὶ ἐκοινώνουν τῶν λῃστηρίων τοῖς Τυρρηνοῖς, καίπερ ἤδη τοῖς ῾Ρωμαίοις ὑπακούοντες. διόπερ καὶ Ἀλέξανδρος πρότερον ἐγκαλῶν ἐπέστειλε καὶ Δημήτριος ὕστερον, τοὺς ἀλόντας τῶν λῃστῶν ἀναπέμπων τοῖς ῾Ρωμαίοις... vgl. Berve, Alexanderreich I 326, Ormerod 129, Tarn. Antig. 48.

59. Diod. XVI, 82

ὁ δὲ Τιμολέων Ποστούμιον τὸν Τυρρηνὸν δώδεκα λῃστρίσι τοὺς πλέοντας ληϊζόμενον καὶ καταπλεύσαντα εἰς Συρακούσας ὡς φίλον συλλαβὼν ἐθανάτωσεν.

60. IG XI 2, 148, 37, (299 v. Chr.)

καὶ ἄλλο ἀργύριον ἐξείλομεν μετὰ τῆς βουλῆς ὃ ἐδανείσατο ἡ πόλις κατὰ ψήφισμα τοῦ δήμου εἰς φυλακὴν τῶν Τυρρηνῶν δρ. 5000 ἐπὶ ταῖς προσόδοις ταῖς τῆς πόλεως παρόντων τῶν γραμματέων.

61. Dittenberger Syll.³ 1225. III

—ς Τιμακράτευς συνταγματάρ[χας πεμφθείς] ποτὶ τοὺς λαιστὰς ἀγωνιζό[μενος ἐτελε]ύτασεν — vorher II. — ἀγω[νιζόμενος] ποτὶ Τυρρανοὺς ἐτελεύτασε.

62. Aristides XLIII p. 540 K

τοὺς μὲν (sc. ἐμβόλους χαλκοστόμους) ἀπὸ τοῦ Τυρρηνικοῦ ληστικοῦ, τοὺς δ'ἀπὸ τῶν ἔργων τῶν σὺν 'Αλεξάνδρῳ. — Men, fr. 389 Mein. Pollux IV 87 Μένανδρος δέ τινας καλεῖ ἀριστοσαλπιγκτάς, ληστοσαλπιγκτάς. Phot. ληστοσαλπιγκτάς: τοὺς Τυρρηνούς, ἀπὸ Πισαίου τοῦ εὑρόντος. Hesych. ληστοσάλπιγγες: οἱ Τυρρηνοὶ ἐπειδὴ πρῶτοι σάλπιγγος εὑρεταὶ γεγόνασιν.

63. Strabo p. 653

τῶν δὲ ναυστάθμων τινὰ καὶ κρυπτὰ ἦν καὶ ἀπόρρητα τοῖς πολλοῖς, τῷ δὲ κατοπτεύσαντι ἢ παρελθόντι εἴσω θάνατος ὥριστο ἡ ζημία.

64. Erythrai 'Αθηνᾶ 20, 1908, 195 (fehlt bei Ormerod)

ἐπί τε τὴν φυλακὴν τῆς χώρας τὴν κατὰ θάλασσαν [ἀ]- | ποδειχθείς, καλῶς καὶ φιλοτίμως τὰ κατὰ τὴν χώραν δια[τη]-|ρήσας, καὶ τῆς τῶν ἐμπόρων ἀσφαλείας ἐπιμεληθεὶς πά[ν]-|των δαψίλειαν ἐποίησεν γενέσθαι. — Der Geehrte, Polykritos, Sohn des Jatrokles ist der Antragsteller in dem Dekret Ditt. Syll.³ 410, wo diese Inschrift nachzutragen ist.

65. Strab. p. 495

ζῶσι δὲ (d. h. 'Αχαιοί, Ζυγοί, Ἡνίοχοι) ἀπὸ τῶν κατὰ θάλατταν ληστηρίων — — τῶν δ'οὖν καμαρῶν στόλους κατασκευαζόμενοι καὶ ἐπιπλέοντες τοτὲ μὲν ταῖς ὁλκάσι, τοτὲ δὲ χώρᾳ τινὶ ἢ καὶ πόλει θαλαττοκρατοῦσι. προσλαμβάνουσι δ'ἐσθ'ὅτε καὶ οἱ τὸν Βόσπορον ἔχοντες ὑφόρμους χορηγοῦντες καὶ ἀγορὰν καὶ διάθεσιν τῶν ἁρπαζομένων.

66. Eumelos (fehlt bei Ormerod, vgl. aber Stein, Über Piraterie I, 1891, 28) Diod. XX 25

ὑπὲρ δὲ τῶν πλεόντων τὸν Πόντον πόλεμον ἐξενέγκας πρὸς τοὺς ληστεύειν εἰωθότας βαρβάρους Ἡνιόχους καὶ Ταύρους, ἔτι δ' 'Αχαιοὺς καθαρὰν ληστῶν ἀπέδειξε τὴν θάλασσαν, ὥστε μὴ μόνον κατὰ τὴν βασιλείαν, ἀλλὰ καὶ κατὰ πᾶσαν τὴν οἰκουμένην διαγγελλόντων τῶν ἐμπόρων τὴν μεγαλοψυχίαν, ἀπολαμβάνειν τῆς εὐεργεσίας καρπὸν κάλλιστον τὸν ἔπαινον.

Über Eumelos vgl. Rostovtzeff, Iranians and Greeks in South Russia 1922, 69. 71. 145. Minns. Scythians and Greeks 1909 pass.

67. Olbia IGOSPE I 171 dazu IV 276 (Kaiserzeit)

τούς τε καταλαβό- [ντας Λεύκην ἐπὶ λη]στείᾳ τῶν 'Ελλήνων [ἀπέ]κτει[νεν A. Wilhelm, Beitr. z. griech. Inschrkde. 205 anstatt Tocilescus Ergänzung τούς τε καταλαβό[ντας θάλασσαν λη]στείαι τῶν 'Ελλήνων.. vgl. IGOSPE I², 1916, 672, Kermenchik (Neapolis) die Weihung des Posideos, des erfolgreichen Seemanns (im 2. Jahrh. v. C.), der den rhodischen Göttern im Pontos huldigt (vgl. Minns, Scyth. and Greeks 463) aber wohl ein Olbiopolite war und die seeräuberischen Satarchae besiegte: Σαταρχαίους [νικήσας] | πειρατεύσαντ[ας ἀνέθηκεν].

68. Syll.³ 456, 34 (um 250 v. Chr.) (fehlt bei Ormerod).

καὶ τῶν | πλειόντων τὴν θάλασσαν || ³⁵ ὅσοι ἂν τυγχάνωσιν τῶν ὑμε- | τέρων προσβάλλοντες τοῖς | τόποις ὧν ἡμεῖς κρατοῦμεν, φροντίζειν ὅπως ἡ ἀσφάλεια | αὐτοῖς ὑπάρχῃ· κατὰ ταῦτα [δὲ] | καὶ οἷς ἄν συμβῇ πταίματός [τι]- | νος γενομένου κατὰ πλοῦν | προσπεσεῖν πρὸς τὴν ἡμετέ[ραν], | πᾶσαν σπουδὴν ποιεῖσθαι, ἵν[α] | μηδ'ὑφ'ἑνὸς ἀδικῶνται.

69. Dittenberger Or. Gr. 344 (Choix d'inscr. de Délos II n. 103) 2. Jh. v. C.
Μελέαγρον Ζμερτομάρου | Νικαιέα οἱ καταπλέοντες | εἰς Βιθυνίαν ἔμποροι καὶ | ναύκληροι [φιλα]γαθίας ἕνεκεν || τῆς εἴ[ς ἑα]υτοὺς |'Απόλλωνι, 'Αρτέμιδι, Λητοῖ.
70. Thera. IG XII 3, 1291, 8
ἐνβα [λόν]- | [τ]ων λαισ[τᾶν πλο]ίοις μακροῖς πο[τὶ τὸν | ¹⁰ λιμέν]α τὸν [βορρ]αῖον Οἴαν [καὶ τόπον] | Θεί[α]ν, ἐν ὧι [κ]ατοίκει ὄχλος γυν[αικῶν καὶ] | [π]αίδων καὶ ἄλλων σωμάτ[ων] οὐκ ἔ[λασ]- | σον τετρακοσίων, καὶ ποτιβ[ολ]ὰς ποιε[υ]|[μέ]νων τῶν λαιστᾶν, νυ[κτὸς] | ἀπέσ[τ]ε[ι]λε || ¹⁵ εἰ]ς τό⟨υ⟩πον 'Ηφαίστιον . . . . . οδώρου | [Καλύ]νδι[ον] καὶ ἄλλος τ[ῶν στ]ρατιωτᾶ[ν | — — οἱ καταβάντες νυ[κτὸς] ἐπὶ | [τὸν λιμέ]να μετὰ τῶ[μ πολιτ]ᾶν τός τε [λαιστὰς] ἀπεκρούσα[ντο καὶ κα]τεδίωξα[ν] || ²⁰ [ἐς τὰ πλοῖα]..
Z. 15 ergänzt von mir, da vor ΤΟΥΓΩΝ noch der Rest einer schrägen Haste, also vielleicht Σ erhalten. Z. 17 übersetzt Ormerod S. 131 "during the night a force was sent by sea under Hephaestius of Calynda, who landed" sicher falsch. Sie steigen vom Stadtberg herunter zum Hafen.
71. Thera XII 3, 328 (ca. 260 v. C.)
Z. 2. [τὸν δια]σαφήσοντα τὸ γεγονός, ὃς παρ' 'Αλλαριώταις ἔφη αὐτοὺς ἀρχὴν μὲν | [αἱ]χμαλώτους εἶναι, τριετοῦς δὲ [χρόνου διελθόντος οἱ 'Αλλαριῶται] | [μ]εταδόντες αὐτοῖς τοῦ τό[που ἠλευθέρωσαν (?) αὐτοὺς ἄτε οὐ μό]- | νον συνειδότας ⁵ ἀλλὰ καὶ σ[υνδιαπράξαντας — τοὺς ἀγῶ]νας. λαφύρων δ'οὐ φάσκειν παρε[σκομιεῖσθαί τι καὶ οὐ δύναν]- | ται ἀπάγειν τὰ σώματα οὐδ[ὲ οἷοί τε εἰσιν οὐδενὶ τρόπωι ἐκείνους] | πεῖσαι ἀποδοῦναι τὰ σώμα [τα, ἐὰν μὴ κομίσωνται τοὺς παρ'ἡ]- | μῖν ὄντας αἰχμαλώτους ευ — — ἀγγελθέντων] | οὖν τούτων ἡμῖν ἀγωνιάσαντ[ες — μήπως ¹⁰ συμ]- | βῆι ἐξαχθέντα ἐ[ξ] ανδραποδισ[θῆναι ˝τὰ σώματα, ὥστε μηκέτι λυ]- | τρωθῆναι δύνασθαι, ἀναγκαῖον [δὲ ὁρῶντες τὰ ἀξιωθέντα τοῖς ἀπά]-|ξουσιν συγχωρεῖν, ἀποστέλλο[μεν πρὸς αὐτοὺς — — — —] | ὄντων δὲ ἡμῶν περὶ ταῦτα κατ[ὰ τύχην ἀγγέλωι παρ'αὐτῶν ἀφιγ]-||μένωι κοινολογη[θ]έντες συναπε[στείλαμεν — εἰς] | τὴν ¹⁵ 'Αλλαρίαν σ[υ]νχωρηθέντων δὲ [πάντων — ἐν οἷς καὶ ἡ]- | μεῖς συνεμείν[α]μεν, ἐκομι[σά]μεσθ[α τὰ παρ'ἐκείνοις σώματα ἀντὶ τοῦ] | περὶ αὐτῶν συνχωρηθέντος ἀνη[λώματος. τὰ δὲ σώματα τὰ παρ'] | [ἡ]μῖν ὄντα ἀπεδώκαμεν. τούτων [ἑλληνικὰ μὲν ἦν] — || τὰ δὲ λοιπὰ ὄντα μέ ἀλλόγλ[ωσσα] "Ερρωσθε.
72. Naxos Syll.³ 520, (III. Jh.)
ἔδοξεν Αὐλωνίοις· ἐπειδὴ ἁλόντων σωμάτων ἐκ τοῦ δήμου ὑπὸ τῶν Αἰτωλῶν [δ]ι[α]-| κοσίων καὶ ὀγδοήκοντα | καὶ καταπλεύσαντες | δημοσίως — 5 Namen — ἐλυτρώσαντο παρὰ τῶν Αἰτωλῶν — vgl. Ormerod S. 140.
73. Amorgos (Aigiale) XII 7, 386; Syll.³ 521 frühes III. Jahrh. Z. 4—28.
ἐπειδὴ πειρατῶν εἰς | ⁵ [τ]ὴν χώραν ἐμβαλόντων νυκτὸς κα[ὶ] | ἁλουσῶν παρθένων τε καὶ γυναικῶν |[κ]αὶ ἄλλων σωμάτων καὶ ἐλευθέρων καὶ δού- | [λ]ων τῶμ πάντων πλειόνων ἢ τριάκοντα, | τ[ά] τε ἐπὶ τοῦ λιμένος πλοῖα ἐξέκοψαν | ¹⁰ [κ]αὶ ἔλαβον τὸ πλοῖον τὸ Δωρίεος, ἐν ὧι |[ὤ]ιχοντ'ἔχοντες τά τε σώματα καὶ τὰ | [ἄ]λλα ἃ ἔλαβον· τούτων δὲ συμβάντω[ν] 'Ηγήσιππος καὶ 'Αντίπαππος, οἱ υἱοὶ | [οἱ] 'Ηγησιστράτου, ὄντες καὶ αὐτοὶ αἰχμ- | ¹⁵ άλωτοι, συνέπεισαν τὸν ἐπὶ τῶν πει- | [ρ]ατῶν ἐπιπλέοντα Σωκλείδαν ἀπο- | [α]ὐτοὶ δὲ ὑπὲρ τούτων προήιρηνται | ²⁰ [ὁμ]ηρεύειν, ἐνδεικνύμενοι πᾶσαν | [φι]λοτιμίαν, ὅπως μήτε τῶμ πολιτίδω(ν) | μήτε τῶμ πολιτῶν μηθεὶς ἀχθεῖ ἐπ[ὶ|τ] ὁ

λάφυρον μηδὲ πραθεῖ μηδὲ ἐν ἀ- | νάγκαις καὶ κακοπαθίαις γένηται, | 25 μηδὲ διαφωνήσει σῶμα μηθὲν πο- | λιτικόν, ἀλλὰ διὰ τούτους σέσωιστα[ι] | τὰ αἰχμάλωτα σώματα εἰς τὴν | [ἰ]δίαν ἀπαθῆ... Zu diesem Beschluß vgl. Laqueur, Epigraphische Untersuchungen zu den griech. Volksbeschlüssen, 1928, 116f., dessen Ausführungen ich für verfehlt halte. Er glaubt zuerst einen Widerspruch zu entdecken zwischen dem Beschluß der Verkündigung des Dekrets durch den Herold und der Ausführung, welche nur die Bekränzung betreffe.   Er verkennt dabei die bekannte Form der abgekürzten Dekrete, ὅτι ὁ δῆμος στεφανοῖ.....   Es liegt also keinerlei Widerspruch vor. Zuzugeben ist L., daß Z. 14 die Konstruktion gestört ist.   Aber daß zu ἐξέκοψαν als Subjekt die Piraten zu denken sind, ist klar.   Bei Aufdeckung des angeblichen zweiten Widerspruchs Z. 20f. begeht L. den Fehler, die Bürgschaft der beiden Wohltäter auf das folgende ὅπως zu beziehen, anstatt auf das Vorhergegangene. Damit fallen alle seine spitzfindigen Vermutungen über eine doppelte Redaktion dieses Dekretes.

74. IG II² 1225; Syll.³ 454 um 252 v. Chr.

Z. 13, καὶ πολέμου γενομένου τοῦ περὶ ᾿Αλέξανδρον καὶ πειρατικῶν ἐκπλεόντων ἐκ τοῦ ᾿Επιλιμνίου, τὴν πᾶσαν πρόνοιαν ἐποεῖτο τοῦ μηθὲν βλαβερὸν γίνεσθαι περὶ τὴν χώραν — — — ἔτι δὲ καὶ σώματος ἀρπ[ασ]θέντος ἐκ τῆς νήσου καὶ ἐξαχθέντος εἰς τοὺς ὑπεναντ[ίου]ς ἀντέ[λυ]σεν vgl. Tarn, Antigonos Gonatas 356.

75. IG XI, 4, 1050 = Choix d'Inscriptions de Délos I n. 41 (um 250 v. Chr.) Δό[γ]μα Αἰτωλῶν· | Δαλίοις εἶμεν ἀσφάλειαν τὰ | ἀπ᾿ Α[ἴτω] λῶν καὶ τῶν πόλεων τῶν — — — —] vgl. XI, 4, 1051 ψήφισμα Ναυπακτ[ίων], das sicher einen ähnlichen Inhalt gehabt hat. Vgl. auch Tarn, Antig. Gon. 354.

76. In fast allen Dekreten kehrt die typische Formel wieder, z. B.: καὶ μηθενὶ ἐξουσίαν εἶμεν Αἰτωλῶν μηδὲ τῶν ἐν Αἰτωλίαι κατοικεόντων ἄγειν μηθένα ἐκ τᾶς χώρας τᾶς Μαγνήτων μηδαμόθεν ὁρμωμένους μήτε κατὰ γᾶν μήτε κατὰ θάλασσαν (Syll.³ 554, 13f.), wobei daran erinnert sei, daß das ὁρμητήριον für den Seeräuber bezeichnend ist, vgl. S. 28

77. IG II² 844; Syll.³ 535, 4—15 Λυσίστρατος Φυλαρχί | δου Οἰναῖος εἶπεν ἐπειδὴ Εὐμαρίδας πρότερόν τε, | καθ᾿ ὃν καιρὸν συνέβη Βοῦκριν καταδραμόντα τὴν χώ|ραν καταγαγεῖν εἰς Κρήτην τῶν τε πολιτῶν πλείους κα[ὶ] | τῶν ἄλλων τῶν ἐκ τῆς πόλεως, πολλὰς καὶ μεγάλας χρεί- | ας παρέσχετο τῶι δήμωι καὶ προεισήνεγκε χρήματα ἐ|κ τῶν ἰδίων εἰς τὰ εἴκοσι τάλαντα τὰ συνφωνηθέντα ὑπὲρ || 10 τῶν αἰχμαλώτων, ἐδάνεισε δὲ καὶ τοῖς ἁλοῦσιν εἰς ἐφόδια, | καὶ νῦν ἀποστείλαντος τοῦ δήμου πρεσβευτάς, ὅπως τά | τε φιλάνθρωπα διαμένει πρὸς πάντας Κρηταιεῖς καὶ ἵνα, | εἴ που λάφυρον ἀποδέδοται τοῖς καταπλέουσιν, ἀρθεῖ τοῦ- | το, συνηγόρησεν εἰς τὸ πάντα πραχθῆναι τὰ συνφέροντα || 15 τῶι δήμωι.

78. IG II² 746 (nach 240) (fehlt bei Ormerod) Man erkennt Z. 3

[— — Φρε]άρρι[ο]ς ε[ἶπεν ἐπειδὴ — — —τε τῶν πρα|θέν[των — — — καὶ πλοίων?] [ἐκ]κοπέντων ὑπ[ὸ τῶν πειρατῶν — — καὶ σωμάτων — — ἀπα]- | 5 [γ]ομένων εἰς Αἰτω[λίαν — — ἐψηφί- | [σ]ατο ὅπως τῶν δικ[ῶν? — — μηνὸς] .. | [ι]ῶνος πρὸς τὴν βουλὴν — — τῶν τε] | [κα]ταδραμόντω[ν τὴν χώραν — — καὶ | [εἰ]ς Αἰτωλίαν — — 10 ἐλάβετο καὶ — — | — — Z. 7 ergänzt nach 77, Z. 5.

79. XI, 4, 1054a (230—220 v. Chr.) (fehlt bei Ormerod)

[Γνώμη] προστατῶν· [ἔδοξεν τῆι βουλῆι καὶ τῶι] | [δήμωι· ἐ] πειδὴ Σῆμος Κοσμ [ιάδου Δήλιος — —] | ἐπρίατο .... ἐκ] τοῦ λαφύρου τοῦ γενο[μένου ἀπὸ τῆς τῶν πειρατῶν || ⁵ (oder kürzer Κρητῶν?) κατ]αδρομῆς πολίτιδας ἐ[κ τῶν ἡμετέρων?] (folgen 3 Namen) [πυθόμενος δὲ ὅτι γ]υναῖκες Θεαγγελίδες εἰσί[ν] — — ταύ]τας τε διετήρησεν μετὰ π[άσης φιλανθρωπίας, | αὐτῶν] ἐπιμελόμενος ὡς ἐλευθέρω[ν || ¹⁰ μ]ετὰ τῶν αὐτοῦ τέκνων καὶ — καὶ ἐπεβάλλετο εἰς ὅτι σῶ[μα — —] Die Ergänzungen stammen von Durrbach. Der Gedanke der Motive geht in b Anfang weiter: [δικ]αίως ἀε[ὶ — — πρεσβεύ]σαντες(? —) ἐ]πρίατο δὲ [ξ]ένιο[ν σῶμα?].

80. Polyb. IV 3, 8

συνδραμόντων δὲ πειρατῶν καὶ παραγενομένων πρὸς αὐτὸν εἰς τὴν Φιγαλείαν — — τέλος ἀπορούμενος ἐπέτρεψε τοῖς πειραταῖς ληίζεσθαι τὰ τῶν Μεσσηνίων θρέμματα — — IV 3, 11 τὰ δ'αὐτὸς (sc. βουλόμενος) ὠφελεῖσθαι μερίτης γενόμενος τῶν λαμβανομένων; vgl. IV, 79, wo die Phigaleer die Piraten endlich wieder los werden.

81. Syll.³ 852, 4, Choix d'inscript. de Délos I n. 67

ἀποσταλεὶς ὑπὸ τοῦ δήμο||⁵υ ἐπὶ καταφράκτων πλοίων κατὰ πόλεμον, συστρα-τευομένων αὐ- | [τ]ῶι τῶν τε νησιωτικῶν τριήρων | [κα] ὶ τῶν Ἀθηναίων ἀφράκτων, ἐφρό[ν|τισ]εν τῆς τε τῶν πλεόντων ἀσ- ||¹⁰[φαλ]είας καὶ τῆς τῶν νήσων φυλα-|[κῆς κ]αὶ τῆς περὶ τὸ ἱερὸν εὐσεβεί-| [ας, δι]άγραμμα ἐχθεὶς ὅπως οἱ πε[ι- | ρατεύ] οντες τοὺς πολεμίους ὁρ- | [μηθῶσιν] ἐκ τῶν ἰδίων λιμένων, τῶ[ι | δὲ ἐν Δήλωι μ] ηθεὶς ὁρμητηρίωι χρή[ση]ται..

82. Polyb. IV 47 vgl. o. n. 52

καὶ πάντες ἐνεκάλουν οἱ πλοϊζόμενοι τοῖς Ῥοδίοις διὰ τὸ δοκεῖν τούτους προ-εστάναι τῶν κατὰ θάλατταν.

83. Polyb. XXVII, 7, 5

ὑπαρχούσης τοῖς Ῥοδίοις ὑποψίας καὶ διαφορᾶς πρὸς τὸν Εὐμένη, πάλαι μὲν ἐκ τοῦ πολέμου τοῦ πρὸς Φαρνάκην, ὅτε τοῦ βασιλέως Εὐμένους ἐφορμοῦντος ἐπὶ τοῦ κατὰ Ἑλλήσποντον στόματος, χάριν τοῦ κωλύειν τοὺς πλέοντας εἰς τὸν Πόντον, ἐπελάβοντο τῆς ὁρμῆς αὐτοῦ καὶ διεκώλυσαν Ῥόδιοι.

84. Syll.³ 581, Z. 51 (200—197 v. C.)

καὶ εἴ κα συνιστᾶται λαστήρια ἐν Κρήται καὶ ἀγωνίζωνται Ῥόδιοι κατὰ θάλασσαν | ποτὶ τοὺς λαστὰς ἢ τοὺς ὑποδεχομένους ἢ τοὺς συνεργοῦντας | αὐτοῖς, συναγωνιζέσθων καὶ Ἱεραπύτνιοι κατὰ γᾶν καὶ κατὰ || ⁵⁵ θάλασσαν παντὶ σθένει κατὰ (τὸ) δυνατὸν τελέσμασι τοῖς αὑ|τῶν καὶ τοὶ μὲν λασταὶ τοὶ ἁλισκόμενοι καὶ τὰ πλοῖα αὐτῶν | παραδιδόσθω Ῥοδίοις, τῶν δὲ ἄλλων ἔστω τὸ μέρος ἑκάστωι | τῶν συναγωνιξαμένων.

85. Syll.³ 581, 79

εἰ δέ τινές κα τῶν ὑποδεχομένων τοὺς λαστὰς ἢ συνεργούντων α[ὐ]- | τοῖς, συστρα-τευσάντων Ἱεραπυτνίων Ῥοδίοις ἐπὶ τὰν κατάλυσιν τοῦ λαστηρίου, πόλεμον ἐξενέγκ[ων]- | τι Ἱεραπυτνίοις διὰ ταύταν τὰν στρατείαν, βοηθούντων Ῥόδιοι Ἱεραπυτνίοις παντὶ σθένει κατὰ τὸ δυ[να]- | τόν, καὶ ὁ ταῦτα πράσσων πολέμιος ἔστω Ῥοδίοις.

86. Diod. 28, 1

ὅτι Φίλιππος ὁ τῶν Μακεδόνων βασιλεὺς Δικαίαρχον τὸν Αἰτωλόν, ἄνδρα τολμηρόν, πείσας πειρατεύειν ἔδωκεν αὐτῷ ναῦς εἴκοσι, προσέταξε δὲ τὰς μὲν νήσους φορολογεῖν, τοῖς δὲ Κρησὶ παραβοηθεῖν ἐν τῷ πρὸς Ῥοδίους πολέμῳ. οὗτος δὲ κατὰ τὰς ἐντολὰς τοὺς μὲν ἐμπόρους ἐλήστευε, τὰς δὲ νήσους λεηλατῶν ἀργύριον εἰσεπράττετο.

87. Polyb. XIII, 8

ἐκοινώνει μὲν γὰρ (d. h. Nabis) τοῖς Κρησὶ τῶν κατὰ θάλατταν λῃστειῶν, εἶχε δὲ καθ' ὅλην τὴν Πελοπόννησον ἱεροσύλους, ὁδοιδόκους, φονέας, οἷς μερίτης γενόμενος τῶν ἐκ τῆς ῥαδιουργίας λυσιτελῶν ὁρμητήριον καὶ καταφυγὴν παρείχετο τούτοις τὴν Σπάρτην. Vgl. weiter Liv. 34, 32 et bellum adversus nos gerens mare circa Maleam infestum navibus piraticis fecisti; ähnlich 34, 36. Noch 190 erscheint ein Spartaner Hybristas als Führer von Seeräubern in der Meerenge von Kephallenia (Liv. 37, 13).

88. Strab. p. 664

ἐκεῖνοι (d. h. Pamphyler und Kilikier) μὲν ὁρμητηρίοις ἐχρήσαντο τοῖς τόποις πρὸς τὰ λῃστήρια, αὐτοὶ πειρατεύοντες ἢ τοῖς πειραταῖς λαφυροπώλια καὶ ναύσταθμα παρέχοντες. ἐν Σίδῃ γοῦν πόλει τῆς Παμφυλίας τὰ ναυπήγια συνίσταντο τοῖς Κίλιξιν, ὑπὸ κήρυκά τε ἐπώλουν ἐκεῖ τοὺς ἁλόντας ἐλευθέρους ὁμολογοῦντες.

89. Strab. p. 668

τοῖς δὲ Κίλιξιν ἀρχὴν τοῦ τὰ πειρατικὰ συνίστασθαι Τρύφων αἴτιος κατέστη καὶ ἡ τῶν βασιλέων οὐδένεια τῶν τότε ἐκ διαδοχῆς ἐπιστατούντων τῆς Συρίας ἅμα καὶ τῆς Κιλικίας· τῷ γὰρ ἐκείνου νεωτερισμῷ συνενεωτέρισαν καὶ ἄλλοι, διχοστατοῦντές τε ἀδελφοὶ πρὸς ἀλλήλους ὑποχείριον ἐποίουν τὴν χώραν τοῖς ἐπιτιθεμένοις. ἡ δὲ τῶν ἀνδραπόδων ἐξαγωγὴ προυκαλεῖτο μάλιστα εἰς τὰς κακουργίας ἐπικερδεστάτη γενομένη· καὶ γὰρ ἡλίσκοντο ῥαδίως, καὶ τὸ ἐμπόριον οὐ παντελῶς ἄπωθεν ἦν μέγα καὶ πολυχρήματον, ἡ Δῆλος, δυναμένη μυριάδας ἀνδραπόδων αὐθημερὸν καὶ δέξασθαι καὶ ἀποπέμψαι, ὥστε καὶ παροιμίαν γενέσθαι διὰ τοῦτο ,,ἔμπορε, κατάπλευσον, ἐξελοῦ, πάντα πέπραται." — — ὁρῶντες δὲ τὴν εὐπέτειαν οἱ λῃσταὶ ταύτην ἐξήνθησαν ἀθρόως, αὐτοὶ καὶ λῃζόμενοι καὶ σωματεμπορούντες. συνήγουν δ' εἰς ταῦτα καὶ οἱ τῆς Κύπρου καὶ οἱ τῆς Αἰγύπτου βασιλεῖς ἐχθροὶ τοῖς Σύροις ὄντες· οὐδ'οἱ Ῥόδιοι δὲ φίλοι ἦσαν αὐτοῖς ὥστ'οὐδὲν ἐβοήθουν· ἅμα δὲ καὶ οἱ λῃσταὶ προσποιούμενοι σωματεμπορεῖν ἄλυτον τὴν κακουργίαν εἶχον.

90. Strab. p. 672

καὶ ὁ ἱερεὺς (in Olba) δυνάστης ἐγένετο τῆς Τραχειώτιδος· εἶτ' ἐπέθεντο τῇ χώρᾳ τύραννοι πολλοὶ καὶ συνέστη τὰ λῃστήρια· μετὰ δὲ τὴν τούτων κατάλυσιν sprach man zu Strabons Zeit wieder von der Dynastie der Teukriden. E. Meyer, Grenzen 131.

91. Strab. p. 570

οἱ δὲ Πάμφυλοι πολὺ τοῦ Κιλικίου φύλου μετέχοντες οὐ τελέως ἀφεῖνται τῶν λῃστρικῶν ἔργων, οὐδὲ τοὺς ὁμόρους ἐῶσι καθ' ἡσυχίαν ζῆν καίπερ τὰ νότια μέρη τῆς ὑπωρείας τοῦ Ταύρου κατέχοντες.

92. Rhodos IG Rom IV 1116 (vgl. Ditt. Syll.³ S. 435, N. 15), Annuario II 143, 12.

[— — στεφανωθέντα χρυσ]οῖς σ[τε]φάνοις [ὑπὸ τῶν — — καὶ ἄρξαντα τετρ]ήρεως καὶ νεικάσαντ[α] τὰς [— — καὶ τριηρα]ρχήσαν(τα) ἐπικώπου πλοίου δικρότου καὶ [στρατευσάμενον ἐπὶ Μ]άρκου Ἀντωνίου στραταγοῦ ἀνθυπά[του ποτὶ τοὺς λαιστὰς καὶ ἐπὶ] Αὔλου Γαβεινίου ταμία Ῥωμαίων ἐς Κυλικίαν [— — καὶ] χοραγήσαντα — —

93. Delphi SEp. Gr. I 161, neu III 378, 5ff. mit der Literatur (um 100 v. Chr.)

Ὕπατος, ὃς ἂν πρῶτος γένητ[αι, γράμμ]ατα πρὸς τοὺς δήμους π[άντας, οἷς φιλία
6 καὶ συμ|μαχία ἐστὶ πρὸς τὸν δῆμον τὸν Ῥωμαίων, ἀποστειλάτω, ἐν οἷς αὐτοὺς ποιεῖν

κελεύ]σει, ὅπως πολῖται ʿΡωμαίων σ[ύμμαχοί] τε ἐκ τῆς Ἰταλίας Λατῖνοι τά τ[ε
ἑαυτῶν, ὅσων ἂν | χρεία ᾖ, κατὰ τὰς ἑῴας πόλεις καὶ νήσους πράσσωσιν ἀκίνδυνοι ⁷
καὶ κατὰ ϑ]άλασσαν ἀσφαλῶς πλεῖν δύνω[νται], τήν τε Κιλικίαν διὰ ταύτας τὰς
αἰτίας [καὶ μὴ διὰ φιλαρ|χίαν ἢ πλεονεξίαν ὑπὸ τοῦ δήμου τοῦ ʿΡωμαίων προκατεσ- ⁸
χημένην ἀπομνημονευσάτω· ὁμοίως δ]ὲ καὶ πρὸς τὸν βασιλέα τὸν ἐν τ[ῇ ν]ήσῳ Κύπρωι
βασιλεύοντα καὶ πρὸς τὸν βασιλ[έα τὸν ἐν Ἀλε]|ξανδρείαι καὶ Αἰγύπ[τωι βασιλεύοντα ⁹
καὶ πρὸς τὸν βασιλέα τὸν ἐν Κυ]ρήνῃ βασιλεύοντα καὶ πρ[ὸς] τοὺς βασιλεῖς τοὺς ἐν
Συρίαι βασιλεύον[τας, οἷς πᾶσι] || φιλία καὶ συμμαχία ἐ[στὶ πρὸς τὸν δῆμον τὸν ¹⁰
ʿΡωμαίων, γράψας διασαφησά]τω καὶ ὅτι δίκαιόν ἐ[στιν αὐ]τοὺς φροντίσαι, μὴ ἐκ
τῆς βασιλείας αὐτ[ῶν μήτε] τῆ[ς] | χώρας ἢ ὁρίων πειρατὴ[ς μηδεὶς ὁρμήσῃ, μηδὲ οἱ ¹¹
ἄρχοντες ἢ φρούραρχοι, οὓς κ]αταστήσουσιν, τ[οὺς] πειρατὰς ὑποδέξωνται, καὶ
φροντίσαι, ὅσον [ἐφ' ἑαυ]τοῖς ἐσ[τι] | τοῦτο, ὁ δῆμος ὁ ʿΡωμαίω[ν ἵν' εἰς τὴν ἁπάντων ¹²
σωτηρίαν συνεργοὺς ἔχῃ προϑύμους]. Γράμματα [πρὸς] τοὺς βασιλεῖς κατὰ τὸν
νόμον τοῦτον ἀποστελ[λόμ]ενα τοῖς ἀ[πὸ | Ρ]οδίων πρεσβευταῖς, [ὅταν μέλλωσιν εἰς ¹³
τὴν ἑαυτῶν πατρίδα ἀναχωρήσειν, ἀποδότω]. —

94. Inschrift von Dodona, Carapanos Dodone XXVI 8 p. 107 erklärt von
Th. Gomperz, Arch.-epigr. Mitt. V, 136f. (fehlt bei Ormerod)

Ζηνικέτη βασιλεῖ χ[ρ]ησμ [ω]δία [ἦ]λϑε Διώνας; ,,χρῆμα καὶ ἐργασία σὰ πᾶ[σα]ν
[ἂν ʿΕλλάδα λάμψει] | αὐτὸς ἐπισταμένα τελέσας χ[ερὶ ϑεοῖς μ'ἀνέϑηκεν] | ———
ὦ ξένε —— ——

Mit ἐργασία ist gemeint die Stlengis aus Eisen, welche die Inschrift trägt. Z. hat
sie selbst gearbeitet, denn Kilikien war reich an Eisen, Benndorf vermutet,
daß er als Eisenarbeiter von Kilikien nach Phaselis gewandert ist und dort als
Raubritter sein Glück gemacht hat.

95. Strab. p. 671.

Κατὰ δὲ τὰς ἀκρωρείας τοῦ Ταύρου τὸ Ζηνικέτου πειρατήριόν ἐστιν ὁ Ὄλυμπος ὄρος
τε καὶ φρούριον ὁμώνυμον, ἀφ'οὗ κατοπτεύεται πᾶσα Λυκία καὶ Παμφυλία καὶ Πισιδία
καὶ Μιλυάς. ἁλόντος δὲ τοῦ ὄρους [ὑπὸ] τοῦ Ἰσαυρικοῦ, ἐνέπρησεν ἑαυτὸν πανοίκιον.
τούτου δ'ἦν καὶ ὁ Κώρυκος καὶ ἡ Φάσηλις καὶ πολλὰ τῶν Παμφύλων χωρία· πάντα
δ'εἷλεν ὁ Ἰσαυρικός. Vgl. Sallust. fragm. hist. I 130 Maur. Lyciae Pisidiaeque
agros despectantem.

96. Inschriften von Xanthos bei Benndorf, Festschrift für O. Hirschfeld 76ff.
Tit. As. min. II 1, 265 (fehlen bei Ormerod)

Αἴχμων Ἀπολλοδότου Σαρπηδόνιος | ναυαρχήσας κατὰ πόλεμον ἐκ πάντων
Λυκίων | καὶ καταναυμαχήσας περὶ Χελιδονίας τοὺς ὑπεναντίους | καὶ ἀποβὰς εἰς τὴν
χώραν αὐτῶν καὶ καταφϑείρας | καὶ τρὶς παραταξάμενος | καὶ νικήσας πάσαις ταῖς
μάχαις | Σαρπηδόνι καὶ Γλαύκωι ἥρωσι χαριστήριον.

264. Αἴχμων —— —— αἱρεϑεὶς ὑπὸ | Λυκίων ἐπὶ τοῦ συναχϑέντος στρατοπέδου |
καὶ ἐπὶ τῶν τὰ ἐναντία πραξάντων τῷ ἔϑνει | —— καταγωνισάμενος τοὺς ὑπεναν-
τί[ο]υς Ἄρη χαριστήριον.

319. οἱ στρατευσάμενοι | κατὰ πόλεμον ἐν τῷ | ναυτικῷ Αἴχμονι Ἀπολλοδότου |
Ξανϑίων ναυάρχωι | Λυκίων ἥρωιον.

97. Vell. Pat. II 31 idem hoc, ante septennium, in M. Antonii praetura decretum
erat. Lact. Div. Inst. I 11, 32 de Neptuni sorte manifestum est: cuius regnum tale
fuisse dicimus, quale Marci Antoni fuit infinitum illud imperium, cui totius orae

maritimae potestatem senatus decreverat, ut praedones persequeretur ac mare omne pacaret.

98. IG IV 1146, 25

ἐπιτάξαντός τε ταῖ πόλει ἁμ ῶν Γαίου Γαλλίου σῖτον καὶ Κοίντου ᾽Αγχαρίου ἱμάτια κατὰ τὸ ἐπιβάλλον ταῖ πόλει ἁμ ῶν. — — (also nach einer Umlage für die griechischen Städte).

99. Appian Mithrid. 63

ἐπέπλει δ᾽αὐτὴν καὶ λῃστήρια πολύανδρα φανερῶς, στόλοις ἐοικότα μᾶλλον ἢ λῃσταῖς, Μιθριδάτου μὲν αὐτὰ πρώτου καθέντος ἐς τὴν θάλασσαν, ὅτε πάνθ᾽ ὡς οὐκ ἐς πολὺ καθέξων ἐλυμαίνετο, πλεονάσαντα δ᾽ἐς τότε μάλιστα, καὶ οὐ τοῖς πλέουσι μόνοις ἀλλὰ καὶ λιμέσι καὶ χωρίοις καὶ πόλεσιν ἐπιχειροῦντα φανερῶς. ᾽Ιασσός γέ τοι καὶ Σάμος καὶ Κλαζομεναὶ καὶ Σαμοθράκη Σύλλα παρόντος ἐλήφθησαν, καὶ τὸ ἱερὸν ἐσυλήθη τὸ Σαμοθράκιον χιλίων ταλάντων κόσμον, ὡς ἐνομίζετο.

92 Μιθριδάτης ὅτε πρῶτον ῾Ρωμαίοις ἐπολέμει καὶ τῆς ᾽Ασίας ἐκράτει, Σύλλα περὶ τὴν ῾Ελλάδα πονουμένου, ἡγούμενος οὐκ ἐς πολὺ καθέξειν τῆς ᾽Ασίας, τά τε ἄλλα, ὥς μοι προείρηται (vgl. c. 63), πάντα ἐλυμαίνετο, καὶ ἐς τὴν θάλασσαν πειρατὰς καθ ῆκεν, οἳ τὸ μὲν πρῶτον ὀλίγοις σκάφεσι καὶ μικροῖς οἷα λῃσταὶ περιπλέοντες ἐλύπουν, ὡς δὲ ὁ πόλεμος ἐμηκύνετο, πλέονες ἐγίγνοντο καὶ ναυσὶ μεγάλαις ἐπέπλεον. γευσάμενοι δὲ κερδῶν μεγάλων, οὐδ᾽ἡττωμένου καὶ σπενδομένου τοῦ Μιθριδάτου καὶ ἀναχωροῦντος ἔτι ἐπαύοντο· οἱ γὰρ βίου καὶ πατρίδων διὰ τὸν πόλεμον ἀφῃρημένοι, καὶ ἐς ἀπορίαν ἐμπεσόντες ἀθρόαν, ἀντὶ (p. 532) τῆς γῆς ἐκαρποῦντο τὴν θάλασσαν, μυοπάρωσι πρῶτον καὶ ἡμιολίαις, εἶτα δικρότοις καὶ τριήρεσι κατὰ μέρη περιπλέοντες, ἡγουμένων λῃστάρχων οἷα πολέμου στρατηγ ῶν. ἔς τε ἀτειχίστους πόλεις ἐμπίπτοντες, καὶ ἑτέρων τὰ τείχη διορύττοντες ἢ κόπτοντες ἢ πολιορκίᾳ λαμβάνοντες, ἐσύλων· καὶ τοὺς ἄνδρας, οἷς τι πλέον εἴη, ἐς ναυλοχίαν ἐπὶ λύτροις ἀπῆγον. καὶ τάδε τὰ λήμματα, ἀδοξοῦντες ἤδη τὸ τῶν λῃστῶν ὄνομα, μισθοὺς ἐκάλουν στρατιωτικούς. χειροτέχνας τε εἶχον ἐπ᾽ἔργοις δεδεμένους, καὶ ὕλην ξύλου καὶ χαλκοῦ καὶ σιδήρου συμφέροντες οὔποτε ἐπαύοντο· ἐπαιρόμενοι γὰρ ὑπὸ τοῦ κέρδους, καὶ τὸ λῃστεύειν οὐκ ἐγνωκότες ἔτι μεθεῖναι, βασιλεῦσι δ᾽ἤδη καὶ τυράννοις ἢ στρατοπέδοις μεγάλοις ἑαυτοὺς ὁμοιοῦντες, καὶ νομίζοντες, ὅτε συνέλθοιεν ἐς τὸ αὐτὸ πάντες, ἄμαχοι γενήσεσθαι, ναῦς τε καὶ ὅπλα πάντα ἐτεκταίνοντο, μάλιστα περὶ τὴν τραχεῖαν λεγομένην Κιλικίαν, ἣν κοινὸν σφῶν ὕφορμον ἢ στρατόπεδον ἐτίθεντο εἶναι, φρούρια μὲν καὶ ἄκρας καὶ νήσους ἐρήμους καὶ ναυλοχίας ἔχοντες πολλαχοῦ, κυριωτάτας δὲ ἀφέσεις ἡγούμενοι τὰς περὶ τήνδε τὴν Κιλικίαν.

100. Plut. Pompeius 24

Ἡ γὰρ πειρατικὴ δύναμις ὡρμήθη μὲν ἐκ Κιλικίας τὸ πρῶτον, ἀρχὴν παράβολον λαβοῦσα καὶ λανθάνουσαν, φρόνημα δὲ καὶ τόλμαν ἔσχεν ἐν τῷ Μιθριδατικῷ πολέμῳ,
2 χρήσασα ταῖς βασιλικαῖς ὑπηρεσίαις ἑαυτήν. Εἶτα ῾Ρωμαίων ἐν τοῖς ἐμφυλίοις πολέμοις περὶ θύρας τῆς ῾Ρώμης συμπεσόντων ἀλλήλοις, ἔρημος οὖσα φρουρᾶς ἡ θάλασσα κατὰ μικρὸν αὐτοὺς ἐφείλκετο καὶ προῆγεν, οὐκέτι τοῖς πλέουσιν μόνον ἐπιτιθεμένους, ἀλλὰ
3 καὶ νήσους καὶ πόλεις παραλίους ἐκκόπτοντας. Ἤδη δὲ καὶ χρήμασι δυνατοὶ καὶ γένεσι λαμπροὶ καὶ τῷ φρονεῖν ἀξιούμενοι διαφέρειν ἄνδρες ἐνέβαινον εἰς τὰ λῃστρικὰ
4 καὶ μετεῖχον, ὡς καὶ δόξαν τινὰ καὶ φιλοτιμίαν τοῦ ἔργου φέροντος. Ἦν δὲ καὶ ναύσταθμα πολλαχόθι πειρατικὰ καὶ φρυκτώρια τετειχισμένα, καὶ στόλοι προσέπιπτον οὐ πληρωμάτων μόνον εὐανδρίαις οὐδὲ τέχναις κυβερνητῶν οὐδὲ τάχεσι νεῶν καὶ

κουφότησιν ἐξησκημένοι πρὸς τὸ οἰκεῖον ἔργον, ἀλλὰ τοῦ φοβεροῦ μᾶλλον αὐτῶν τὸ ἐπίφθονον ἐλύπει καὶ ὑπερήφανον, στυλίσι χρυσαῖς καὶ παραπετάσμασιν ἀλουργοῖς καὶ πλάταις ἐπαργύροις ὥσπερ ἐντρυφώντων τῷ κακουργεῖν καὶ καλλωπιζομένων. Αὐλοὶ δὲ καὶ ψαλμοὶ καὶ μέθαι παρὰ πᾶσαν ἀκτήν, καὶ σωμάτων ἡγεμονικῶν ἁρπαγαί, 5 καὶ πόλεων αἰχμαλώτων ἀπολυτρώσεις ὄνειδος ἦσαν τῆς Ῥωμαίων ἡγεμονίας. Ἐγένοντο δ'οὖν αἱ μὲν λῃστρίδες νῆες ὑπὲρ χιλίας, αἱ δὲ ἁλοῦσαι πόλεις ὑπ'αὐτῶν 6 τετρακόσιαι. Τῶν δὲ ἀσύλων καὶ ἀβάτων πρότερον ἱερῶν ἐξέκοψαν ἐπιόντες τὸ Κλάριον, τὸ Διδυμαῖον, τὸ Σαμοθράκιον, τὸν ἐν Ἑρμιόνῃ τῆς Χθονίας νεὼν καὶ τὸν ἐν Ἐπιδαύρῳ τοῦ Ἀσκληπιοῦ, καὶ τὸν Ἰσθμοῖ καὶ Ταινάρῳ καὶ Καλαυρίᾳ τοῦ Ποσειδῶνος, τοῦ δ' Ἀπόλλωνος τὸν ἐν Ἀκτίῳ καὶ Λευκάδι, τῆς δ' Ἥρας τὸν ἐν Σάμῳ, τὸν ἐν Ἄργει, τὸν ἐπὶ Λακινίῳ. Ξένας δὲ θυσίας ἔθυον αὐτοὶ τὰς ἐν Ὀλύμπῳ, 7 καὶ τελετάς τινας ἀπορρήτους ἐτέλουν, ὧν ἡ τοῦ Μίθρου καὶ μέχρι δεῦρο διασώζεται καταδειχθεῖσα πρῶτον ὑπ' ἐκείνων.

6. Κλάριον vgl. Picard, Ephèse et Claros. 1922, 305, 655 — Διδυμαῖον cf. Haussouillier, Milet-Didymes 249f. — Hermione vgl. Blümner Pausan. I 648. — 7. Dies geht auf den Olympos, wo Zeniketes hauste, ebenso der Mithraskult, so Benndorf Festschr. f. O. Hirschfeld.

100a Strabon p. 759

Ἰόπη .... καὶ ἐπινείῳ τούτῳ κέχρηνται καταβάντες μέχρι θαλάσσης οἱ Ἰουδαῖοι· τὰ δὲ ἐπίνεια τῶν λῃστῶν λῃστήρια δῆλον ὅτι ἐστίν. Daraus erklärt sich Diodor frg. 40, 2, wo gelegentlich des Zankes der Makkabäer vor Pompeius gesagt wird: περὶ δὲ τῆς παρανομίας τῶν Ἰουδαίων καὶ τῶν εἰς Ῥωμαίους ἀδικημάτων πικρῶς ἐπιτιμήσας τοῖς περὶ τὸν Ὑρκανόν. Da bisher noch kein Zusammenstoß zwischen Römern und Juden erfolgt war, müssen die ἀδικήματα eben Seeraub gewesen sein. (H. Willrich). Vgl. Joseph. Antiq. XIV, 43: τάς τε καταδρομὰς τὰς ἐπὶ τοὺς ὁμόρους καὶ τὰ πειρατήρια τὰ ἐν τῇ θαλάττῃ τοῦτον εἶναι τὸν συστήσαντα διέβαλεν. Justin 40, 2, 5 — — ne rursus Syriam Judaeorum et Arabum latrociniis infestam reddat.

101. Dio Cass. 36, 20

οἱ καταποντισταὶ ἐλύπουν μὲν ἀεὶ τοὺς πλέοντας — — τότε δέ, ἐξ οὗ πολλαχῇ τε ἅμα καὶ συνεχῶς ἐπολεμήθη, καὶ πολλαὶ μὲν αἱ πόλεις ἀνάστατοι ἐγένοντο, πᾶσι δὲ καὶ τοῖς διαφεύγουσιν αὐτῶν αἱ τιμωρίαι ἐπηρτῶντο καὶ ἀδεὲς οὐδενὶ οὐδὲν ἦν, πάμπολλοι πρὸς λῃστείαν ἐτράποντο. — — τὰ δὲ ἐν τῇ θαλάσσῃ (λῃστήρια) ἐπὶ πλεῖστον ἐπηυξήθη. τῶν γὰρ Ῥωμαίων πρὸς τοὺς ἀντιπολεμίους ἀσχολίαν ἀγόντων ἐπὶ πολὺ ἤκμασαν, πολλαχόσε τε περιπλέοντες καὶ πάντας τοὺς ὁμοίους σφίσι προστιθέμενοι, ὥστε τινὰς αὐτῶν καὶ ἐν συμμαχίας λόγῳ συχνοῖς ἐπικουρῆσαι [21]. καὶ εἴρηται μὲν ὅσα μετὰ τῶν ἄλλων ἔπραξαν· ἐπεὶ δ'οὖν καὶ ἐκεῖνα διελύθη, οὐκ ἐπαύσαντο, ἀλλ' αὐτοὶ καθ' ἑαυτοὺς πολλὰ καὶ δεινὰ τούς τε Ῥωμαίους καὶ τοὺς συμμάχους σφῶν ἐκακούργησαν. οὔτε γὰρ κατ' ὀλίγους ἔτι ἀλλὰ στόλοις μεγάλοις ἔπλεον, καὶ στρατηγοὺς εἶχον, ὥστε καὶ ὄνομα αὐτοὺς μέγα κεκτῆσθαι.

(2) ἦγον δὲ καὶ ἔφερον πρώτους μὲν καὶ μάλιστα τοὺς πλέοντας. — — ἔπειτα καὶ τοὺς ἐν τοῖς λιμέσιν ὄντας. (3) καὶ γὰρ εἴ τις ἀντανάχθῆναί σφισιν ἐτόλμησε, μάλιστα μὲν ἡττηθεὶς ἀπώλετο, εἰ δὲ καὶ ἐνίκησεν, ἀλλ' ἑλεῖν γε αὐτῶν οὐδένα ὑπὸ τοῦ ταχυναυτεῖν σφας ἐδύνατο, καὶ οὕτως ὑποστρέφοντες διὰ βραχέος ὡς καὶ κεκρατηκότες τὰ μὲν ἔτεμνον καὶ κατεπίμπρων, οὐχ ὅτι χωρία καὶ ἀγροὺς ἀλλὰ καὶ πόλεις ὅλας,

τὰ δὲ καὶ ᾠκειοῦντο, ὥστε καὶ χειμάδια καὶ ὁρμητήρια καθάπερ ἐν φιλίᾳ γῇ ποιεῖσθαι [22]. προχωροῦντων δὲ αὐτοῖς τούτων καὶ ἐς τὴν ἤπειρον ἀνέβαινον, καὶ πολλὰ καὶ ἐκείνους τοὺς μηδὲ χρωμένους τῇ θαλάσσῃ ἐλύπουν. — —

(4) καὶ ἐλῄστευον μὲν ἄλλοι ἄλλοθι (οὐ γάρ που ἐν πάσῃ ἅμα τῇ θαλάσσῃ οἱ αὐτοὶ κακουργεῖν ἐδύναντο), τοσαύτῃ μέντοι φιλίᾳ πρὸς ἀλλήλους ἐχρῶντο ὥστε σφᾶς καὶ χρήματα καὶ ἐπικουρίας καὶ τοῖς πάνυ ἀγνῶσιν ὡς καὶ οἰκειοτάτοις πέμπειν. καὶ διὰ τοῦτό γε οὐχ ἥκιστα ἴσχυσαν, ὅτι τούς τε θεραπεύοντάς τινας αὐτῶν πάντες ἐτίμων καὶ τοὺς προσκρούσαντάς τισι πάντες ἐλεηλάτουν. — —

[23] οἱ δὲ δὴ Ῥωμαῖοι ἤκουον μέν που αὐτά, καί τινα καὶ ἑώρων (οὔτε γὰρ ἄλλο τι τῶν ἐπακτῶν ἐφοίτα σφίσι, καὶ ἡ σιτοπομπία παντελῶς ἀπεκέκλειτο), οὐ μέντοι καὶ μεγάλην, ὅτε γε ἐχρῆν, φροντίδα αὐτῶν ἐποιήσαντο, ἀλλ' ἐξέπεμπον μὲν καὶ ναυτικὰ καὶ στρατηγούς, ὥς που καθ' ἕκαστον τῶν προσαγγελλομένων ἐκινοῦντο, ἔπραττον δ' οὐδέν, ἀλλὰ καὶ πολὺ πλείω τοὺς συμμάχους δι' αὐτῶν ἐκείνων ἐταλαιπώρουν, μέχρις οὗ ἐν παντὶ ἐγένοντο.

102. Florus I 41. Interim cum populus Romanus per diversa terrarum districtus est, Cilices invaserant maria sublatisque commerciis, rupto foedere generis humani, sic maria bello quasi tempestate praecluserant. audaciam perditis furiosisque latronibus dabat inquieta Mithridaticis proeliis Asia, dum sub alieni belli tumultu exterique regis invidia inpune grassantur. ac primum duce Isidoro contenti proximo mari Cretam inter adque Cyrenas et Achaiam sinumque Maleum, quod ab spoliis aureum ipsi vocavere, latrocinabantur. missusque in eos Publius Servilius, quamvis leves et fugaces myoparonas gravi et Martia classe turbaret, non incruenta victoria superat. sed nec mari summovisse contentus, validissimas urbes eorum et diutina praeda abundantes, Phaselim et Olympum evertit Isaurosque ipsam arcem Ciliciae, unde conscius sibi magni laboris Isaurici cognomen adamavit. non ideo tamen tot cladibus domiti terra se continere potuerunt; sed ut quaedam animalia, quibus aquam terramque incolendi gemina natura est, sub ipso hostis recessu inpatientes soli in aquas suas resiluerunt, et aliquanto latius quam prius Siciliae quoque litora et Campaniam nostram subito adventu terrere voluerunt. sic Cilix dignus victoria Pompei visus est et Mithridaticae provinciae factus accessio.

Z. 2 sublatis commerciis vgl. Plut. Pomp. 25 ἐπενείματο δὲ ἡ δύναμις αὕτη πᾶσαν ὁμοῦ τε τὴν καθ' ἡμᾶς θάλασσαν, ὥστε ἄπλουν καὶ ἄβατον ἐμπορίᾳ πάσῃ γενέσθαι.

Z. 6. Derselbe Isidoros, wohl bei Tenedos gefallen, vgl. Plut. Luc. 12 εὐθὺς ἀναχθεὶς (Lucullus) τούτους μὲν εἷλε καὶ τὸν στρατηγὸν αὐτῶν (d. h. der βασιλικοὶ) Ἰσίδωρον ἀπέκτεινεν.

103. Athenion. Dio Cass. fr. 93 (fehlt bei Ormerod) (vgl. App. Mithrid. 59) ὅτι οἱ Μεσσήνιοι νομίσαντες μηδὲν δεινὸν πείσεσθαι, πάντα τὰ πλείστου ἄξια καὶ τιμιώτατα ἐκεῖσε ὑπεξέθεντο. μαθὼν δὲ τοῦτο Ἀθηνίων, ὅσπερ που τὸ μέγιστον κράτος τῶν λῃστευόντων Κίλιξ ὢν εἶχεν, ἐπέθετο αὐτοῖς δημοτελῆ τινα ἑορτὴν ἐν τῷ προαστείῳ ἄγουσι, καὶ ἐκείνων τε πολλοὺς σκεδασθέντας ἀπέκτεινεν καὶ τὴν πόλιν ὀλίγου κατὰ κράτος εἷλεν. χωρίον δέ τι Μάκελλαν εὐερκὲς τειχισάμενος ἰσχυρῶς τὴν γῆν ἐκακούργει. κατελοιδόρουν αὐτὸν (Φιμβρίαν) καὶ Ἀθηνόδωρον ἐκάλουν, ὃς δραπετῶν τῶν ἐν Σικελίᾳ ποτὲ ἀποστάντων ὀλιγήμερος ἐγεγένητο βασιλεύς.

103a. Kreta Strab. p. 477

(Δορύλαος ἀνὴρ τακτικὸς) διὰ τὴν ἐν τοῖς πολεμικοῖς ἐμπειρίαν ξενολογεῖν ἀποδειχθεὶς πολὺς ἦν ἔν τε τῇ Ἑλλάδι καὶ τῇ Θράκῃ, πολὺς δὲ καὶ τοῖς παρὰ τῆς Κρήτης ἰοῦσιν, οὔπω τὴν νῆσον ἐχόντων Ῥωμαίων, συχνὸν δὲ ὄντος ἐν αὐτῇ τοῦ μισθοφορικοῦ καὶ στρατιωτικοῦ πλήθους, ἐξ οὗ καὶ τὰ ληστήρια πληροῦσθαι συνέβαινεν.

104. Sertorius. Plut. Sert. 7

.. αὖθις εἰς Ἰβηρίαν ἀπέπλει καὶ ταύτης μὲν ἀποκρούεται, Κιλισσῶν δὲ ληστρίδων αὐτῷ προσγενομένων Πιτυούσσῃ νήσῳ προσέβαλε καὶ ἀπέβη vgl. 9, 1 αἰσθόμενοι δὲ οἱ Κίλικες οὐθὲν εἰρήνης δεόμενοι καὶ σχολῆς ἀλλὰ πλούτου καὶ λαφύρων εἰς Λιβύην ἀπέπλευσαν, Ἀσκαλιν τὸν Ἴφθα κατάξοντες ἐπὶ τὴν Μαυρουσίων βασιλείαν.

105. Spartacus. Plut. Crass. 10

ἐν δὲ πορθμῷ ληστρίσι Κιλίσσαις ἐπιτυχὼν ὥρμησεν ἄψασθαι Σικελίας καὶ δισχιλίους ἄνδρας ἐμβαλὼν εἰς τὴν νῆσον.. ὁμολογήσαντες δὲ οἱ Κίλικες αὐτῷ καὶ δῶρα λαβόντες ἐξηπάτησαν καὶ ἀπέπλευσαν.

106. Seleukos. App. Mithrid. 78

αὐτὸς δὲ ῥηγνυμένης τῆς στρατηγίδος ἐς ληστῶν σκάφος, ἀπαγορευόντων τῶν φίλων, ὅμως ἐνέβη· καὶ ἐς Σινώπην αὐτὸν οἱ λῃσταὶ διέσωσαν. Plut. Luc. 13 αὐτὸς δὲ... μετεμβὰς εἰς ληστρικὸν μυοπάρωνα καὶ τὸ σῶμα πειραταῖς ἐγχειρίσας. εἰς τὴν Ποντικὴν Ἡράκλειαν ἐξεσώθη. Oros. VI 2, 24 in myoparonem Seleuci piratae.

107. Sinope Plut. Luc. 23

παρῆλθεν αὖθις εἰς Πόντον καὶ τοὺς στρατιώτας ἀναλαβὼν ἐπολιόρκει Σινώπην, μᾶλλον δὲ τοὺς κατέχοντας αὐτὴν βασιλικοὺς Κίλικας, οἱ πολλοὺς μὲν ἀνελόντες τῶν Σινωπέων, τὴν δὲ πόλιν ἐμπρήσαντες διὰ νυκτὸς ἔφυγον... καὶ τοὺς ἐκπλέοντας τῶν Κιλίκων διώκων ὁρᾷ παρὰ τὸν αἰγιαλὸν ἀνδριάντα κείμενον, ὃν ἐκκομίζοντες οἱ Κίλικες οὐκ ἔφθησαν ἐμβαλέσθαι, τὸ δ'ἔργον ἦν Σθένιδος τῶν καλῶν. Dazu den Bericht des Memnon F. H. Gr. III cap. 53.

108. Olbia. Aus Bull. commiss. archéol. XVIII 96, n. 2 wiederholt von Minns Scyth. and Greeks 643 n. 9 Dekret für Kapitän ... Φιλοκράτο[υ] Ἀμισηνὸς κυβερ- | [νήτης ὢν, der nach Sinope durchdrang, vgl. Z 4.

[πρότερόν τε χο] ρήγια [β] ασι [λικὰ τοῖς μεθηδρασ]- | [μένοις ὑπὸ τοῦ βασιλέως Μ] ιθραδάτου Εὐπάτορος Ἀρμε- | [νίοις κομίσαι πλέων κ]ατὰ Σινώπης ἐφιλοτειμήθη | und zweitens Gesandte glücklich beförderte trotz stürmischer See, vgl. Z. 12f. καὶ ἀνα- | [χθεὶς εἰς θάλασσαν παντοδ]απῶν πνευμάτων καὶ ἐναν- | [τίον πνεόντων, ἐφιλοτιμήθ]η ἐνπελαγίζων κρατῆσαι | ¹⁵ [καὶ ἔσωσε τοὺς πλέοντας εὔνο] υς ὑπάρχων,

109. Kilikier auf Kreta. Dio Cass. XXXVI 1

καὶ μετὰ τοῦτο Λάππαν, καίτοι τοῦ Ὀκταουίου αὐτὴν κατέχοντος, ἐκ προσβολῆς εἷλε, καὶ ἐκεῖνον μὲν οὐδὲν κακὸν εἰργάσατο, τοὺς δὲ δὴ Κίλικας τοὺς σὺν αὐτῷ ὄντας ἔφθειρεν.

110. Athenodoros Phlegon, F. H. Gr. III p. 605

Ἀθηνόδωρος πειρατὴς ἐξανδραποδισάμενος Δηλίους τὰ τῶν λεγομένων θεῶν ξόανα διελυμήνατο. Γάϊος δὲ Τριάριος τὰ λελωβημένα τῆς πόλεως ἐπισκευάσας ἐτείχισε τὴν Δῆλον vgl. Roussel, Délos col. Ath. 331.

111. Syros. XII 5, 653, 9.

πρότερόν τε ἀνγελίας γενηθείσης διότι || ¹⁰ κακοῦργα πλοῖα καὶ πλείονα ἐπιβάλλειν ἡμῶν ἤμελλεν ἐπὶ τὴν χώ|ραν καὶ τὴν πόλιν κατὰ ῥύσιον, καὶ ταραχῆς μείζονος

8*

γινομέ|νης κατὰ τὴν πόλιν ἃ καὶ ἀπηγγέλη προσωρμικέναι πρὸς τὴν | Σιφνίων χώραν,
— — 25 ὁμοίως δὲ ἀφαρπαγέντων καὶ οἰκετι|κῶν σωμάτων ὑπὸ πειρατῶν παρὰ
Σωσίλου τοῦ Ξενοπείθου. | Νουμηνίου καὶ Βότρυος ἀπὸ τῆς καλουμένης 'Εσχατιᾶς
συν|έβη κατᾶραι ἐπὶ ἐπικειμένην ἀπέναντι νῆσον τῆς | χώρας τῆς Σιφνίων ἕνα δὲ
αὐτῶν Νουμήνιον διακολυν- || 30 βήσαντα ἀπὸ τῶν πειρατῶν 'Ονήσανδρος ὑπεδέξατο,
πυθό|μενος ὅτι ἔστω ἐξύρου, καὶ ἔθρεψεν ἐκ τῶν ἰδίων χρόνον | καὶ πλείονα, καὶ
ἀνφιέσας ἐξαπέστειλεν εἰς τὴν ἡμετέραν | πόλιν τοῖς ἰδίοις δαπανήμασιν — —
    112. Ilion: Dörpfeld (Brückner), Troja und Ilion II 472 n. 72 = IG Rom IV
219. Ehrenbasis für T. Valerius Proclus, φροντιστὴς Δρούσου Καίσα||ρος (Pros.
Imp. Rom. III 376, 120) — — καθελόντα τὰ ἐν 'Ελ|λησπόντῳ ληστήρια καὶ |
ἐν ἅπασιν ἀνεπιβάρητον | φυλάξαντα τὴν πόλιν.
    113. Tenos. XII, 5, 860, 7 ὅ τε πατὴρ αὐτοῦ, καθ᾽ ὃν καιρὸν ἐπιγενόμενος ὁ |
κοινὸς πόλεμος καὶ συνεχεῖς πειρατῶν ἐπίπλοι τὴν νῆσον οὐ- | χ ὡς ἔτυχεν συνηνάγ-
κασαν ὑπὸ τῶν δανείων ἐπιβαρηθῆ-|ναι, damals, d. h. in den Jahren 88/4
v. Chr. hatte der Vater des L. Aufidius L. f. Bassus, μόνος καὶ πρῶτος τῶν
συνηλ[λ]αχότων (Z. 10), also entgegenkommender als andere, die mit der Stadt
Anleihen abschlossen, ihr einen Kredit nach Bedarf eingeräumt, χρημάτων
πλῆθος, ὅσον προηρούμεθα, προθυμότατα ἔδωκεν ἐξ ἑτοίμου τόκων πολὺ κου-
φοτέρων παρὰ τοὺς [ὑ]πάρχοντας τότε.   Um welche Summen es sich dabei
handelte, erfahren wir (Z. 20f.), als der Sohn längere Zeit später zunächst zwei
Schuldverschreibungen, welche er vom Vater übernommen hatte, δύο συγγραφὰς
καταλελειμμένας ὑπὸ τοῦ πατρὸς αὐτῶι κατὰ τῆς πόλεως ἐκ τῶν τόκων, die eine
über 11 000 Dr., die zweite über 19 500 Dr., auf Antrag der Stadt, ohne
Zahlung zu empfangen, ἐλοιπογράφησεν χωρὶς ἀργυρίου κομιδῆς (Z. 23), d. h. für
erledigt erklärte, weiter für andere Darlehen Zinserleichterung und Termin-
verlängerungen bewilligte vgl. Bursian, Jahresber. 213, 1927 III 30.
    114. App. Mithr. 94
βασιλεῦσί τε καὶ δυνάσταις καὶ ἔθνεσι καὶ πόλεσι πάσαις ἐπέστελλον ἐς πάντα
συλλαμβάνειν τῷ Πομπηίῳ.
    115. App. Mithr. 95
ὧδε μὲν αὐτῷ διετετάχατο οἱ στρατηγοὶ ἐπιχειρεῖν τε καὶ ἀμύνεσθαι, καὶ φυλάσσειν
τὰ τεταγμένα, καὶ τοὺς παρ᾽ ἀλλήλων ἐκφεύγοντας ὑπολαμβάνειν, ἵνα μὴ διώκοντες
ἀφίσταιντο μακράν, μηδὲ ὡς ἐν δρόμῳ περιφέροιντο, καὶ χρόνιον εἴη τὸ ἔργον. αὐτὸς
δ᾽ ἅπαντας ἐπέπλει.
    116. Plut. Pomp. 26
διελὼν τὰ πελάγη καὶ τὸ διάστημα τῆς ἐντὸς θαλάσσης εἰς μέρη τρισκαίδεκα, καὶ
νεῶν ἀριθμὸν ἐφ᾽ ἑκάστῳ καὶ ἄρχοντα τάξας, ἅμα πανταχοῦ τῇ δυνάμει σκεδασθείσῃ
τὰ μὲν ἐμπίπτοντα τῶν πειρατικῶν ἀθρόα περιλαμβάνων, εὐθὺς ἐξεθηρᾶτο καὶ κατῆγεν·
οἱ δὲ φθάσαντες διαλυθῆναι καὶ διεκπεσόντες ὥσπερ εἰς σμῆνος ἐδύοντο πανταχόθεν
καταφερόμενοι τὴν Κιλικίαν...
    117. App. Mithr. 96
τὸ γὰρ κλέος αὐτοῦ καὶ τὴν παρασκευὴν οἱ λῃσταὶ καταπλαγέντες, καὶ ἐλπίσαντες,
εἰ μὴ διὰ μάχης ἔλθοιεν, τεύξεσθαι φιλανθρώπου, πρῶτοι μὲν οἱ Κράγον καὶ 'Αντίκρα-
γον εἶχον, φρούρια μέγιστα, μετὰ δ᾽ ἐκείνους οἱ ὄρειοι Κίλικες καὶ ἐφεξῆς ἅπαντες
ἑαυτοὺς ἐνεχείρισαν.

118. Plut. Pomp. 28

..τὰς δὲ ναῦς πληρώσαντες αὐτοὶ περὶ τὸ Κορακήσιον τῆς Κιλικίας ἐπιπλέοντα τὸν Πομπήϊον ἐδέξαντο, καὶ μάχης γενομένης νικηθέντες, ἐπολιορκοῦντο· τέλος δὲ πέμψαντες ἱκετηρίας παρέδωκαν ἑαυτοὺς καὶ πόλεις καὶ νήσους ὧν ἐπεκράτουν ἐντειχισάμενοι, χαλεπὰς βιασθῆναι καὶ δυσπροσπελάστους. κατελύθη μὲν οὖν ὁ πόλεμος καὶ τὰ πανταχοῦ λῃστήρια τῆς θαλάσσης ἐξέπεσεν οὐκ ἐν πλείονι χρόνῳ τριῶν μηνῶν...

119. Strab. p. 665

ὕστερον δὲ Πομπηίου τοῦ Μάγνου, πλείω τῶν χιλίων καὶ τριακοσίων σκαφῶν ἐμπρήσαντος, τὰς δὲ κατοικίας ἐκκόψαντος, τῶν δὲ περιγενομένων ἀνθρώπων ἐν ταῖς μάχαις (sic!) τοὺς μὲν καταγαγόντος εἰς Σόλους, ἣν ἐκεῖνος Πομπηιόπολιν (ähnlich Strab. p. 671) ὠνόμασε, τοὺς δ'εἰς Δύμην λειπανδρήσασαν ἣν νυνὶ Ῥωμαίων ἀποικία νέμεται. App. Mithr. 96 τοὺς δὲ πειρατὰς — — ἐς Μαλλὸν καὶ Ἄδανα καὶ Ἐπιφάνειαν ἢ εἴ τι ἄλλο πόλισμα ἔρημον ἢ ὀλιγάνθρωπον ἦν τῆσδε τῆς τραχείας Κιλικίας, συνῴκιζε· τοὺς δέ τινας αὐτῶν καὶ ἐς Δύμην τῆς Ἀχαΐας ἐξέπεμπεν. Plut. Pomp. 28 ἐνίους — — αἱ μικραὶ καὶ ὑπέρημοι τῶν Κιλίκων πόλεις ἐδέξαντο καὶ κατέμιξαν ἑαυταῖς χώραν προσλαβοῦσαι, τὴν δὲ Σολίων ἠρεμωμένην ἔναγχος ὑπὸ Τιγράνου.

120. Perdrizet, Comment finit Chaleion. R. Ét. Gr. 10, 1897, 21. Ehrendekret der Stadt (Oiantheia?) für C. Pompeius Magnus, weil er die Götter der umgesiedelten Stadt Chaleion nach dort gebracht und für die altüberlieferten Opfer gesorgt hat, was Perdrizet mit großer Wahrscheinlichkeit auf die Seeräuberansiedlungspolitik des Pompeius bezog. Der Text verdient durchaus eine Bearbeitung.

Anhang II.

Quellenstellen zur griechischen Handelsgeschichte.

1. Attisches Ausfuhrgesetz. Plut. Sol. 24

τῶν δὲ γινομένων διάθεσιν πρὸς ξένους ἐλαίου μόνον ἔδωκε, ἄλλα δ'ἐξάγειν ἐκώλυσε καὶ κατὰ τῶν ἐξαγόντων ἀρὰς τὸν ἄρχοντα ποιεῖσθαι προσέταξεν ἢ ἐκτίνειν αὐτὸν ἑκατὸν δραχμὰς εἰς τὸ δημόσιον. καὶ πρῶτος ἄξων ἐστὶν ὁ τοῦτον περιέχων τὸν νόμον. Οὐκ ἂν οὖν τις ἡγήσαιτο παντελῶς ἀπιθάνους τοὺς λέγοντας, ὅτι καὶ σύκων ἐξαγωγὴν τὸ παλαιὸν ἀπείρητο καὶ τὸ φαίνειν ἐνδεικνύμενον τοὺς ἐξάγοντας κληθῆναι συκοφαντεῖν. Vgl. C. Sondhaus, De Solonis legibus. Diss. Jena 1909, 31. — Vgl. dazu Solons Fürsorge für die Kultur des Ölbaums und das alte Gesetz zu seinem Schutze. Plut. Sol. 23.

2. Ἐμπορικοὶ νόμοι.

a) οἱ νόμοι κελεύουσιν 1. τὰς δίκας εἶναι τοῖς ναυκλήροις καὶ τοῖς ἐμπόροις τῶν Ἀθήναζε καὶ τῶν Ἀθήνηθεν συμβολαίων, 2. καὶ περὶ ὧν ἂν ὦσι συγγραφαί, 3. ἐὰν δέ τις παρὰ ταῦτα δικάζηται, μὴ εἰσαγώγιμον εἶναι τὴν δίκην Dem. 32 (gegen Zenothemis), 1.

Auf dasselbe Gesetz bezieht sich:

οἱ νόμοι — — — ὑπὲρ τῶν μὴ γενομένων ὅλως συμβολαίων Ἀθήνησι μηδ' εἰς τὸ Ἀθηναίων ἐμπόριον παραγράφεσθαι δεδώκασι Dem. 34, (g. Phormion) 4.

b) ὁ νόμος — — κελεύων τὰς δίκας εἶναι τὰς ἐμπορικὰς τῶν συμβολαίων τῶν Ἀθήνησι καὶ εἰς τὸ Ἀθηναίων ἐμπόριον (καὶ οὐ μόνον τῶν Ἀθήνησι ἀλλὰ καὶ ὅσα ἂν γένηται ἕνεκα τοῦ πλοῦ τοῦ Ἀθήναζε) (diese Worte als Zusatz des Redners erkannt von J. H. Lipsius Att. Recht 87) [Dem.] 34 (g. Phormion), 42.

c) Ungenauer [Dem.] 33 (gegen Apaturios) 1

τοῖς ἐμπόροις — καὶ τοῖς ναυκλήροις κελεύει ὁ νόμος εἶναι τὰς δίκας πρὸς τοὺς θεσμοθέτας, ἐάν τι ἀδικῶνται [ἐν τῷ ἐμπορίῳ] ἢ ἐνθένδε ποι πλέοντες ἢ ἑτέρωθεν δεῦρο, καὶ τοῖς ἀδικοῦσιν δεσμὸν ἔταξε τοὐπιτίμιον, ἕως ἂν ἐκτείσωσιν ὅ τι ἂν αὐτῶν καταγνωσθῇ vgl. 34, 45. (Auch hier der Zusatz ἐν τῷ ἐμπορίῳ erkannt von Lipsius Att. Recht 632.)

Zu 2a. Gesetz, das die Zuständigkeit der Handelsklagen regelte (so J. H. Lipsius, Att. Recht 631), also die allgemeinen Voraussetzungen für eine ἐμπορικὴ δίκη, nämlich eine ἀδικία in Sachen des ἐμπόριον, gestützt auf vorliegende συμβόλαια oder eine συγγραφή. enthielt.

Wichtig H. Kreller, Lex Rhodia, Zeitschr. für Handels- und Konkursrecht 85, 1921, 264f. Die prozeßhindernde Einrede der Unzuständigkeit des Gerichts (παραγραφή, vgl. U. E. Paoli, Giudizi paragrafici in diritto attico. Riv. di diritto process. civile 1925, 1, 218f., dazu: Legge e giurisdiz. in diritto attico a. a. O. 1926, 122f.) soll also Handelsprozesse vor den athenischen Gerichten ausschließen, wenn Athen weder Vertragsort (Ἀθήνηθεν) noch Erfüllungsort (Ἀθήναζε) ist, oder wenn kein schriftlicher Vertrag (συγγραφή) den Klagegrund bildet.

Die Trennung der Symbolaia, die nicht notwendig schriftlich zu sein brauchten, von den Syngraphai, für welche die Schriftlichkeit wesentlich ist, betont Hitzig, Der griechische Fremdenprozeß. Zeitschr. d. Sav.-Stift. R. A. 28, 1907, 227.

3a. χρήματα δανείσας 'Αρτέμωνι — κατὰ τοὺς ἐμπορικοὺς νόμους, εἰς τὸν Πόντον καὶ πάλιν 'Αθήναζε [Dem.] 35 (gegen Lakritos), 3. — b. τελευτήσαντος ἐκείνου πρὶν ἀποδοῦναί μοι τὰ χρήματα, Λακρίτῳ τουτῳὶ εἴληχα τὴν δίκην ταύτην κατὰ τοὺς αὐτοὺς νόμους τούτους καθ'οὖσπερ τὸ συμβόλαιον ἐποιησάμην, ἀδελφῷ ὄντι τούτῳ ἐκείνου καὶ ἔχοντι ἅπαντα τὰ'Αρτέμωνος, καὶ ὅσα ἐνθάδε κατέλιπε καὶ ὅσα ἦν αὐτῷ ἐν τῇ Φασήλιδι, καὶ κληρονόμῳ ὄντι τῶν ἐκείνου ἁπάντων.

Das Gesetz über Abschluß eines Seedarlehenvertrages enthielt die allgemeinen Bestimmungen für den Abschluß und für die Klage bei Übertretung des Vertrages. Alle Einzelabmachungen der Parteien wurden getroffen in der συγγραφὴ ναυτικὴ vgl. [Dem.] 35, 1 ἐπελάθοντο καὶ τῶν συγγραφῶν καὶ τῶν νόμων.

[Dem.] 56, 2 van der Grinten, De foenere naut. 4. Auf dasselbe Gesetz bezieht Hasebroek S. 183 mit Recht die Worte [Dem.] 34 (gegen Phormion) § 52 ἐν μὲν οὖν τοῖς νόμοις πολλαὶ καὶ καλαὶ βοήθειαί εἰσιν αὐτοῖς (sc. τοῖς ἐργαζομένοις).

3b zeigt, daß das Gesetz auch Bestimmungen enthielt für Eventualfälle wie den Tod des Schuldners (so richtig van der Grinten a. a. O. 7).

4. Getreidehandelsgesetze.

4a. Lys. 22, 6
ἡμεῖς γὰρ ὑμῖν παρεσχόμεθα τὸν νόμον, ὃς ἀπαγορεύει μηδένα τῶν ἐν τῇ πόλει πλείω σῖτον πεντήκοντα φορμῶν συνωνεῖσθαι vgl. § 5 ὁμολογεῖς πλείω σῖτον συμπρίασθαι πεντήκοντα φορμῶν, ὧν ὁ νόμος ἐξεῖναι κελεύει.

4b. [Dem.] 34, 37
τῶν νόμων τὰ ἔσχατα ἐπιτίμια προτεθηκότων, εἴ τις οἰκῶν 'Αθήνησιν ἄλλοσέ ποι α σιτηγήσειεν ἢ εἰς τὸ 'Αττικὸν ἐμπόριον vgl. 35, 50 (vgl. § 37) (gegen Lakritos) ἴστε γὰρ .. τὸν νόμον ὡς χαλεπός ἐστιν, ἐάν τις 'Αθηναίων ἄλλοσέ ποι σιτηγήσῃ ἢ β 'Αθήναζε, ἢ χρήματα δανείσῃ εἰς ἄλλο τι ἐμπόριον ἢ τὸ 'Αθηναίων, οἷαι ζημίαι εἰσιν, ὡς μεγάλαι καὶ δειναί· vgl. 56, 6 u. Herm. 1920, 135. vgl. Lycurg Leocr. 27. οἱ ὑμέτεροι νόμοι τὰς ἐσχάτας τιμωρίας ὁρίζουσιν, ἐάν τις 'Αθηναίων ἄλλοσέ ποι σιτηγήσῃ ἢ ὡς ὑμᾶς.

Zu 4b β. „Gesetz, das verbietet, auf ein Schiff Seedarlehen zu geben, das nicht Getreide nach Athen bringe. Der Sinn des Gesetzes ergibt, daß es sich um Darlehen handelt, die auf Hin- und Rückreise (ἀμφετερόπλουν) gegeben wurden. Als Gegenstand der Haftung ist die Ladung anzunehmen, weil nur in diesem Falle der Gläubiger einen Einfluß darauf hat, was geladen wird." Pringsheim, Der Kauf mit fremdem Geld 1916, 10.

4c. Arist. Πολ. 'Αθ. 51, 4
ἐμπορίου δ'ἐπιμελητὰς δέκα κληροῦσιν, τούτοις δὲ προστέτακται τῶν τ' ἐμπορίων ἐπιμελεῖσθαι καὶ τοῦ σίτου τοῦ καταπλέοντος εἰς τὸ σιτικὸν ἐμπόριον τὰ δύο μέρη τοὺς ἐμπόρους ἀναγκάζειν εἰς τὸ ἄστυ κομίζειν.

4d. [Dem.] 35, 51
νόμος· ἀργύριον δὲ μὴ ἐξεῖναι ἐκδοῦναι 'Αθηναίων καὶ τῶν μετοίκων τῶν 'Αθήνησι μετοικούντων μηδενί, μηδὲ ὧν οὗτοι κύριοί εἰσιν, εἰς ναῦν ἥτις ἂν μὴ μέλλῃ ἄξειν σῖτον

'Αθήναζε — — — ἐὰν δέ τις ἐκδῷ παρὰ ταῦτα, εἶναι τὴν φάσιν καὶ τὴν ἀπογραφὴν τοῦ ἀργυρίου πρὸς τοὺς ἐπιμελητάς, καθάπερ τῆς νεὼς καὶ τοῦ σίτου εἴρηται, κατὰ ταὐτά. καὶ δίκη αὐτῷ μὴ ἔστω περὶ τοῦ ἀργυρίου, ὃ ἂν ἐκδῷ ἄλλοσέ ποι ἢ 'Αθήναζε, μηδὲ ἀρχὴ εἰσαγέτω περὶ τούτου μηδεμία.

Aus den Worten μηδὲ ὧν οὗτοι κύριοί εἰσιν ist zu schließen, daß dies Gesetz zur Zeit des I. attischen Seebundes erlassen ist, vgl. o. S. 15. 102.

5. [Dem.] 56 (g. Dionysodoros), 10

καταφρονήσαντες τῶν νόμων τῶν ὑμετέρων οἳ κελεύουσι τοὺς ναυκλήρους καὶ τοὺς ἐπιβάτας πλεῖν εἰς ὅτι ἂν συνθῶνται ἐμπόριον, εἰ δὲ μή, ταῖς μεγίσταις ζημίαις εἶναι ἐνόχους.

Dies Gesetz sollte verhindern, daß die Gefahr für das Seedarlehen vergrößert würde durch Änderung des im Vertrage abgemachten Bestimmungshafens. Vgl. van der Grinten, De foen. naut. 6.

Diese Strafen waren meist auch in der συγγραφή genauer bestimmt, vgl. die vorhergehenden Worte derselben Rede: καταφρονήσαντες μὲν τῆς συγγραφῆς — — καὶ τῶν ἐπιτιμίων ἃ συνεγράψαντο αὐτοὶ οὗτοι καθ'αὐτῶν, ἐάν τι παραβαίνωσι, dazu § 44 τοῖς ἐπιτιμίοις ζημιοῦτε τοῖς ἐκ τῆς συγγραφῆς, dazu Van der Grinten, De foenere nautico 62.

Zu 2—5 sei bemerkt, daß es nicht sicher ist, ob die Einzelbestimmungen immer in besonderen Gesetzen ausgesprochen waren und nicht vielleicht in den einzelnen Sätzen eines und desselben Gesetzes, d. h. eines oder mehrerer ἐμπορικοὶ νόμοι.

6. Gesetz zum Schutz der Kaufleute gegen üble Nachrede. Dem. 58, 10 (gegen Theokrines) ὅτι δ'οὐ ταῖς χιλίαις μόνον ἔνοχός ἐστιν, ἀλλὰ καὶ ἀπαγωγῇ καὶ τοῖς ἄλλοις, ἃ κελεύει πάσχειν ὁ νόμος οὑτοσὶ τὸν συκοφαντοῦντα τοὺς ἐμπόρους καὶ τοὺς ναυκλήρους ῥᾳδίως ἐξ αὐτοῦ τοῦ νόμου γνώσεσθε — — ἐὰν δέ τις παρ'αὐτὰ ποιῇ τῶν συκοφαντούντων, ἔνδειξιν αὐτῶν εἶναι καὶ ἀπαγωγήν.

Dazu Lipsius Att. Recht 928, Hasebroek Staat und Handel 184. Über das ψήφισμα des Moirokles κατὰ τῶν τοὺς ἐμπόρους ἀδικούντων s. o. I n. 44.

Hierher gehört Suidas s. ἐπωβελία. πολλῶν εἰς χρήματα συκοφαντούντων τοὺς ἐπιεικεῖς καὶ ἀπράγμονας τῶν πολιτῶν, καὶ μάλιστα τοῦτο πράττειν διαβαλλομένων τῶν περὶ τὸ ἐμπόριον συμβαλλόντων ἐπὶ ναυτικοῖς τόκοις, 'Αθηναῖοι ζημίαν ἔταξαν κατὰ τῶν ἐγκαλούντων ὀβολὸν ἐκτίνειν, εἰ μὴ καθ'ὧν ἐνεκάλουν τούτους ἕλοιεν.

Hiervon zu trennen die Agoranomen-Gesetze (νόμοι ἀγορανομικοί) zum Schutze des Handels auf dem Markte, zusammengestellt bei Hasebroek, Staat und Handel 187, aber ohne die inschriftlichen Zeugnisse, vgl. z. B. Francotte, Mél. de droit publ. grec 296f.

7. 'Εμπορικοὶ νόμοι.

Was unter emporikoi nomoi zu verstehen ist, war früher umstritten. Man denkt zunächst an die umfassende attische Handelsgesetzgebung, so Lipsius Att. Recht 631 A. 15.

Wenn man aber bei Hesych s. v. liest ἀστικοὶ νόμοι οἱ κατὰ τὴν 'Αθηναίων πόλιν, ἦσαν γὰρ καὶ ἐμπορικοί, so sind dort offenbar die Gesetze des Emporion zu verstehen, und der unvergeßliche Josef Partsch hat zur Bestimmung des Begriffs πολιτικὸς νόμος in Alexandreia als „bürgerliches Recht", ius civile, im Arch. für Papyruswiss. 6, 192, 40 mit Nachdruck auf diese Hesychstelle hingewiesen und vom „Kaufmannsrecht" im Gegensatz zur allgemeinen Bürgersatzung gesprochen. Dazu stimmt ausgezeichnet die Sprache der Inschriften von Milet, in welchen ὁ νόμος ὁ ἐμπορικός identisch ist mit ὁ νόμος τῶν τοῦ ἐμπορίου ἐπιμελητῶν. Belege s. u. Nr. 8.

Hasebroek nennt diese Belege nicht, stellt aber kühn den Satz auf (S. 182): „Diese Gesetze umfassen keineswegs das Ganze aller gesetzlichen Bestimmungen über Handelsfreiheit, Handelszwang und Handelsverkehr .... Es ist eine Gesetzgebung ausschließlich zum Schutze der Bodmerei...."

Die beste Widerlegung dieser überaus unwahrscheinlichen Behauptung gibt der attische Pachtvertrag in Dekretform IG II² 411, abgeschlossen nach 336/5 v. Chr. auf 25 Jahre zwischen dem attischen Staat und dem Sokles, in dessen Sanktionsformel (Z. 29ff.) die Worte stehen ἐ]|ὰ]ν δέ τις εἴπη[ι ἢ ἐπιψηφίσηι ὡς δεῖ ἀφε]-[λ]έσθαι, ὀφειλ[έτω χιλίας δραχμὰς ἱερὰ]- |[ς] τῆι 'Αθηνᾶι, [κ]α[ὶ ἰ]δ[ί αι (?) ὑπόδικος ἔστω τῆι] | [πό]λει τῆς βλάβη[ς], τ[ὴν δὲ δίκην δικάζεσ]-|[θα]ι ἐν ταῖς ἐμπο[ρικαῖς· ἐὰν δέ τις ἢ αὐτ]- |[ὸς] κλέπτων — —

Es wird also bestimmt, daß der Prozeß, welcher dem in seinen Rechten als Pächter von Staatsländereien geschädigten Sokles, wohl einem Metöken, zu seinem Recht verhelfen soll, unter den Emporikai-Prozessen verhandelt werden, also den Vorteil der beschleunigten Vorzugsbehandlung[1]) genießen soll. Ein solches Verfahren der Aufnahme eines bestimmten Rechtsstreites unter die Emporie-Prozesse[2]) wird gewiß öfter vorgekommen sein, wie denn auch die Zahl der Kaufmannsprozesse gewiß recht groß gewesen ist.

8. Die ἐμπορίου ἐπιμεληταί von Milet.

Milet 140, 30 ἐὰν δέ τι ἀντιλέγωσιν περὶ ὅτινός κα (sc. ὁ Κνώσιος und ὁ Μιλήσιος), κρίνειν ἐγ Κνωσῶ(ι) | μὲν κόσμον καὶ βουλάν, ἐμ Μιλήτωι δὲ τοὺς τοῦ ἐμπορ[ί]|ου ἐπιμελητὰς πέντε ἀμέραις ἀφ' ἃς κα κατασταθῶ-|σιν ἐπὶ τὸ ἀρχεῖον· τῶν δὲ δικασ-θέντων τὰς πράξεις ε[ἶ]|ναι ἐν Κν(ω)σῶι μὲν κατὰ τὸν νόμον τὸν προξενικόν, ἐμ Μι-| λήτωι δὲ κατὰ τὸν νόμον τὸν ἐμπορικόν. ganz ähnlich Z. 45—9 Gortyn-Milet und Z. 60f. τὰς δὲ πράξεις εἶναι ἐμ Μιλή|τωι μὲν κατὰ τὸν νόμον τῶν τοῦ ἐμπορίου ἐπιμελητῶν...

Vgl. 147, 41 τὰς δὲ λύσεις τῶν ἐνεχύρων γίνεσθαι ἐν ταῖς ἴσαις ἡμέ|ραις, ἐν αἷς καὶ τοῖς τελώναις τοῖς ἐνεχυρασθεῖσιν ὑπὸ τῶν ταμιῶν | ἐν τῶι νόμωι συντέτακται. Welches Gesetz ist das? Rehm fragt im Index S. 438 „τελωνικός? ἀγορανομικός"? Wenn wir aber sehen, daß die Bestimmungen über πράξεις im ἐμπορικὸς νόμος stehen, der bei Rehm im Index versehentlich ausgefallen ist, werden wir dieses Gesetz, das also identisch ist mit dem νόμος τῶν τοῦ ἐμπορίου ἐπιμελητῶν, auch 147, 43 erkennen. Auch bei E. Weiss, Griech. Privatrecht I, 1923, 47. ist das milesische Gesetz nachzutragen.

Wir erfahren über die ἐμπορίου ἐπιμεληταί und ihre Kompetenzen noch etwas mehr durch den Vertrag zwischen Milet und Priene, abgeschlossen bald nach

---

[1]) Erledigung binnen 5 Tagen auch in Olbia: ἐὰν δέ τι συμβό-| λαιον ἦ τῶι Μιλησίωι ἐν 'Ολβίαι, ἰσχέτω δί-| κην καὶ ὑπεχέτω ἐμ πένθ' ἡμέραις ἐπὶ | τοῦ δημοτικοῦ δικαστηρίου, also nicht vor einem Sondergericht für Handelssachen. Milet 1, 3 n. 136, 14 (Ditt. Syll.³ 286).

[2]) vgl. o. S.44 ἔμποροι φάσκονες εἶναι.

200 v. Chr. Inschriften von Priene 28, also um einige Jahrzehnte jünger als Milets Vertrag mit den kretischen Städten (Milet 1, 3, 140). Der sehr verstümmelte Vertrag geht auf gegenseitige Bundeshilfe (Z. 6 [Μιλησίους καὶ Πριηνεῖς β]οιηθεῖν ἀλλήλοις) zum gegenseitigen Schutz des Gebietes. Dann folgt ein Paragraph περὶ δικῶν mit der Bestimmung (Z. 6 τὰς δὲ [δίκας] γ[ί]-|[νεσθαι — ἐμ Μιλήτωι μὲν] ἐπὶ τῶν τοῦ ἐμπορίου ἐπιμελητῶν, ἐμ Πριήνηι δὲ ἐπ[ὶ] | [τῶν στρατηγῶν τῶν ἀεὶ ἐν ἀρχῆι ὄν]των. Also auch hier werden die Fremdenprozesse auf Grund der συμβόλαια (so Z. 9 ergänzt) zwischen Priene und Milet dem Forum der Emporion-Aufseher in Milet zugewiesen, während in Priene die Strategen zuständig sind. Über das Verfahren bei Einreichung der Klagen verweist der Vertrag nicht einfach auf den ἐμπορικὸς νόμος, sondern enthielt eine Menge Einzelheiten in den leider arg zerstörten Zeilen 11—26. Man erkennt noch (Z. 10), daß Klagen über Vorgänge seit Abschluß des Vertrages durch schriftliche ἔνδειξις (Anzeige) vor die genannten Fora zu bringen sind und zwar mit genauer Angabe des Klägers (Z. 11 γράφοντες τό τε ὄνομ[α πατρόθεν — —]) und des dem Beklagten zur Last gelegten Vergehens (Z. 12 προφαίνοντες τὸ ἔγκλημα π[ερὶ οὗ ἂν ἡ δίκη . . . . . .?]). Z. 14/15 heißt es noch einmal: [τά τε] ὀνόματα γρ[αφέτωσαν πατρόθεν] | — — — [καὶ ὅσων ἂν ἐγκαλ]-ῶνται, προσγραφέτωσαν δ[ὲ καὶ — —]. Dann folgt Z. 16 eine Fristbestimmung z. B. [πέντε ἡμέρ]ας ἑκάστου μηνὸς ἀπὸ τῆς νουμηνί[ας — — —], Z. 17 aber beginnt die Tätigkeit der den Prozeß einleitenden Behörde, also [οἱ δὲ ἐπιμεληταὶ τοῦ ἐμπορίου] γράψαντες αὐθημερεὶ ἐκτιθέτωσαν ἐ[ν τῶι ἀρχείωι — — ποιήσαντες] κήρυγμα ἐφ᾽ ἡμέρας πέντε. Also die Klage wird öffentlich ausgestellt und durch Heroldsruf bekannt gemacht. Z. 19 dachte schon der Herausgeber, Hiller von Gaertringen, an [ψῆφοι α]ἱ ἀπενηνεγμέναι, τὰς δὲ ἀν-|²⁰[τωμοσίας versuche ich weiter γίνεσθαι] — — ας ἀπὸ τῆς ἐκκαιδεκάτης | — —Es folgt das Verfahren in Priene: εἰσαγέτω δὲ | [τὴν δίκην ἐν Πριήνηι ὁ γραμματεὺς vel ἐπιμήνιος, — — ΤΑΒΙΝΙΟ | (Amtslokal?) τῶν στρατηγῶν — —

Die anschließende Inschrift II handelt zuerst von der Abstimmung der Richter in Priene: (Z. 28) [ἐπ]ὶ τοῦ βωμοῦ τῆς Ἀθην[ᾶς — — εἰς δὲ τὴν ψῆφον] | [γράφειν ἕ]καστον τῶν δικαστῶν τὸ ὄνομα [αὐτοῦ καὶ ἂν καταδικά]- | ζει ἢ ἀποδικάζει· ἐὰν δὲ οἱ δικασταὶ ἴσα[ς ἔχωσι — — παρ]όντες ὑπὲρ ἡμίσεις. (Z. 28f. ergänzt von A. Wilhelm und mir.) Die Schlußbestimmung, wer bei gleicher Stimmenzahl den Ausschlag gibt, wohl über die Hälfte der Anwesenden, vermag ich im Text nicht völlig herzustellen. Die folgende Überschrift περὶ ἀναγραφῆς Διὶ Ὀλ[υμπίωι] trifft wieder Bestimmungen für Priene. Wichtig ist dann noch Z. 35f. die Bestimmung über Klagen aus der Zeit vor Abschluß des vorliegenden Vertrages. Solche Klagen waren oben Z. 2 als nicht annehmbar bezeichnet. Hier aber wird bestimmt[1]), daß sie vor ein anderes Gericht gehören.

Wichtig ist trotz des zerstörten Textes vor allem die Feststellung, daß nicht die Emporion-Epimeleten zu richten haben in dem Fremdenprozeß, wie es Inschr. v. Milet 140 festgesetzt wird, sondern ein Gerichtshof von Dikastai, bei dem sie den Prozeß einzuführen haben.

---

1) Z. 35 ἐάν τίς τινι δικάσηται πε [ρί τινων — — —] ἐκ τῶν ἐπάνω χρόνων πρὸς τὸν λ — — — — — ητημμεν . . ἢ ὅρκωι σὺν [πίστει] — — — — — — — ιε ἕτερον [δ]ι [κ]ασ[τ]ήριον μ — — —

9. Eretria. Alte Schiffahrtsvorschriften.

Das älteste uns erhaltene griechische Gesetz über Rechtsstreitigkeiten, die mit dem Hafen und der Schiffahrt zusammenhängen, ist das Gesetz von Eretria IG XII, 9, 1273. 1274 aus dem 6. Jahrh. Es beginnt mit prozessualen Bestimmungen A. B. I 1—3 ,,der Angeklagte soll, wenn er den Eid im Prozeß geleistet hat, am 3. Tage die Gelder zahlen in vollgiltiger Münze als Strafe für seine Tat." Es folgt Z. 5 eine neue Datierung nach dem Archon Tollos und eine unvollständig erhaltene Bestimmung. Dann geht es weiter II ,,wenn er nicht zahlt, soll der Archon Schiedsrichter bestellen, tut er das nicht, soll er selbst die Strafe bezahlen." Bisher fehlt jede Andeutung über die Art des abgeurteilten Vergehens. Aber III, 1 geht es weiter ,,die zur See Fahrenden, welche die Petalai oder das Kenaion umfahren haben, sollen Lohn erhalten: es sollen ihn aber bezahlen alle die Fremden oder die Begutachter der Käufe im Hafen (3), wo sie finden, was ihnen unbestritten ist[1])."

Wenn hier auch vieles unsicher bleibt, ist soviel sicher, daß die Stadt Eretria Bestimmungen erläßt über die Seefahrt über die Petalischen Inseln im Süden und das Kap Kenaion im Norden des Kanals von Euboia hinaus, also wohl über das Fährgeschäft von Eretria aus um Euboia herum und zwar auf dem Nordweg und dem Südweg. Unklar bleibt, ob die ὠνῶν γνώμονες eine Behörde sind oder private Interessenten am Kaufgeschäft im Hafen. Aber daß es sich um ein Hafengesetz handelt, scheint sicher. So werden auch die vorhergehenden Bestimmungen über den Rechtsgang sich auf Übertretungen dieser Schiffahrtsbestimmungen beziehen.

Wenn zu Anfang ausdrücklich festgestellt wird, daß bezahlt werden muß bei weiterer Entfernung von Eretria, so ist es wahrscheinlich, daß auf kleinere Entfernung die Fahrt im Fährschiff frei war. In der Tat lesen wir in dem attischen Dekret über Hestiaia, erlassen nach 446/5 IG I² 40, 19, ,,wer von Chalkis nach Oropos fährt, soll einen Obolos (so nach v. Hillers Ergänzung) zahlen, wenn er aber von Oropos nach Hestiaia fährt, soll man für die Überfahrt von Oropos nichts von ihm fordern, wenn er aber von Chalkis nach Hestiaia weiterfährt (also ebenfalls um das Kenaion), soll man vier Obolen fordern. Wenn aber die Teilnehmer an einer Pompe (οἱ πομπεύοντες) fahren, er selbst aber nicht zu ihnen gehört, soll er die Hälfte zahlen. Wenn aber einer zu dem vorgeschriebenen Tarif nicht fahren will," — (folgt eine Strafbestimmung). Es folgen dann die weiteren Bestimmungen über Ordnung der Gerichtsverhältnisse in Hestiaia, denen in n. 42 noch die über χρημάτων ἐσφορά folgen. Die Inschriften lehren also, daß Athen sich die regelmäßige Verbindung mit der neuen Kleruchie selbst sicherte und für den Seeweg den Tarif festsetzte, sicher auch dafür sorgte, daß die nötigen Leute und Schiffe für das Fährgeschäft in Oropos, Chalkis und Hestiaia vorhanden waren. Voraussetzung ist dabei auch, daß die attische Landstraße von Athen über Dekeleia nach Oropos in Ordnung gehalten wurde. Bekanntlich hat schon Peisistratos für den Straßenbau gesorgt[2]).

---

[1]) τὸς πλέοντας ἀρ[έσ]θαι μισθὸν | hοίτινες ἂν Π[ε]ταλὰς ἒ Κέναιον | [ἀ]μείπσōνται: φέ[ρε]ν δὲ πάντας | τὸς ἐπι[δ]έμος ἒ ὀνὸν γνόμ[ο]νας ἐλ | [λιμένι] hō [ἄ]ν hέλōσι | hά σφιν ἀ[ν] ἀναφίσβε̄τ' ἔει.

[2]) Vgl. über Straßen- und Landtransporte G. Glotz, Le travail dans la Grèce anc. 1920. 346 f.

Ähnliche Bestimmungen über das Fährgeschäft von Kreta nach Delphi oder Olympia und den zu zahlenden μισθός enthält der Vertrag zwischen den kretischen Städten Praisos und Stelai. Ditt. Syll.³ 524 (3. Jh. v. C.), vgl. über das Fährgeschäft weiter: die Beispiele von kleinasiatischen Häfen, wo das πορθμευτικόν wegen der Peraia vieler Inseln eine große Rolle spielt, s. Arist. Polit. p. 1291 b — — πορθμευτικὸν ἐν Τενέδῳ. Chios: πορθμεῖς und πορθμεύοντες εἰς Ἐρύθρας, Belege bei Poland, Griech. Vereinswesen 596, Smyrna: Ditt. Syll. ³ 1262. Milet: Ditt. Syll. ³ 100f. πορθμεῖς, τέλος τῆς πορθμίδος τῆς εἰς τὸν Ἰωνοπολιτικὸν κόλπον. Myra: Ditt. Or. Gr. 572 = Abbott-Johnson, Municipal Administrat. Rom. Empire 1926 n., 128 (2. bis 3. Jahrh. n. Chr.) Fährmonopol der Stadt, nur Spezialschiffe (ἀπογεγραμμένα πλοῖα) zugelassen. Vgl. auch P. M. Meyer, Griech. Texte aus Ägypten 1916, 127.

10. Thasos. Hafengesetze Bull. corr. hell. 45, 1921, 146, 2 A. B. 4. Jahrh.

1. (1) γλεῦκος μήδε οἶνον τὸ καρπὸ τὸ ἐπὶ τῆις ἀμπέ [λοις ὤν-]-εσθαι πρὸ νεομηνίης Πλυντηριῶνος· ὃς δ'ἀν πα[ραβὰς] | πρίηται, ὀφείλεν στατῆρα παρὰ στατῆρα, τὸ μὲν [ἥμυσυ] | τῆι πόλι, τὸ δ'ἥμυσυ τῶι δικασαμένωι· δίκη δ'ἔστω κα[τὰ-] ⁵ περ τῶμ
⁵ βιαίων (2) ὃς δ'ἀν ἐμ πίθοις οἶνον πρίηται, τὴν ὢν-|ὴν κυρίην ἔναι, ἀν τὸς πίθος σημήνηται.

2. 8 (3) μηδὲ πλοῖον Θά-|σιον ξενικὸν οἶνον ἐσαγέτω ἔσω Ἄθ(ω) καὶ Παχείης·
¹⁰ εἰ δὲ μή, | τὰς αὐτὰς θωιὰς ὀφελέτω, ἄσπερ παρὰ τὸν οἶνον ὕδωρ παρα-|χέων, καὶ ὁ κυβερνήτης τὴν αὐτὴν θωιὴν ὀφελέτω· αἰ δὲ δίκ-|αι καὶ ἀπενγύαι ἔστων κατὰ ταὐτά· (4) μηδὲ ἐξ ἀμφορέων μή-|δε ἐκ πιθάκνης μήδ'ἐξ ψευδοπίθο κοτυλιζέτω μηδές· ὃς δ'ἀν | ν πώληι, δίκαι καὶ ἀπεγγύαι καὶ θωιαὶ ἔστων κατὰ ταὐτὰ κ-||ατάπερ τὸ ὕδατος τῆς παραχύσιος.

(5) ...... [αἱ δὲ] θωιαὶ καὶ ἀπεγγύαι ἔστων κατὰ ταὐτά· ἀν δὲ μηδὲς ἀπ .... | .ι, οἱ πρὸς τὴν ἤπειρον ἐπιτετραμμένοι δικασάσθων· ὅ τ[ε] | δ'ἀν νικήσωσι, τῆς πόλεως
⁵ ἡ θωιὴ ἔστω πᾶσα· ἀν δὲ οἱ ἐπιτετ-||ραμμένοι μὴ δικάσωνται πυθόμενοι, αὐτοὶ τὴν θωιὴν διπ-| λησίην ὀφελόντων· δικασάσθω δὲ ὁ βολόμενος κατὰ ταὐτά, | καὶ τῆς θωιῆς τὸ ἥμυσυ ἰσχέτω, καὶ τὴν δίκην οἱ δημιοργο-|ὶ δόντ(ων) κατὰ τῶν ἐπιτετραμμένων κα(τὰ) ταὐτά.

11. Kyparissia IG V 2, 1421; Syll.³ 952; Ἀρχ. Δελτίον 1916, παρ. 73 (4. oder 3. Jh.)

[θε]ός. | ε[ἴ] τίς κα ἐσάγη εἰς τὰν τῶν Κυπαρισσιέ|ων χώραν, ἐπεί κα ἐξέληται
⁵ τὰ ἐμπόρια, ἀπ[ο]-|γραψάσθω ποτὶ τοὺς πεντηκοστολόγ[ου]|ς καὶ καταβαλέτω τὰμ πεντηκοστάν· π[ρὶ]|ν ἀνάγειν τι ἢ πωλεῖν· εἰ δὲ μή, ἀποτεισά|τω δεκαπλόαν, ὅτι δέ τίς κα ἐξάγη κατὰ | θάλασσαν, ἀπογραψάμενος ποτὶ τοὺς | πεντηκοστολόγους
¹⁰ καὶ καταβαλὼν τά||ν πεντηκοστάν, ἀντιθέσθω παρακαλέ|σας τὸμ πεντηκοστολόγον, πρόσθεν | δὲ μὴ ἀντιθέσθω· |εἰ δὲ μή, ἀποτεισάτω |δεκαπλόαν τὰν πεντηκοστὰν κατὰ τ|[ὰν] σύγγραφον. | εἰ δέ τίς κα ὀλιγοτιμάση, || [ἐπ]ικαθιξεῖται ὁ πεντηκοστο-λόγο[ς] | [ὧν κα] χρῄζη κατὰ τὰν σύγγραφ[ον].

12. Delos Syll.³ 975 IG XI 509

ἄνθρακας μηδὲ ῥυμοὺς μηδ [ὲ ξύλα ὃς ἀν μὴ χρῆ]|ται τοῖς σταθμοῖς τοῖς ξυληροῖ[ς, μὴ πωλεῖν. μὴ] | πριάμενον ἐν Δήλωι πωλεῖν, μηδὲ ὄν[τα ἐν τῶι] | πλοίωι τούτ[ω]ν
⁵ μηθὲν πριάμενον. εἰς αὐτό[ν] || τὴν ἀπογραφὴν ποιησάμενον πωλεῖν, μηδὲ | ἐπικηρυσσό-μενα καθισάμενον πωλεῖν, μη-| δὲ τὰ ἀλλότρια ξύλα μηδὲ ῥυμοὺς μηδὲ ἄν|θρακας·

μηδὲ ἐξέστω πωλεῖν ἀλλ'αὐτοῖς τοῖς | εἰσάγουσιν, μηδὲ πλείονος πωλεῖν ἢ ὅσου ἂν || 10
ἀπογράψωνται πρὸς τοὺς πεντηκοστολό|γους μηδὲ ἐλάσονος· ἀπογραφέσθωσαν | δὲ καὶ
πρὸς τοὺς ἀγορανόμους οἱ εἰσαγαγόν|τες πρὸ τοῦ πωλεῖν ὅσου ἂν ἀπογράψωνται | πρὸς
τοὺς πεντηκοστ[ο]λόγους· ἐὰν δέ τις || παρὰ τὰ γεγραμμένα πωλεῖ, πεντήκοντα | 15
δραχμὰς ὀφειλέτω, καὶ ἐξέστω εἰσαγγέλ|λειν τῶι βουλομένῳ τῶμ πολιτῶν πρὸ|ς
τοὺς ἀγορανόμους — —
οἱ δὲ ἀτελεῖς ὄντες εἰσάγουσιν ξύλα ἢ ῥυμοῦ[ς] | ἢ ἄνθρακας τὰ πωλούμενα τῶι
ξυληρῶι στα|θμῶι, ἀπογραφέσθωσαν πρὸς τοὺς ἀγορανό||μους πρὸ τοῦ πωλεῖν 35
ὅσου ἂν μέλλωσι πωλεῖν, | καὶ μὴ ἐξέστω αὐτοῖς μήτε πλείονος μήτε ἐ|λάσονος
πωλεῖν ἢ ὅσου ἀπεγράψαντο· ἐὰν δέ τι|νες μὴ πειθαρχῶσιν τοῖς γεγραμμένοις, οἱ
ἀγο|ρανόμοι αὐτοῖς μὴ διδότωσαν μήτε τὰ ζυγὰ μήτε || τὰ μέτρα τὰ ἀνθρακηρά, 40
καὶ τοῦ τόπου οὗ ἂν αὐ|τοῖς κείμενα ἦι τὰ ξύλα ἢ οἱ ἄνθρακες ἢ οἱ ῥυμοὶ | φερέτωσαν
τῆι πόλει μισθὸν τῆς ἡμέρας δρα|χμὴν ἕως ἂν ἄρωσιν, καὶ οἱ ἀγορανόμοι πραξάτω|σαν
αὐτούς, ἀνεύθυνοι ὄντες.

13. Wenn Hasebroek, Staat und Handel S. 24 ein noch etwas älteres Zeugnis für
das Seedarlehen nachweisen will in der Pseudo-Xenoph. Schrift vom Staate der
Athener, 1, 12 δεῖται ἡ πόλις μετοίκων διὰ τὸ πλῆθος τῶν τεχνῶν καὶ διὰ τὸ
ναυτικόν, so ist seine Übersetzung von τὸ ναυτικόν mit „Seedarlehensgeschäft"
anstatt „Seewesen" (Kalinka), die er wiederholt S. 27, hier völlig unmöglich und
wird durch die von ihm angeführte Stelle bei Dem. 27, 11 nicht gestützt. Denn dort
heißt es: καὶ ταῦτα μὲν οἴκοι κατέλιπε πάντα, ναυτικὰ δ'ἑβδομήκοντα μνᾶς, ἔκδοσιν
παρὰ Ξούθῳ, τετρακοσίας δὲ καὶ δισχιλίας ἐπὶ τῇ τραπέζῃ τῇ Πασίωνος, ἑξακοσίας
δ'ἐπὶ τῇ Πυλάδου — —
Dazu Pringsheim, Kauf mit fremd. Geld 1916, 22.
14. ἐξήλεγξαν τοὺς δικαζομένους ἀδίκως ἐγκαλοῦντας καὶ ἐπὶ τῇ προφάσει τοῦ
ἐμπορεύεσθαι συκοφαντοῦντας. Eine Behandlung dieser Stelle fehlt bei Knorringa,
Emporos. Data on trade and trader in Greek literature from Homer to Aristotle.
Amsterdam 1926, vgl. meine Besprechung Phil. Wochenschrift 1927, 750f.
Dagegen versprach U. E. Paoli in seinem Aufsatz: Grossi e piccoli commercianti
nelle liriche di Orazio (Riv. di Filologia N. S. II, 1924, 48—63), welcher das wertvolle Gegenstück zu Hasebroeks „Betriebsformen des griechischen Handels im
IV. Jh." Hermes 1920 bietet, eine besondere Abhandlung „della gravissima
questione concernente la personalità giuridica de' commercianti greci."
15. [Dem.] 33 (g. Apaturios) 4
ἐγὼ γάρ — — πολὺν ἤδη χρόνον ἐπὶ τῆς ἐργασίας ὢν τῆς κατὰ θάλατταν, μέχρι
μέν τινος αὐτὸς ἐκινδύνευον, οὔπω δὲ ἔτη ἐστὶν ἑπτὰ ἀφ'οὗ τὸ μὲν πλεῖν καταλέλυκα,
μέτρια δ'ἔχων τούτοις πειρῶμαι ναυτικοῖς ἐργάζεσθαι. Ganz ähnlich heißt es
noch i. J. 175/4 v. Chr. Ditt. Syll.⁴ 640, 2 [γενόμενος πρὸ]ς τεῖ κατὰ θάλασσαν
ἐργασίαι von einem attischen Getreide- und Ölimporteur vgl. u. n. 73 oder
Dem. g. Dionysod. 1 ἡμῖν τοῖς τὴν κατὰ θάλατταν ἐργασίαν προηρημένοις. —
§ 10. καταστήσας φύλακας τῆς νεώς.
16. [Dem.] 35 (g. Lakritos) 7
ὅπως ἂν ἐνεργοὶ ὦσιν —
17. [Dem.] 34 g. Phorm. 6
ἐδάνεισα Φορμίωνι τουτῳὶ εἴκοσι μνᾶς ἀμφετερόπλουν εἰς τὸν Πόντον ἐπὶ ἑτέρᾳ
ὑποθήκῃ. Zur Erklärung vgl. Pringsheim, Kauf mit fremdem Geld, 15f.

ebenda § 34. ἐκ πολλῶν ἔμελλεν ἐλεγχθήσεσθαι ψευδόμενος — καὶ ὑπὸ τῶν ἐν τῷ ἐμπορίῳ ἐπιδημούντων κατὰ τὸν αὐτὸν χρόνον — — Dazu vgl. Isokrates Trapez. § 52.

18. § 4 Ζηνόθεμις — ὧν ὑπηρέτης Ἡγεστράτου τοῦ ναυκλήρου .. ὧν δ'ὁ μὲν ναύκληρος, ὁ δ'ἐπιβάτης ἐπιστεύοντ' εἰκότως ἃ περὶ ἀλλήλων ἔλεγον vgl. 5 μετὰ τῶν ἄλλων ἐπιβατῶν διέτριβεν (Zenothemis). Vgl. 12 (Zenothemis) φησὶ τῷ Ἡγεστράτῳ ἐπὶ τούτῳ τῷ σίτῳ δεδανεικέναι, ὃν ὁ παρ' ἡμῶν ἐπιπλέων ἐπρίατο. § 8 τοῦ παρ' ἡμῶν συμπλέοντος ἐναντιωθέντος § 9 καὶ τῶν ἀρχόντων τῶν ἐν τῇ Κεφαλληνίᾳ γνόντων Ἀθήναζε τὴν ναῦν καταπλεῖν, ὅθενπερ ἀνήχθη· vgl. 14 γνόντων τῶν Κεφαλλήνων — — ὅθεν ἐξέπλευσε τὸ πλοῖον, ἐνταῦθα καὶ καταπλεῖν αὐτό.

19. Lys. 32, 5 διαθήκην αὐτῶι δίδωσιν καὶ πέντε τάλαντα ἀργυρίου παρακαταθήκην ναυτικὰ δὲ ἐπέδειξεν ἐκδεδομένα ἑπτὰ τάλαντα καὶ τετταράκοντα μνᾶς ... δισχιλίας δὲ ὀφειλομένας ἐν Χερρονήσῳ § 7 καὶ τὰ γράμματα λαμβάνει ἃ κατέλιπε σεσημασμένα.

32, 7 φάσκων τὰ ναυτικὰ χρήματα δεῖν ἐκ τούτων τῶν γραμματείων κομίσασθαι.

20. Dem. 32, 10 ἔστιν ἐργαστήριον μοχθηρῶν ἀνθρώπων συνεστηκότων ἐν τῷ Πειραιεῖ ἐκ τούτων ἕνα, ἡνίχ'οὗτος ἔπραττεν ὅπως ἡ ναῦς μὴ καταπλεύσεται δεῦρο, πρεσβευτὴν ἐκ βουλῆς τινα λαμβάνομεν — (Aristophon) ἠργολάβηκεν αὐτὸς καὶ κατεπήγγελται τουτῳί, καὶ ὅλως ἐστὶν ὁ πάντα πράττων οὗτος· ὁδὶ δ'ἄσμενος δέδεκται ταῦτα.

21. Dem. 56 (Dionys.) 8 οἱ μὲν γὰρ αὐτῶν ἀπέστελλον ἐκ τῆς Αἰγύπτου τὰ χρήματα (Waren vgl. Paoli, Stud. di dir. Att. 1925, 40), οἱ δ' ἐπέπλεον ταῖς ἐμπορίαις, οἱ δ' ἐνθάδε μένοντες διετίθεντο τὰ ἀποστελλόμενα, εἶτα πρὸς τὰς καθεστηκυίας τιμὰς ἔπεμπον γράμματα οἱ ἐπιδημοῦντες τοῖς ἀποδημοῦσιν — —

22. Dem. 56, 19 διὸ καὶ ὑπέμεινας ἐν τῇ συγγραφῇ γράψασθαι εἰς Ἀθήνας πλεῖν, εἰς δ' ἄλλο μηδὲν ἐμπόριον.

Wenn die Entleiher in Athen ihren Wohnsitz hatten, durften sie gar nicht einen anderen Bestimmungshafen für die Kornfracht als Athen in Aussicht nehmen.

23. Kition Zenon Diog. Laert. VII, 1, 13 φασὶ δ'αὐτὸν ὑπὲρ χίλια τὰ τάλαντα ἔχοντα ἐλθεῖν εἰς τὴν Ἑλλάδα καὶ ταῦτα δανείζειν ναυτικῶς vgl. VII 1, 2 πορφύραν ἐμπεπορευμένος ἀπὸ τῆς Φοινίκης πρὸς τῷ Πειραιεῖ ἐναυάγησεν.

24. U. Wilcken, Punt-Fahrten in der Ptolemäerzeit. Zeitschrift für aegypt. Sprache u. Altertumskunde 60, 1925, 86—102; vgl. P. M. Meyer, Z. Sav-Stiftg. Rom. Abt. 46, 1926, 330.

6 [ἐδάνει]σεν Ἄρχιππος Εὐδή[μου] ... — — [Δημητρίωι...] καὶ Ἱππ[άρχωι Ἱ]ππάρ[χου] -- — — καὶ Σ ... χωι Λ[υ]σιμάχου [Λακε]δαιμονίαι (folgt wie vorher Personalbeschreibung) καὶ Τρ .. ωι Τρε ... [Μεσ]σαλιώτηι — — — οὐλὴ χ[ειρὶ ἀ]ριστερᾶι το[ῖς ε̄ τοῖς εἰς] τὴν Ἀρω[ματο] φ[όρον συ]νπλοῖς διὰ Γναίου ἐξ. (Summe fehlt) ἐὰν δ' ἐκπε[σ]ό[ν]τ[ε]ς τοῦ χρόν[ου] παραγένω[νται ἀπὸ τῆς Ἀ]ρ[ω]μα-[το]φόρ[ο]υ [εἰς] τὴν χώραν, ὁμοίως [ἀποδόντων] || 15 — — ηε., ἀφ' ἧς ἂν ἡμέρας

παραγένωνται [ε]ἰς τὴν χώραν [ἡμερῶν.....]ήκοντα. Ἐὰν δὲ μὴ ἀποδῶσιν ἐν τ[ῶι
ὡρισμένωι χρόνωι, ἀποτεισάτωσαν παραχρῆμα τὸ δάνειον ἡμιό]-|λιον καὶ]
τοῦ ὑπ[ε]ρπεσόντος χρόνου τοὺς κατὰ τὸ διάγραμ[μα τόκους διδ]ράχμους τῆι μνᾶι
τὸν μῆνα ἕκασ[τον. Ἔγγυοι εἰς ἔκτεισιν] — — — | . . . . . [Θ]εσσαλονικεὺς
ἡγεμὼν ἔξω τάξεων ὡς ἐτῶν.........[ἐπ]τὰ μέσος μ[ε]λίχρως τετανὸς στρ[ογ-
γυλοπρόσωπος οὐλὴ — — — καὶ — — | . . . . . . του Ἐλεάτης τῶν μετὰ τοῦ
βασιλέως καταπε.........δ]ευτέρων ἐπιλέκτων ὡς ἐτῶν τεσσ[αράκοντα — —
— | . . . . . δεξιᾶι καὶ Κίντος . . . . νιος Μεσσαλιώτηι τῶν αὐ [τῶν ὡς ἐτῶν τ]εσσαράκον-
τα εὐμεγέθηι μελίχρο [υς — — — || ²⁰ [ἄριστε]ρὰν καὶ Δημήτριος Ἀπολλωνίου Καρ-
[χη]δόνιος [τῶν τὴν ἔξω θάλ]ασσαν πλοϊζομένων ὡς ἐτῶν τριά[κοντα — — — |
. . . . . . σύνοφρυς ἡσυχῆ καὶ Κίντος Κιντο . . . . τ] ακτόμισθος
ὡς ἐτῶν τεσσαράκον[τα] | — — — || . . . . . ση καὶ ἡ πρᾶξις ἔστω Ἀρχίππωι
ἐ[ξ αὐτῶν τε τῶν δεδανεισ] μένων καὶ τῶν ἐγγύων καὶ ἐκ τῶν ὑπαρχόντ[ω]ν αὐτοῖς
π[άντων καθάπερ ἐγ δίκης. Ἐπιθέτωσαν δὲ . . . . ὁ | [προγεγρ] αμμένος
Δημήτριος καὶ Ἵππαρχος απ . . . . ιώματα τῶν ἐκ τῆς π[ρογ]
εγραμ[μένης — — — | οὗ ἂν ἡ ἐξαίρεσις γένηται τῶν ἀρω[μάτων . . . . κατὰ τὰ ἐ]πι-
βάλλοντ᾽ αὐτοῖς ἐκ τοῦ αὐτοῦ πλόο[υ — — — — || ²⁵ . . . . . ι τὰ παρασταθησόμενα
ὑπὸ τοῦ Ἀρ[χίππου . . . . ς ὥστε ἀποκαταστῆσαι εἰς τὴν χώρ[αν] — — —
— | . . . . ὁλκῆς τῶν ἀρωμάτων παραγενομ[εν. . . . . .ε. Ἐὰν δὲ μὴ ⟨ἐὰν
δὲ μὴ⟩ ἐπιθῶσιν καθ[ὣς πρόκειται — — —

25. Milet: 7. Miletbericht. Abh. Berl. Ak. 1911, 27f. Fehlt bei Laum,
Stiftungen. Z. 5 ist gewiß zu lesen:

τοὺς δὲ αἱρεθέντας προνοῆσαι ὅπως κατα- | [γορ]ασθῆι (κατα [σκε] υασθῆι
Wiegand) σῖτος ὁ ἱκανὸς ἢ μισθωθῆι ἢ παροχὴ [τοῦ] ἱκανοῦ πλήθους εἰς τὴν διαμέ-
τρησιν ἵνα [δο]- | [θ]ῶσιν | ([δ]ῶσιν Wieg.) | ἑκάστωι. Z. 2f. ist noch übrig. [μηνὸς
Λη]ναιῶνος τῆι ἕκτηι ἀπὸ [τῆς πρ]οσό[δου] — [τῶν δεδωρ]ημένων χρημάτων.

26. Ditt. Syll.³ 577, 8

ἵνα δ᾽ ἡ περὶ τούτων σύνταξις τυγχάνηι τῆς προσηκούσης οἰκονομίας.

27. 7. Miletbericht a. a. O. Z. 31

[ὅπως δὲ τὰ] συ[μ]-|[βόλαια εὖ ἀεί¹] [μείνηι? — — αἱ-] | τῆσαι τοὺς ἀ[νατάκτας
ἐγγύους? — — —] | | ³⁴ [— — εἰς τὸν] καταγο[ρασμὸν ἢ] | [τ]ὴμ μίσθω[σιν τοῦ σίτου
κα]ὶ ἐγγράψεσθαι (ob ἐγγράφεσθαι?) εἰς τὸν [τῆς πόλεως? | λ] όγον ([κατάλ]ογον
Wiegand²).

28. Milet 3, 138, 20

ἐλέσθαι τὸν δῆμον | συνέδρους 75 ἐξ ἁπάντων Μιλησίων, οἵτινες | συνεδρεύσαντες
καὶ γράψαντες τὰς τιμάς, αἷς δεῖ τιμηθῆναι τόν τε | δῆμον τὸγ Κνιδίωγ καὶ τοὺς
δανείσαντας χρήματα τῆι πόλει εἰσ-|οίσουσιν εἰς τὴν ἐκκλησίαν, ἐν ἧι νόμιμόν
ἐστιν βουλεύεσθαι τὸν δῆμον || ²⁵ περὶ τῶν εὐεργετῶν.

29. Teos SE Gr. II n. 580, 12

ἵνα δὲ τὸ ἀργύριο[ν | ὑπ]άρχηι εἰς τὴν κτηματωνίαν, τοὺς ταμίας τοὺς [ἐ]|[ν]εσ-

_____
¹) So nach A. Rehms neuer Lesung auf dem Abklatsch: ευαρ. Wiegand.
²) Dazu vgl. Milet 3, 137, 15 ἐγγράφεσθαι τὸ διδόμενον καὶ διαφυλάσσειν (vorher τοὺς δὲ
ὑποστησαμένους λόγον πόλεως) auch 147, 16 ἀποκαθιστάναι δὲ εἰς τὸν τῆς πόλεως (sc. λόγον)
so von mir ergänzt: Griech. Schulwesen ² 14.

τηκότας δοῦναι τοῖς ἀποδειχθησομένοις δρα. | [X]XX ἐκ τοῦ μετενηνεγμένου ἐκ τοῦ λόγου τῆς ὁ[χυ]-|‖[ρ]ώσεως, ὃ δέδοται εἰς τὴν τιμὴν τοῦ σίτου.
30. Ephesos. Ditt. Syll.³ 742, 50f.

προελθόντες δὲ εἰς τὸν δῆμον καὶ οἱ δεδανεικότες ⟨κατὰ⟩ τὰ συμβόλαια τά τε ναυτικὰ καὶ κατὰ χειρόγραφα καὶ κατὰ παραθήκας καὶ ὑποθήκας καὶ ἐπιθήκας καὶ κατὰ ὠνὰς καὶ ὁμολογίας καὶ διαγραφὰς καὶ ἐκχρήσεις πάντες ἀσμένως καὶ ἑκουσίως συνκαταθέμε[νοι] τῶι δήμωι ἀπέλυσαν τοὺς χρεωφιλέτας τῶν ὀφειλημάτων, μενουσῶν τῶν [ἐμβάσεων κ]αὶ διακατοχῶν παρὰ τοῖς νῦν διακατέχουσιν, εἰ μή τινες ἢ ἐνθάδε ἢ ἐπ' ἑ[τέρας γῆς ξ]ένοις δεδανείκασιν ἢ συνηλλάχασιν.
Z. 51 ⟨κατὰ⟩τὰ συμβ. von mir ergänzt.

31. IG II/III ed. min. 28, 17. (Zum historischen Verständnis vgl. die gute Dissertation von F. Nolte, Die historisch-politischen Voraussetzungen des Königsfriedens von 386, Frankfurt 1923, 7f.)

Z. 17 [τῶμ πό-]|[λεω]ν ὅθεν σιταγωγῶνται Κλαζομέ[νιοι], — ¹¹ l. | [καὶ Σ]μύρνης, εἶναι ἔνσπονδον αὐ[τοῖς ἐς τὸς λιμένα]‖[²⁰ς, ἐσπλε̄]ν — Welches waren die anderen Häfen? Da ['Εφέσο] oder [Μιλήτο] allein zu kurz ist, denke ich etwa an [Χίο καὶ Μιλήτ][ο]. — Die Übersetzung von Hasebroek S. 134 „Ehrendekret an die Klazomenier — —, welches ‚für die Häfen und Städte des attischen Bundes und Smyrnas, woher sie Getreide holen, Geltung hat'' ist ganz unklar.

32. Aristot. Oecon. II p. 1348b, 17

Κλαζομένιοι δ'ἐν σιτοδεία ὄντες χρημάτων τε ἀποροῦντες ἐψηφίσαντο, παρ' οἷς ἐλαιόν ἐστι τῶν ἰδιωτῶν, δανεῖσαι τῇ πόλει ἐπὶ τόκῳ· γίνεται δὲ πολὺς οὗτος ὁ καρπὸς ἐν τῇ χώρᾳ αὐτῶν. δανεισάντων δὲ μισθωσάμενοι πλοῖα ἀπέστειλαν εἰς τὰ ἐμπόρια, ὅθεν αὐτοῖς ἧκε σῖτος, ὑποθήκης γενομένης τῆς τοῦ ἐλαίου τιμῆς, vgl. die πλοῖα σιτ[αγωγά], welche der Stratege Archestratos für Klazomenai rettet Ditt. Or. Gr. I 9, 2

33. Aristot. Oecon. II p. 1352b, 14.

τοῦ τε σίτου πωλουμένου ἐν τῇ χώρᾳ δεκαδράχμου, καλέσας τοὺς ἐργαζομένους ἠρώτα, πόσου βούλονται αὐτῷ ἐργάζεσθαι· οἱ δὲ ἔφασαν ἐλάσσονος ἢ ὅσου τοῖς ἐμπόροις ἐπώλουν. ὁ δ'ἐκείνους μὲν ἐκέλευσεν αὐτῷ παραδιδόναι ὅσουπερ ἐπώλουν τοῖς ἄλλοις· αὐτὸς δὲ τάξας τριάκοντα καὶ δύο δραχμὰς τοῦ σίτου τὴν τιμὴν οὕτως ἐπώλει. Kleomenes s. Berve, Alexanderreich II n. 431, dazu Jardé, Les céréales I 180. Andreades, Ἱστορία τῆς ἑλλην. δημοσ. οἰκονομίας I 1928, 301.

34. Dem. 56 (g. Dionys.) 9

ἐπειδὴ ὁ Σικελικὸς κατάπλους ἐγένετο καὶ αἱ τιμαὶ τοῦ σίτου ἐπ'ἔλαττον ἐβάδιζον καὶ ἡ ναῦς ἡ τούτων ἀνῆκτο εἰς Αἴγυπτον —,
Diese Stelle übersetzt Hasebroek S. 158 „Während der sizilischen Expedition sanken in Athen die Getreidepreise"! und denkt allen Ernstes an die Expedition des Alkibiades! Gemeint ist wohl die „Landung" einer sizilischen Getreidesendung im Peiraieus, so schon A. Schäfer, Demosth. u. s. Z. III 1858, Beil. 308.

35. Paros. Inschr. v. Magnesia 50 (Syll.³ 562) Z. 68

τὸ δὲ ἀνάλωμα [εἰς ταῦ|τα εἶναι] ἀπὸ τῆς π[αρα]στάσεως τῶν δη[μοσίων — —]

36. Inschr. v. Priene 108, 89 (nach 129 v. C.)

οὐ μόνον διαφόρων γενομένης τῇ [π]όλει χρείας, ἀ[λλὰ] καὶ παραστάσεως ἐνεχύρων,

— — 95, εἰσήνεγκε διαφόρου μὲν δρ. Ἀλεξ. [χιλίας εἰ]ς δὲ χρῆσιν ἐνεχύρων ἀργυρώματα δρ. Ἀλεξ. 4000.

37. Aristot. Polit. p. 1258, 23
διαφέρει δὲ τούτων ἔτερα ἑτέρων τῷ τὰ μὲν ἀσφαλέστερα εἶναι, τὰ δὲ πλείω πορίζειν τὴν ἐπικαρπίαν.

38. Dem. 38 (g. Nausimachos), 11
ἦν μὲν γὰρ τὸ χρέως ἐν Βοσπόρῳ, ἀφίκετο δ'οὐδεπώποτε εἰς τὸν τόπον τοῦτον ὁ Δημάρετος· πῶς οὖν εἰσέπραξεν; ἔπεμψεν νὴ Δί', εἴποι τις ἂν, τὸν κομιούμενον. — — ἔστιν οὖν οὕτω τις ἀνθρώπων ἄτοπος, ὥσθ'ἃ τοὺς κυρίους διεκρούσατο μὴ καταθεῖναι τοσοῦτον χρόνον, ταῦτα τῷ μὴ κυρίῳ πέμψαντι γράμματα ἑκὼν ἀποδοῦναι;

39. Isocr. 17, 57
ἄξιον δὲ καὶ Σατύρου καὶ τοῦ πατρὸς ἐνθυμηθῆναι οἵ — — πολλάκις ἤδη διὰ σπάνιν σίτου τὰς τῶν ἄλλων ἐμπόρων ναῦς κενὰς ἐκπέμποντες ὑμῖν ἐξαγωγὴν ἔδοσαν καὶ ἐν τοῖς ἰδίοις συμβολαίοις, ὧν ἐκεῖνοι κριταὶ γίγνονται, οὐ μόνον ἴσον, ἀλλὰ καὶ πλέον ἔχοντες ἀπέρχεσθε.

40. Dem. 20, 31
τὸν Λεύκων' αὐτοῦ τοῖς ἄγουσιν Ἀθήναζε ἀτέλειαν δεδωκέναι, καὶ κηρύττειν πρώτους γεμίζεσθαι τοὺς ὑμᾶς πλέοντας.

41. [Dem.] 34, 36
κήρυγμα ποιησαμένου Παιρισάδου ἐν Βοσπόρῳ, ἐάν τις βούληται Ἀθήναζε εἰς τὸ Ἀττικὸν ἐμπόριον σιτηγεῖν, ἀτελῆ τὸν σῖτον ἐξάγειν...

42. Dem. 20, 37
μὴ γὰρ οἴεσθ'ὑμῖν ἄλλο τι τὰς στήλας ἑστάναι ταύτας, ἢ τούτων πάντων ὧν ἔχετ'ἢ δεδώκατε συνθήκας, αἷς ὁ μὲν Λεύκων ἐμμένων φανεῖται — — ὑμεῖς δ'ἑστώσας ἀκύρους πεποιηκότες; vgl. 36 τούτων δ'ἁπάντων (d. h. ψηφισμάτων) στήλας ἀντιγράφους ἐστήσαθ'ὑμεῖς κἀκεῖνος, τὴν μὲν ἐν Βοσπόρῳ, τὴν δ'ἐν Πειραιεῖ, τὴν δ'ἐφ' Ἱερῷ. Zur Lage des Tempels des Zeus Urios, vgl. Klio 18, 366f. bemerkt Hasebroek S. 119 „zwischen dem thrakischen Bosporus und Trapezunt"!!

43. Ditt. Syll.³ 206, 14
— — ἐπ[αγ]γέλλονται τῶι δήμωι τῶν Ἀ[θ]ην[α]ίων ἐπιμε[λ]|ήσεσθαι τῆς ἐκ-[π]ομπῆς τοῦ σ[ί]τ[ο]υ, καθάπερ ὁ | πατὴρ αὐτῶν ἐπεμελεῖτο καὶ ὑπηρετήσειν π[ρο]θύμως ὅτου ἂν ὁ δῆμ[ος] δ[έη]ται..

Z. 20 ἐπειδὴ δὲ [τὰ]ς δω[ρεά]ς διδόασι | ν Ἀθηναίοι[ς, ἅσ]περ Σ[άτ]υ[ρ]ος καὶ Λεύκων ἔδο|σαν, εἶναι [Σπαρτ]ό[κ]ωι [κ]αὶ Παιρισάδει τὰς δ|ωρειάς, ἃς ὁ [δῆμ]ος ἔδωκε Σατύρωι καὶ Λεύκω|νι.

Z. 26 [ποιε]ῖσθαι δὲ τοὺς στεφάνους το|ὺς ἀθλοθέ[τας] τῶι προτέρωι ἔτει Παναθη-να|ίων τῶν μεγάλ]ων κατὰ τὸ ψήφισμα τοῦ δήμου | τὸ πρότερον ἐψηφισμένον Λεύκωνι.

Z. 53 περὶ δὲ τῶν χρημάτων τῶν [ὀφ]-|ει]λ[ο]μένων τοῖς παισὶ τοῖς Λεύκωνος ὅπ[ως| ἄ]ν ἀπολάβωσιν, χρηματίσαι τοὺς προέδρ[ους | οἳ] ἂν λάχωσι προεδρεύειν ἐν τῶι δήμωι [τῆι] | [ὀγ]δόῃ ἐπὶ δέκα πρῶτον μετὰ τὰ ἱερά, ὅ[πως ἂ|ν] ἀπολαβόντες τὰ χρήματα μὴ ἐγκαλῶσ[ι τῶι | δ]ήμωι τῶι Ἀθηναίων.

44. Dem. 20, 33
πρωπέρυσι σιτοδείας παρὰ πᾶσιν ἀνθρώποις γενομένης, οὐ μόνον ὑμῖν ἱκανὸν σῖτον ἀπέστειλεν, ἀλλὰ τοσοῦτον, ὥστε πεντεκαίδεκ' ἀργυρίου τάλαντα, ἃ Καλλισθένης (357) διῴκησε, προσπεριγενέσθαι.

45. II² 653, 23 (289 v. C.)

[δέδωκεν σῖτ]ου δωρεὰν μυρίου[ς] | καὶ πε[ντακισχιλίους με]δίμνους, ἐπαγγέλλε[τ]|αι δὲ καὶ εἰς τὸ λοιπὸν χρ]είαν παρέξεσθαι τῶ[ι] | [δήμωι τῶν 'Αθηναίων καθό]τι ἂν δύνηται...

46. Xenoph. De vectig. III 14

ἀγαθὸν δέ μοι δοκεῖ εἶναι πειραθῆναι, εἰ καὶ ὥσπερ τριήρεις δημοσίας ἡ πόλις κέκτηται οὕτω καὶ ὁλκάδας δημοσίας δυνατὸν ἂν γένοιτο κτήσασθαι, καὶ ταύτας ἐκμισθοῦν ἐπ' ἐγγυητῶν, ὥσπερ καὶ τἆλλα δημόσια. εἰ γὰρ καὶ τοῦτο οἷόν τε ὂν φανείη, πολλὴ ἂν καὶ ἀπὸ τούτων πρόσοδος γίγνοιτο.

47. Dem. 50, 20

ὁ δὲ στρατηγὸς Τιμόμαχος ἀφικομένων ὡς αὐτὸν πρέσβεων Μαρωνιτῶν καὶ δεομένων αὐτοῖς τὰ πλοῖα παραπέμψαι τὰ σιτηγά, προσέταξεν ἡμῖν τοῖς τριηράρχοις ἀναδησαμένοις τὰ πλοῖα ἕλκειν εἰς Μαρώνειαν, πλοῦν καὶ πολὺν καὶ πελάγιον. § 21 μετὰ γὰρ τὴν παραπομπὴν τῶν πλοίων, τὴν εἰς Μαρώνειαν καὶ τὴν ἄφιξιν, τὴν εἰς Θάσον ἀφικόμενος παρέπεμπε πάλιν ὁ Τιμόμαχος μετὰ τῶν Θασίων εἰς [τὴν] Στρύμην σῖτον καὶ πελταστάς, ὡς παραληψόμενος αὐτὸς τὸ χωρίον.

48. Dem. 8, 24

πάντες ὅσοι πώποτ' ἐκπεπλεύκασι παρ' ὑμῶν στρατηγοὶ —— καὶ παρὰ Χίων καὶ παρ' Ἐρυθραίων καὶ παρ' ὧν ἂν ἕκαστοι δύνωνται —— χρήματα λαμβάνουσι· λαμβάνουσι δ'οἱ μὲν ἔχοντες μίαν ἢ δύο ναῦς ἐλάττονα, οἱ δὲ μείζω δύναμιν πλείονα. καὶ διδόασι οἱ διδόντες —— —— ὠνούμενοι μὴ ἀδικεῖσθαι τοὺς παρ' αὐτῶν ἐκπλέοντας ἐμπόρους, μὴ συλᾶσθαι, παραπέμπεσθαι τὰ πλοῖα τὰ αὐτῶν, τὰ τοιαῦτα· φασὶ δ'εὐνοίας διδόναι, καὶ τοῦτο τοὔνομ' ἔχει τὰ λήμματα ταῦτα.

49. Thuk. VIII 4

καὶ Σούνιον τειχίσαντες, ὅπως αὐτοῖς (d. h. den Athenern) ἀσφάλεια ταῖς σιταγωγαῖς ναυσὶν εἴη τοῦ περίπλου.

50. Xen. Hell. V 4, 61

τὰ γὰρ σιταγωγὰ αὐτοῖς πλοῖα ἐπὶ μὲν τὸν Γεραστὸν ἀφίκετο, ἐκεῖθεν δ'οὐκέτι ἤθελε παραπλεῖν, τοῦ ναυτικοῦ ὄντος τοῦ Λακεδαιμονίων περί τε Αἴγιναν καὶ Κέω καὶ Ἄνδρον. γνόντες δ'οἱ Ἀθηναῖοι τὴν ἀνάγκην, ἐνέβησαν αὐτοὶ εἰς τὰς ναῦς, καὶ ναυμαχήσαντες πρὸς τὸν Πόλλιν Χαβρίου ἡγουμένου νικῶσι τῇ ναυμαχίᾳ· καὶ ὁ μὲν σῖτος τοῖς Ἀθηναίοις οὕτω παρεκομίσθη.

Diod. XV 34, 3 Πόλλις —— —— πυθόμενος σίτου πλῆθος ἐν ὁλκάσι παρακομίζεσθαι τοῖς Ἀθηναίοις, ἐφήδρευε καὶ παρετήρει τὸν κατάπλουν τῆς κομιζομένης ἀγορᾶς, διανοούμενος ἐπιθέσθαι ταῖς ὁλκάσιν. ἃ δὴ πυθόμενος ὁ δῆμος τῶν Ἀθηναίων ἐξέπεμψε στόλον παραφυλάξοντα τὴν σιτοπομπίαν καὶ διέπεμψεν εἰς τὸν Πειραιᾶ τὴν κομιζομένην ἀγοράν.

51. Andros XII 5, 714 neue Lesung von Saucius Ath. Mitt. 36, 1911, 2, 3 (4. Jahrh.)

τοῦ σίτου τοῦ ξενικοῦ εἴκοσιν [Zahl der Medimnen] Th. Sauciuc-Saveanu gibt in seinem Kommentar zu dieser Inschrift den Anfang seiner Sammlungen zu den Kornimportinschriften, welche er seitdem vollständig vorgelegt hat in dem Buche: Cultura cerealelor in Grecia antică și politica cerealistă a Atenienilor. Academia Romana Stud. si cercet. X Bukarest 1925. Dieses rumänisch geschriebene Buch berührt sich vielfach mit Jardé, Les Céréales I und ist mir erst nach Abschluß meiner Sammlungen bekannt geworden.

52. Samos S E Gr I 361 (4. Jh. Ende).

ἔδοξε τῶι δήμωι, Διονύσιος Λεοντίσκου εἶπεν· ἐπειδὴ || εἰσαγαγὼν ἔχει Γύγης |
Μενεσθέως Τορωναῖος πυρῶν μεδίμνους τρισχιλί|ους κατὰ τὸν νόμον, δεδό|χθαι
τῶι δήμωι ἐπαινέσαι. —

53. II² 342, 3 (4. Jh.)

[καὶ εἰς τὸν λοιπ]ὸν χρόνον ἐπαγ[γέλλ]-|[εται σ]ιτ[ηγήσει]ν 'Αθήναζε καὶ
π[οήσε]- || ⁵[ι]ν 'Αθηναίο[υς ἀγ]αθὸν ὅτι ἂν δύν[ηται] | καὶ αὐτὸς καὶ [τὸν] πατέρα
τὸν αὑ[τοῦ, ἐ]|παινέσαι ''Αψη[ν..ρ]ωνος Τύριον [καὶ.] .ρωνα ''Αψου Τύρ[ιον...]
Z. 6 ist der Text nicht in Ordnung.

54. II² 360, 5f.

ἐπειδὴ Ἡρακλείδης Σαλαμίνιος —— καὶ πρότερόν (330/29) τε ἐπέδωκεν ἐν τῆι σ-|
πανοσιτίαι 3000 μεδίμνους πυρῶν πεντεδράχμου- || ¹⁰ς πρῶτος τῶν καταπλευσάντων
ἐμπόρων· καὶ πάλιν | ὅτε αἱ ἐπιδόσεις ἦσαν (328/7) ἐπέδωκε 3000 δρ. εἰ|ς σιτωνίαν. .
35 ἐπειδὴ δὲ καταχθεὶς ὑπὸ Ἡρακλεωτῶν πλέων 'Αθή|ναζε παρειρέθη τὰ ἱστία
ὑπ'αὐτῶν, ἑλέσθαι πρεσβ|ευτὴν ἕνα — ὅστις ἀφικόμενος ε|ἰς Ἡράκλειαν ὡς
Διονύσιον ἀξιώσει ἀποδοῦναι τ | ἃ ἱστία τὰ Ἡρακλείδου καὶ τὸ λοιπὸν μηδέν'ἀδικε|⁴⁰ῖν
τῶν 'Αθήναζε πλεόντων.

Z. 10: irrtümlich schrieb Francotte Mélanges 304 „Heracleidès... souscrivit
deux fois 3000 drachmes." — Zur Erklärung vgl. Jardé, Céréales I.

55. II² 363 (vor 318/7 v. Chr.), 8

[ἐπει]δὴ Διον[ύσ] | [ιος πρό]τερόν τε [ἐπηγγείλ]ατο τῶι [δή]|-μωι ἐπι]δώσειν
τ[ρισχιλίου]ς μεδίμν[ους — —].

56. II² 654, 11f.

ἐ[πει]δὴ ὁ Παιόνων β[ασ]ιλεὺς [Α]ὐ]δωλ[έω]ν —— —— δέδωκεν δὲ καὶ [σ]|ί[τ]ου
δωρεὰν τῶι δήμωι μεδίμν[ου]ς 7500 Μακεδονίας τοῖς ἰδίοι[ς] | ἀναλώμασιν καταστήσας
εἰς τ[ο]-||³⁰ὺς λιμένας τοὺς τῆς πόλεως — —

II² 655, 11

συνήργη[σ]εν δὲ καὶ [εἰς] | [τὴν] ἐκκομιδὴν τοῦ σίτου [φιλ]οτιμό[τατα] | [ὥστε]
τὴν ταχίστην αὐτὸν [παρ]απ[εμφθῆν]-|[αι τ]ῶι δήμωι —

57. II² 408, 6f. (um 330 v. C.)

[περὶ ὧν Μνήμων καὶ· ...] ίας οἱ Ἡρακλ-|[εῶται λέγουσιν καὶ ἀποφαίνο]υσιν
Διότι[μ]-|[ός τε ὁ στρατηγὸς καὶ Διονυσ]όδωρος, ὃν κα[τ]-|ἔστη]σεν Διότιμος ἐπι-
μελε]ῖσθαι τῆς παρα[α]-|[¹⁰πομπῆς [τοῦ σίτου ....? ἀφ]εῖναι τῶι δήμω[ι] | τῶι
'Αθην[αίων καὶ παραδεδω]κέναι τῶι δήμ[ω]|ι πυρῶν Σ[ικελικῶν? μεδίμνο]υς
Χ Χ Χ Χ χιλίο[υ]|ς ἐννεαδρ[άχμους κριθὰς δ'ὁπό] σας ἦγεν ἀπά-| σας πεντε[δράχμους,
δεδόχθαι] τῶι δήμωι — —

Z. 13 scheint die ungenaue Angabe über die Gerste auf das Fehlen genauer
Schiffspapiere hinzuweisen.

58. II² 407, 4 (etwa 330—26)

[— αὐτ]ός τε σιτηγῶν εἰς τ[ὸ] | [ἐμπόριον τὸ 'Αθην]αίων διατελεῖ [κα]ὶ τῆ-|[ς τοῦ
σίτου πομ]πῆς ἐκ Κύπρου συνε[πι]με-|[λεῖται ὅπως ἂν σ]ῖτος ἀφι[κ]νῆτα[ι ὡς π]
λε |[ῖστος 'Αθήναζε] καὶ διατελεῖ.. Der Geehrte ist nach Z. 12 [?Μιλή]σιον.

59. II² 400, 3 (um 320/19, weil Antragsteller Demades)

[ἐπειδὴ Εὐ]χάριστος Χει | 12 l. [—— σῖτ]ον ἄγων 'Αθήνα[ζ]-|⁵[ε χρείας παρέχετ]αι
τῶι δήμωι τῶ[ι] | ['Αθηναίων, φησὶν δ]ὲ αὐτῶι ἤδ[η] ὀ[κ]τα-|[κισχιλίους μεδί]-
9*

μνους παραδ[ώ]σ[ε]- | [ιν τῆς καθισταμ]ένης τιμ[ῆ]ς καὶ τ[ὸ] | [λοιπὸν ἄλλους τ]ε-τρακισχιλίου[ς || ¹⁰ [μεδίμνους καὶ ἐν] τῶι πρόσθεν χρ[ό]-|[νωι καὶ νῦν πρόξενο]ς ὦν καὶ εὐεργ-|[έτης — —

Z. 8 las Francotte Mél. 305 [τῆς κατηξιωμ]ένης τιμῆς.

60. IG II² 409, 1 (um 330 v. C.) ergänze ich

[ὅπως καὶ εἰς] | τὸ λο[ιπὸν σῖτος ἱκανὸς ὑπάρχηι τοῖς πλο]-|ίοις τῶν ᾽Αθηναίων ἐμπόρων καὶ ναυ]-|κλήρω[ν — — — — δεδόχθ-]||⁵αι τῶι δ[ήμωι ἐπαινέσαι ¹⁰ 1.

κα]|ὶ Ποτάμω[να ὅτι διατελοῦσιν νῦν καὶ ἐν] | τῶι πρόσ[θεν χρόνωι ἄνδρες ἀγαθοὶ ὄν]-|τες καὶ εὔν[οι τῆι πόλει καὶ ὑπ᾽αὐτῶν σί]-|τος ἐξάγετα[ι ἐκ ?Σινώπης? vel Κυρήνης? ᾽Αθηναίων τῶι] || ¹⁰ δήμωι· χειρο[τονῆσαι δὲ πρέσβεις — —]

Z. 16 Μι]-λήσιοι α —

61. Oropos. VII 4262 (Syll.² 547) Ende des 3. Jh. v. C.

ἐπειδὴ Διονύσιος ᾽Αρίστωνος (Τύριος) καὶ Ἡλιόδωρος Μουσαίου (Σιδώνιος) εὔνους εἰσίν, καὶ εἰσαγαγόντες σῖτον, ἀξιωσάντων τῶν πολεμάρχων | ἀποδόσθαι τῆι πόλει, καθυπήκουσαν τῆς καλῶς ἐχούσης τιμῆς — — — δεδόχθαι .. προξένους εἶναι καὶ εὐεργέτας τῆς πόλεως ᾽Ωρωπίων...

62. IG II² 398, 11 (320/9 v. C.)

Z. 1 ...φάν[η]ς πα[τρικὴν ἔχων εὔνοιαν] | [πρ]ὸς τὸν δῆμο[ν..

[x]αὶ σπάνεως [σίτου γενομένης τ]-|[ὸν σ]ῖτον τὸν ἐν [῾Ελλησπόντωι ἀπέσ-] | [τει]λεν πυρῶν μ[εδίμνους ... ᾽Αθήν]-[αζε] φανερὰν πο[ιῶν τὴν πρὸς τὸν δῆ]-[μον] φιλοτιμ[ίαν — —].

63. IG II² 401, 6 (321/19)

καὶ νῦ[ν μ]ετ᾽ ᾽Αρριδαί]-|ου ὦν τοῦ καθ[ε]στῶτο[ς σατρά]-|που ὑπὸ βασιλ[έω]ς καὶ [᾽Αντιπ]-|άτρου καὶ τῶ[ν ἄ]λλων Μ[ακεδό]-| ²⁰ νων χρήσιμο[ν αὐ]τὸν παρα-σκ-|[ε]υάζει, περί [τε τ]ὴν ἀ[ποστολ]-|[ὴν] τοῦ σίτου [ἐ]κ τῆς [᾽Ασίας κα]-|ὶ τἄλλα πρά[ττε]ι τὰ [συμφέρο|ντα] ᾽Αθηναίοις· δεδ[όχθαι ἐπα[ιν]έσα[ι 7 1. — — Μητ]ρο-δώρου Κυ[ζικηνόν —].

64 IG II² 416 (um 330 v. C.)

a. προξενία Πραξιάδ[ου Κώιου].

b. [ἐπειδὴ — — — — οἱ ἔ]μποροι ο[ἱ ᾽Αθηναίων καὶ ὁ δῆ]-|⁵[μος] ὁ ἐν Σάμωι καὶ ο[ἱ ἄλλοι οἱ πα]-|[ρ]ατυγχάνοντες ᾽Αθη[ναίων καὶ τ]-|[ῶ]ν ἄλλων ἀποφαίνου[σιν Πραξιά]-|δαν τὸν Κώιον τῶν τε [ἐμπόρων κα]-|ὶ τῶν ναυκλήρων ἐπι[μελούμενο]-|¹⁰ν ὅπως ἂν σῖτος ὡς ἀφ[θονωτάτως] | εἰσπλεῖ τῶι δήμωι τ[ῶι ᾽Αθηναίω]-|ν καὶ μηδεὶς μήτε κ[ωλύηται τῶν] | ᾽Αθηναίων μηδ᾽ ὑφ᾽ ἑνὸ[ς ἀδίκως μη]-|δὲ κατάγηται καὶ τἄλλα ἐνδείκ-|¹⁵νυται τῶι ἀεὶ παραγ[ιγνομένωι] | [᾽Αθ]ηναίων εὔνοιαν..

65. Ferri, Alcune iscrizioni di Cirene. Abh. Berl. Akad. 1926, n. 5, 24 (325—317 v. C.)

[ἰαρέ]ως Σωσία Σκαμω[νίδα] | [πό]σοις σῖτον ἔδωκε ἁ πόλις | ὅκα ἁ σιτοδεία ἐγένετο | ἐν τᾶι Ἑλλάδι || ᾽Αθ[α]ναίοις δέκα μυριάδας |

66. IG II² 1128 II

9. Θ[εογ]ένης εἶπεν· δεδόχθαι τῆ βο[υλῆι καὶ τῶι δήμωι τῶι Κορησίων· περὶ ὧν λέγουσι οἱ παρ᾽ ᾽Αθη]-|¹⁰ναίων, εἶναι τῆς μίλτου τὴν ἐξ[αγωγὴν ᾽Αθήναζε — — — — — — — — — —κ]αθάπερ πρότερον ἦν· ὅπως δ᾽ ἂν κύρια ἦ [τ] ἃ ψηφίσματα [τὰ πρότερον γεγενημένα ᾽Αθηναίων κ]-|αὶ Κορησίων τὰ περὶ τῆς μίλτου, ἐξάγειν ἐμ πλοίοι ὧ[ι ἂν ᾽Αθηναῖοι ἀποδείξωσιν, ἐν ἄλλωι] | δὲ πλοίωι μηδενί, ναῦλλον δὲ τελεῖν ὀβολὸν τοῦ

[ταλάντου ἑκάστου τοῖς ναυκλήροις το]-[ὑ]ς ἐργαζομένους· ἐὰν δέ τις ἐν ἄλλωι πλοίωι ἐξάγ[ηι, ἔνοχον εἶναι — — — — — — —].

III 26 εἶναι τὴ[ν τῆς μίλτου ἐξαγωγὴν Ἀθήναζ]-[ε], ἄλλοσε δὲ μηδαμῆι ἀπὸ τῆσδε τῆς ἡμέρας· ἐὰν δέ τι[ς ἄλλοσε ἐξάγηι, δημόσια εἶναι τ]-ὸ πλοῖον καὶ τὰ χρήματα τὰ ἐν τῶι πλοίωι· τῶι δὲ φήν[αντι ἢ ἐνδείξαντι εἶναι τὰ ἡ]-|μίσεα· ἐὰν δὲ δοῦλος ἦι ὁ μηνύσας, ἐλεύθερος ἔσ[τω καὶ — — — — — — — τῶν χρημ]||³⁰άτων μετέστω αὐτῶι· τὸν δὲ ἐξάγοντα ἐκ Κέω μίλτον ἐξ[άγειν ἐμ πλοίωι ὧι ἂν Ἀθηναῖοι ἀπο-δ]-|είξωσιν· ἐὰν δέ τις ἐν ἄλλωι ἐξάγηι πλοίωι, ἔνοχον [εἶναι — — — — — — ἐὰν δέ τι ἄλλ]-|λο ψηφίζωνται Ἀθηναῖοι περὶ φυλακῆς τῆς μίλ[του — — — — — — — κύρια εἶ]-|ναι ἂ ἂν Ἀθηναῖοι ψηφίζωνται· ἀτέλειαν δὲ εἶναι [τοῖς ἐργαζομένοις — — — — — —| ιου ἀπὸ τοῦ μηνὸς τοῦ Ἑρμαιῶνος — — —

67. Xenoph. Poroi V 3

τίνες γὰρ , ἡσυχίαν ἀγούσης τῆς πόλεως, οὐ προσδέοιντ' ἂν αὐτῆς (d. h. εἰρήνης), ἀρξάμενοι ἀπὸ ναυκλήρων καὶ ἐμπόρων, οὐχ οἱ πολύσιτοι, οὐχ οἱ πολύοινοι, οὐχ οἱ ἡδύοινοι, τί δὲ οἱ πολυέλαιοι, ⟨τί⟩ δὲ οἱ πολυπρόβατοι, τί δὲ οἱ γνώμη καὶ ἀργυρίῳ δυνάμενοι χρηματίζεσθαι;

68. [Dem.] 35, 35

ἐνθυμεῖσθε πρὸς ὑμᾶς αὐτούς, εἴ τινας πώποτ' ἴστε ἢ ἠκούσατε οἶνον Ἀθήναζε ἐκ τοῦ Πόντου κατ' ἐμπορίαν εἰσαγαγόντας, ἄλλως τε καὶ Κῷον. πᾶν γὰρ δήπου τοὐναντίον εἰς τὸν Πόντον ὁ οἶνος εἰσάγεται ἐκ τῶν τόπων τῶν περὶ ἡμᾶς, ἐκ Πεπαρήθου καὶ Κῶ καὶ Θάσιος καὶ Μενδαῖος καὶ ἐξ ἄλλων τινῶν πόλεων παντοδαπός· ἐκ δὲ τοῦ Πόντου ἕτερά ἐστιν ἂ εἰσάγεται δεῦρο.

69.

Töpfer vermutet den οἶνος ἐπιθαλασσίας, den mit Meerwasser nach Koischer Sitte (vgl. Plinius n. h. XIV, 8) versetzten Wein, und für Kalymnos Wein, gewachsen auf Ruinenfeldern etwa wie in Casamicciola auf Ischia.

70. Thasos. Hafengesetz

Hrsg. v. Picard, Bull. corr. hell. 45, 1921, 147f. Dazu Ziebarth, Bursians Jahresber. 213 (1927, II) 31. Schrift nicht στοιχηδόν, Länge der Zeilen noch nicht sicher bestimmt. B bildet die rechte untere Ecke der Stele.

Bruchstück A

— — — — — — — — — [καρπο-]
[λό]γοι οἱ μὴ ὁρκώσαντε[ς ὀφελόντων —]
καὶ τὸ ἥμυσυ τῆς θωίης [ἰσχέτω ὁ φήνας —]
.ἅπαντας μῆνας τῆι δε[κάτηι ἀπαγέσθω τὸ]
5 [σύνο]λον τὸ γινομένο. Οὐδε[ὶς? — —]
— — — [— — ἐὰν] μή τις μοι δοκῆι τὸ τέλ[ος — —]
[— — δέ]κα στατῆρας ὀφελέτω [τῆι πόλει, —]
— — — ἂ]ν δ'ἐσβὰς ἐς τὸ πλοῖο[ν οἴχηται, δικάσα-]
σθαι τούτους]ἂν ἐσβῆι· ἂν δὲ οἱ κα[ρπολόγοι ἀφή]-
10 σωσιν, διπλ]ησίας τὰς θωίας ὀ[φελόντων.]
[— — δὲ] τὸν Θάσιον πλε͂[ν ὅπου ἂν βόλη-]
[ται, εἰ τελέ]σει τέλος Τ. vac.
— — — — — — ντης τιμή vac.
[ταῦτα πρὸς ἀστούς?:] ὁ δὲ ξε[νικὸν οἶνον
[ἐσάγον ἔσω Ἄθω καὶ Πα]χείης

Ergänzungen meist von Picard. Z. 1—3 handeln von der Zollbehörde der καρπολόγοι, genannt B 9 [παρ]ὰ καρπολόγων; sie müssen von den Zollpflichtigen eidliche Angaben fordern. 4 scheint von dem monatlichen Ertrage der Steuer, vgl. 6 τὸ τέλ[ους]? die Rede, 6—7 von Hinterziehung der Steuer. Wegen des μοι dachte Picard an Thrasybul als Urheber dieser Hafensteuerverfügung, der Thasos 390/89 nahm, dort die ἐμπορίων εἰκοστή erhob (vgl. IG XII, 8 p. 79, II² 24a 4). Holleaux vermutete dagegen, daß die Worte aus dem Z. 2 erwähnten Eid stammen könnten. Z. 8 handelt von einem Steuerschuldner, der zu Schiff zu entfliehen sucht, die Steuerbehörde scheint sich dann an die Besitzer des zur Flucht benutzten Schiffes zu halten. Die Karpologoi werden aber mit haftbar gemacht für die ihnen entgangene Strafsumme (Z. 9), doch ist die Ergänzung [ἀφήσωσιν] unsicher, vielleicht [μὴ ὀρκώσωσιν] wie Z. 2? Z. 11 zeigt, daß die Abfahrt eines thasischen Schiffes aus dem Hafen abhängig war von der Erfüllung bestimmter Zollverpflichtungen, welche der thasische Bürger, wie es scheint, durch eine Pauschalzahlung von einem Talent ablösen konnte. Z. 14, 15 ergänzt von Daux nach II 10, 2, 8, vgl. B. 4 .. γ κατ ἀσεὸς κ[αὶ ξένος — —].

Z. 8 man ist auch versucht zu ergänzen: ἂν δ'ἐσβὰς ἐς τὸ πλοῖον πωλῆι nach dem Gesetz von Delos oben II 12. Doch ist vorher von keinem Kauf oder Verkauf die Rede.

Z. 10 zur Strafbestimmung vgl. 9, 5, 5.

71. Gnomon des Idios Logos 104
[ἀ]τρύγητα γενήματα οὐκ ἐξὸν πωλεῖν.

72. Lukian Hermot. 59
ὅτι καὶ οἱ φιλόσοφοι ἀποδίδονται τὰ μαθήματα ὥσπερ οἱ κάπηλοι. κερασάμενοί γε οἱ πολλοὶ καὶ δολώσαντες καὶ κακομετροῦντες.

73. IG II² 903 (Syll.³ 640)
Z. 2. ἐπειδ[ὴ- 7 l. -γινόμενος] | [πρὸ]ς τεῖ κατὰ θάλατταν ἐργασίαι καὶ βουλόμεν[ος καθότι ἂν δύνηται] | [συναύξ]ειν τὰς τοῦ δήμου προσόδους ἐμ μὲν τῶι ἐπ[ὶ . . . . . . ἄρχοντος ἐ|⁵νια]υτῶι κατέπλευσεν εἰς τὸν Πειραιᾶ σῖτόν τε ἀπ[έδοτο τῆι πόλει εὐ-| ωνον], ἐν δὲ τῷ ἐπὶ Ἱππάκου (176/5) ἐνιαυτῷ συνηγορακὼς ἐν τ[εῖ ὑπερορίαι ἐ-|λαίου]μετρητὰς χιλίους καὶ πεντακοσίους, ὥστε ποιή[σας τὴν τούτων ἐξ-|αγωγ]ὴν εἰς τὸν Πόντον κἀκεῖθεν ἀντιφορτισάμ[ε]νο[ς σῖτον κατακομίσαι | εἰς τὸν] Πειραιᾶ, παρεπιδημῶν ἐν ταῖς πόλεσι καὶ ὁρῶ[ν τὴν ὑπάρχουσαν ¹⁰ || σπάνιν] τοῦ ἐλαίου διὰ τὴν γεγονεῖαν ἀφορίαν ἐν τεῖ χ[ώραι, — — — σπ]εύσας, εἰσήγαγεν τὸ συνηγορασμένον ἔλαιον εἰς τὸ σιτωνικὸν | ἐμπόριον κα]ὶ μετὰ τὸ ἀπενεχθῆναι αὐτὸ ἐκ τοῦ ἐμπο[ρίου. — (Ich möchte Z. 13 nicht τῶν σιτωνῶν ergänzen, auch nicht vorher Z. 12 εἰς τὸ σιτωνικὸν ἐμπόριον, sondern einfach) τῶν ἐμπό|ρων ἐγκειμέν]ων αὐτῶι καὶ ἀξιούν-των παραχωρ[ῆσαι τοῦ ἐλαίου καὶ προσφε]||¹⁵ρόντων μείζω] τιμ[ὴ]ν τῆς γεγο-νείας ὑπ' αὐτ[οῦ . . . |. . οὐκ ἐτ]όλμησεν αὐτοῖς ἀπο[δίδοσθαι — — — —

73a II² 1100. Ölgesetz des Hadrian.
ἐὰν δὲ πωλήσῃ τὸν | καρπὸν ὁ δεσπότης τοῦ χωρίου, ἢ ὁ | γεωργὸς ἢ ὁ ²⁰ καρ-πώνης, ἀπογραφέ|σθω δὲ πρὸς τοὺς αὐτοὺς καὶ ὁ ἐπ' ἑξα|γωγῇ πιπράσκων, πόσον πιπράσκει |καὶ τίνι καὶ ποῦ ὁρμ[ε]ῖ τὸ [π]λοῖον. — ⁴¹ γραφέσθω δὲ καὶ ὁ ἔμπορος, τί ἐξάγει |καὶ πόσον παρ' ἑκάστου· ἐὰν δὲ μὴ ἀπο|γραφάμενος φωραθῇ

ἐκπλέων, στερέ|σθω· ἐὰν δὲ ἐκπλεύσας φθάσῃ καὶ μηνυ|θῇ, γραφέσθω καὶ τῇ
πατρίδι αὐτοῦ ὑπὸ τοῦ δήμου κἀμοῖ.

74. Münzgesetz,erlassen von Athen, vor 421 v. C., mehrereExempl., gefunden in
Siphnos (XII 5, 480) vgl. I² p. 295, vorher in Smyrna, zuletzt in Syme, danach
Hiller v. Gaertringen-Klaffenbach, Zeitschr. f. Numismatik 35, 1925, 217—221,
denen wir folgen.

Z. 10.   δε | ηθῆναι δὲ αὐτῶν | τὸγ κήρυκα τὸν ἰόντ[α ὅσα κελεύοσιν] Ἀθηναῖοι,
          προσγράψα-
ι δὲ πρὸς τὸν ὄρκ|[ον τὸν τῆς] βολῆς τὸν γραμματέα τὸν τῆς [βολῆς τ]-|
άδε· ἐάν τις κόπτ|ηι νόμισ[μα] ἀργυρίο ἐν τῆσι πό[λεσιν ἢ μ]ὴ χρῆται νομ[ίσμασιν
                                                        τοῖς Ἀ]-
       13 [θηνα]ίων ἢ σταθμοῖς ἢ μέτ[ροις, ἀλλὰ ξενικοῖς] |
           [νομίσμασι]ν καὶ σ[ταθμοῖς καὶ μέτροις, τὴν] |
       15 [τιμωρίαν ἔναι κατὰ τὸ πρότε]ρον ψήφισμα, ὃ |
           Κλέαρχ[ος εἶπεν'. τὸς δὲ ἰδιώτας ἀποδὸν]αι τὸ |
           ξενικὸν ἀργύριον [ἕκαστον ὅ]ταμ βόληται, |
           τὴν δὲ πό[λιν καταλλάττεν, ἀπογραψ]ά[ν]των δὲ |
           τὰ αὐτὸ ἔκαστ[οι καὶ καταβαλόντων ἐς τὸ] |
       20 [ἀργυ]ροκόπιον, ο[ἱ δ']ἐπιστάτ[αι παραδεξά]- |
           [μενοι ἐς λευκώματα ἀνα]γράψαντες κατα[θέν]- |
           [των ἔμπροσθεν τὸ ἀργυροκο]πίο σκοπεῖν τῶι |
           βο[λομένωι ἀναγράψαντες χωρὶς μὲν τὸ ξ]ε-
       24 νικόν, χω[ρὶς δὲ τὸ ἡμεδαπὸ]ν ἀργύρι[ον —]

75. Münzgesetz von Olbia.   IV. Jahrh. Ditt. Syll.³ 218.   Dazu H. Schmitz,
Ein Gesetz der Stadt Olbia zum Schutze ihres Silbergeldes.   Freiburg i. B. 1925.

[εἰς Βο]ρυσσθένη εἰσπλεῖν τὸν βου|[λόμεν]ον κατὰ τάδε· ἔδοξε βουλῆι | [καὶ δή]μωι·
ΚάνωβοςΘρασυδάμαντο[ς | εἶπ]ε·εἶναι παντὸς χρυσίουἐπισήμ[ο || ⁵ κ]αὶἀργυρίοἐπισήμου
εἰσσαγωγὴν | [κ]αὶ ἐξαγωγήν· ὁ δὲ θέλων πωλεῖν [ἢ | ὠν]εῖσθαι χρυσίον ἐπίσημον ἢ
ἀργύ|[ριο]ν ἐπίσημον πωλείτω καὶ ὠνείσθ[ω | ἐπὶ] τοῦ λίθου τοῦ ἐν τῶι ἐκκλησιασ-
[τη ||¹⁰ ρίωι]·ὅ[ς] δ'ἂν ἄλλοθι ἀποδῶται ἢ πρίη [ται, | φευ] ξεῖται, ὁ μὲν ἀποδόμενος
το[ῦ πω]λουμέν]ου ἀργυρίου, ὁ δὲ πριάμενος τῆ[ς | τιμῆς] ὅσου ἐπρίατο. πωλεῖν δὲ
καὶ ὠν[εῖ|σ]θαι] πάντα πρὸς τὸ νόμισμα τὸ τῆ[ς ||¹⁵ πόλ]εως, πρὸς τὸν χαλκὸν καὶ
τὸ ἀργύριο[ν | τὸ] Ὀλβιοπολιτικόν· ὃς δ'ἂν πρὸς ἄλλο [ἀ|ποδ] ῶται ἢ πρίηται, στερήσεται
ὁ μὲν [ἀπ|οδ] όμενος ὃ ἂν ἀποδῶται, ὁ δὲ πριάμ[ε|ν]ος ὅσου ἂν πρίηται· πράξονται
δὲ τὸ[ς ||²⁰ πα]ρὰ τὸ ψήφισμά τι παρανομõντας | ο[ἱ] ἂν τὴν ὠνὴν πρίωνται τῶν
παρανο|μησάντων δίκηι καταλαβόντε[ς]· | τὸ δὲ χρυσίον πωλεῖν καὶ ὠνεῖσθ[αι,
τ|ὸ]ν μὲν στατῆρα τὸν Κυζικηνὸν ἐ[νδεκ||²⁵ά]το ἡμιστατῆρο, καὶ μήτε ἀξιώτερο[ν |
μή]τε τιμιώτερον, τὸ δ'ἄλλο χρυσίον τὸ [ἐ|πίσ]ημον ἄπαν καὶ ἀργύριον τὸ ἐπίση[μον] |
πωλεῖν καὶ ὠνᾶσθαι, ὡς ἂν ἀλλ[ήλους] | πείθωσι. τέλος δὲ μηδὲν [πράττειν μήτε ||³⁰
χ]ρυσίου ἐπισήμου] μήτ' ἀργυ[ρίου ἐπισή|μου] μήτε πωλõντα μητ' [ὠνούμενον·— |
——] μ. ο. ργαμ — —

Z. 29 liest H. Schmitz mit Dittenbergers erster Auflage τέλος δὲ μηδὲν
[φέρειν — —]

Zur Erklärung vgl. Hasebroek, Staat und Handel 169, und schon vorher 86.
Ders. Philolog. Wochenschr. 1926, 368f.

Z. 24 scheint ἐ[νδεκ|ά]του gesichert nach Schmitz S. 26.

76. Demosth. 50 (g. Polykles), 30

οὕτω γάρ μοι ἀκριβῶς ἐγέγραπτο, ὥστ' οὐ μόνον αὐτά μοι τἀναλώματα ἐγέγραπτο, ἀλλὰ καὶ ὅποι ἀνηλώθη καὶ τί ποιούντων καὶ ἡ τιμὴ τίς ἦν καὶ νόμισμα ποδαπὸν καὶ ὁπόσου ἡ καταλλαγὴ ἦν τῷ ἀργυρίῳ, ἵν' εἴη ἀκριβῶς ἐξελέγξαι με τῷ διαδόχῳ, εἴ τι ἡγοῖτο ψεῦδος αὐτῷ λογίζεσθαι.

77. Theokrit Epigr. 15 (A. P. IX 435), vgl. v. Wilamowitz, Textgeschichte der griech. Bukoliker 1906, 119.

Ἀστοῖς καὶ ξείνοισιν ἴσον νέμει ἥδε τράπεζα· | θεὶς, ἀνελεῦ ψήφου πρὸς λόγον ἐρχομένης. | ἄλλος τις πρόφασιν λεγέτω· τὰ δ'ὀθνεῖα Κάικος | χρήματα καὶ νυκτὸς βουλομένοις ἀριθμεῖ.

v. l. Z. 2 ἐρχομένης: ἑλκομένης. Der Rechenstein ,,läuft" oder ,,wird gezogen", so wie es die Rechnung verlangt, d. h. es geht bei der Abrechnung ehrlich zu. — Die Deutung von Leaf, der v. Wilamowitz' Erklärung nicht kennt, hatte dieser in seinem kurzen Kommentar zu dem Epigramm voraus geahnt, als er schrieb: ,,Hatte der (Kaikos) sein Exchange office auch bei Nacht offen?"

78. Isaios frg. 12

καὶ κατασκευαζομένῳ τὴν τράπεζαν προσεισευπόρησα ἀργυρίου.

79. Xen. Poroi III 2

ἀλλὰ μὴν καὶ τοῖς ἐμπόροις ἐν μὲν ταῖς πλείσταις τῶν πόλεων ἀντιφορτίζεσθαί τι ἀνάγκη· νομίσμασι γὰρ οὐ χρησίμοις ἔξω χρῶνται· ἐν δὲ ταῖς Ἀθήναις πλεῖστα μέν ἐστιν ἀντεξάγειν, ὧν ἂν δέωνται ἄνθρωποι· ἢν δὲ μὴ βούλωνται ἀντιφορτίζεσθαι, καὶ [οἱ] ἀργύριον ἐξάγοντες καλὴν ἐμπορίαν ἐξάγουσιν· ὅπου γὰρ ἂν πωλῶσιν αὐτὸ, πανταχοῦ πλεῖον τοῦ ἀρχαίου λαμβάνουσιν. Dazu H. Schmitz, Gesetz der Stadt Olbia z. Schutze ihres Silbergeldes 1925, 15f.

80. Belege bei U. E. Paoli, Studi di diritto Attico I 1925, 13.

ἔκδοσις vgl. Dem. 27, 11 ναυτικὰ δ' ἐβδομήκοντα μνᾶς, ἔκδοσιν παρὰ Ξυ0θ ῳ. Lys. 32, 6. ναυτικὰ δὲ ἐπέδειξεν ἐκδεδομένα ἑπτὰ τάλαντα καὶ τετταράκοντα μνᾶς...

81. Dem. 50, 56

διὰ γὰρ τὸ Πασίωνος εἶναι καὶ ἐκεῖνον ἐξενῶσθαι πολλοῖς καὶ πιστευθῆναι ἐν τῇ Ἑλλάδι, οὐκ ἠπόρουν ὅπου δυνηθείην, δανείσασθαι.

82. Isocr. Trap. 33

Πυθόδωρον τὸν σκηνίτην καλούμενον, ὃς ὑπὲρ Πασίωνος ἅπαντα καὶ λέγει καὶ πράττει.

83. Dem. 52, 5

ἐγὼ δὲ προξενῶν τυγχάνω τῶν Ἡρακλεωτῶν. ἀξιῶ δή σε δεῖξαί μοι τὰ γράμματα ἵν' εἰδῶ, εἴ τι καταλέλοιπεν ἀργύριον· ἐξ ἀνάγκης γάρ μοι ἐστιν ἁπάντων Ἡρακλεωτῶν ἐπιμελεῖσθαι.

84. Delos XI 4, 1055 (Syll.³ 493). Choix d' inscr. de Délos I 1, 50. 230/20 v. C.

Z. 9. καὶ τοῖς ἀποσταλεῖσι σιτώναις ὑπὸ τῆς πόλεως εἰς Δῆλον συνεπραγματεύθη πάντα προθύμως καὶ ἀρ|γύριον ἄτοκον προεισήνεικεν καὶ παραίτιος ἐγένετο τοῦ|τὴν ταχίστην σιτωνήσαντας ἀπολυθῆναι, ἐπιπρόσθε | ποιούμενος τὸ πρὸς τὴν πόλιν εὐχάριστον τοῦ ἰδίου λυ|σιτελοῦς.

85. Ios IG. XII 5, 1010, 5

τὸ δὲ ἀργύριο[ν τὸ εἰς τὸν σ]τέφανον (für Antisthenes), δότω ὁ ἠγορακὼς τὸν σῖτ-ον τὸν δημόσιον 'Αρετέας ἀφ' οὗ αὐτ [ὸν ἀποδοῦναι] τῶι ἀγορανόμωι Μεγακλεῖ. Also der Pächter der öffentlichen Kornversorgung soll von der Summe, die er den Behörden zahlen muß, die Spesen für die Ehrung des rhodischen Großkaufmanns abziehen.

86. Delos. Bull. corr. hell. 6, 1882, 14f. A Z. 101. σιτῶναι zu Massinissa, Amnos, Phanos und Phillakos καὶ ὁ πρεσβευτὴς 'Ροδίων so gelesen von Durrbach zu Choix d'inscr. de Délos I 92.

87. Tenos XII 5, 817 (um 188 v. C.)

[ὥσ]|τ]ε δεῖν αὐτὸ (d. h. ἀργύρ. 'Ροδίων) δέξασθαι τοὺς ἐν ταῖς τ[ραπέζαις κα θημένους]. Z. 3 ist die Ergänzung von Hillers [δαπάνην] πολλὴν ἔσχον ἂν τοῦ σ⟨σ⟩ί[του τιμουστέρου (vgl. Syll.³ 495, 61) ὄν]|τος διὰ τοὺς κολλύβους dem Sinne nach sicher richtig. Die Erklärung des Aufgeldes (κόλλυβος) geben die folgenden Worte: [τῶμ] πωλού[ντων τὸν σῖτον ἀντὶ ἑκα]|[τ]ὸν δραχμῶν τοῦ 'Ροδίου ἀργυρίου οὐκ [ἔλαττον ἀπαιτούντων]|ἑκατὸν καὶ πέντε δραχμῶν, τῶν τ[ε σιτωνῶν ἀπορού]|[ντ]ων, ἀξιωθεὶς ὑπὸ τῶν συνέδρων τὴν [πόλιν βουλόμε]|νο]ς ἐν πᾶσιν εὐχαριστεῖν, οὐκ ἐπράξατο [οὐδένα κόλλυ]-|[βον] τῶι ἀργυρίωι τούτωι, ἀλλὰ προσεδέ[ξατο αὐτὸ ἀκολ]-|[λ]ύβιστον καὶ περιεποίησε τοῖς [ν]ησιώταις [— — δραχ]-|[μ]ὰς. . . Z. 2 ergänzt nach Leg. sacr. 140, 20 Kos καθίζοντες ἐπὶ τᾶν τραπεζᾶν.

88. Samos. Ath. Mitt. 44, 1925, 13 = SEpGr. I 94 n. 366.

Z. 36—39: κατασχούσης τε τὸν δῆμον σιτοδείας καὶ τῶν πολιτῶν διὰ τὸ | ἀναγκαῖον τῆς χρείας τρεῖς προχειρισαμένων σιτωνίας ἐν πάσαις αὐταῖς | οὐθὲν ἐνέλιπεν σπουδῆς καὶ φιλοτιμίας, ἀλλὰ τῆς μὲν πρώτης σιτωνίας πᾶ[ν] | τὸ εἰς τὴν ὑποθήκην ἀργύριον προέχρησεν, καθότι ὁ δῆμος ἐψηφίσατο. Aus Anlaß der dritten Sitonie Z. 40—49 τῆς δὲ | τρίτης οὐ μόνον τὰ εἰς τὴν ὑποθήκην χρήματα εἰσήνεγκεν πάντα ἐκ το[ῦ] | ἰδίου, ἀλλὰ καὶ καταχθέντος τοῦ σίτου εἰς τὴν πόλιν καὶ τοῦ σιτώνου δάνειο[ν] | ἔχοντος ἐπ' αὐτῶι παρελθὼν εἰς τὴν ἐκκλησίαν ἐπηγγείλατο, ἐπεὶ οὐκ ἦν, ὅθεν ἀπο | δοθήσεται τὰ χρήματα, αὐτὸς καὶ τὸ δάνειον ὑπὲρ τῆς πόλεως καὶ τοὺς τό|κους καὶ τὰ λοιπὰ ἀναλώματα πάντα ἐπιλύσειν καὶ τοῦτο ἔπραξεν κατὰ τά|χος καὶ ἀπέλυσεν τὸν δανειστὴν οὔτε συγγραφὴν οὐδεμίαν θέμενος πρὸς τὴν | πόλιν ὑπὲρ τούτων τῶν χρημάτων οὔτε προεγγύους ἀξιώσας ἑαυτῶι καταστ[α]|θῆναι, ἀλλὰ περὶ πλείστου ποιησάμενος τὸ κοινῆι συμφέρον καὶ ἵνα ὁ δῆμος | ἐν εὐβοσίαι διαγένηται.

Zu τὰ εἰς τὴν ὑποθήκην χρήματα vgl. meine Ausführungen Zeitschr. für Numismatik 34, 1923, 358f. Übersehen habe ich dort die Inschrift von Erythrai, 'Αθηνᾶ 20, 1908, 198f., wenige Jahre älter als das Samos-Dekret, die dem Polykritos, Sohn des Iatrokles (Syll.³ 410, wo aber die neue Inschrift fehlt) gilt. Auch er streckt seiner Vaterstadt in Zeiten der Getreidenot (Z. 24) ἄτοκα χρήματα εἰς ὑποθήκην vor und ein zweites Mal (Z. 27) ὑπέσχετο τῷ δήμῳ χρή[μα]|τά τε δώσειν εἰς ὑποθήκην τοῖς ἀποδειχθησομένοις σ[ι]-|τώναις Auch ein drittes Mal wiederholt er diese Tat:

Z. 39 τοῖς ἀποδεδε[ι]γμένοις σιτώναις, οὐ δυναμένων εἰς ὑποθήκη[ν] χρημάτω[ν] | συναχθῆναι ἐπηγγείλατο τῷ δήμῳ π[ρο]χρήσειν εἰς ὑποθήκην ἀτόκους δρ. 'Αλεξ. 5000.

Über seine Verdienste vgl. o. S. 88[1]). Irrtümlich sagt H. Francotte, Mélanges de droit public grec 1910, 306 über sein Verfahren „il permit aux sitones, qui ne savaient où trouver de l'argent pour leur achats, de mettre hypothèque sur une partie de ses biens." Es handelt sich vielmehr um das Verfahren der μίσθωσις τοῦ ἀργυρίου, wie ich es für Samos a. a. O. erklärt habe.

89. Delos. IG XI 4,1049. Zeit um 279ff., vgl. Sauciuc-Saveanu, Cultura cerealelor in Grecia 1925, 189

Z. 6—9 ἔν τε τῆι σπανισιτίαι σῖτογ κα|ταχθέντα ὑπὸ Δηλίων δὶς οἷς ὤφειλεν ἡ πόλις, | παραιτησάμενος τοὺς ἐνεχυράσαντας, ἀπέσ-| [τει]λεν τῶι δήμωι.

90. Arist. Eth. Nicom. p. 1159b 28
προσαγορεύουσι γοῦν ὡς φίλους τοὺς σύμπλους καὶ τοὺς συστρατιώτας, ὁμοίως δὲ καὶ ἐν ταῖς ἄλλαις κοινωνίαις, vgl. p. 1161b 13 αἱ δὲ πολιτικαὶ καὶ φυλετικαὶ καὶ συμπλοϊκαὶ, καὶ ὅσαι τοιαῦται, κοινωνικαῖς ἐοίκασι μᾶλλον.

eb. p. 1160a αἱ μὲν οὖν ἄλλαι κοινωνίαι κατὰ μέρη τοῦ συμφέροντος ἐφίενται, οἷον πλωτῆρες μὲν τοῦ κατὰ τὸν πλοῦν πρὸς ἐργασίαν χρημάτων ἤ τι τοιοῦτον (zu dem Ausdruck ἐργασία χρημάτων vgl. o. Anh. II 15.

91. Weihung von συνναῦται auf der Insel Leuke Minns, Scyth. and Greeks S. 361 — Verein von συνναῦται (2. Jh. n. C.) s. Poland, Griech. Vereinswesen 603 Z. 10. — Weihung von συμπλέοντες mit ihrem ναύκληρος Thasos IG. XII 8, 581; vgl. 585 Weihung für εὔπλοια an die Artemis durch den ναύκληρος, den πρόναυκληρος und den κυβερνήτης.

92. IG I² 128, 3 (428/7)
[ἐ]πειδὴ δὲ χσυμβάλλονται οἱ ναύκλεροι [καὶ οἱ ἔμποροι? — — — — δρα] -|⁵
χμὲν ἕκαστος ἀπὸ τõ πλοίο, ὅπος ἂν τὸ [ἱερὸν — — —] | ν σõν εἶ τοῖ θεοῖ. —

93. IG I² 127 (nach 433 v. C.)
Z. 33 [τοῦ να]υκλέρου ἒ τõν [ἐμπόρον?].
Z. 34 [—ἀ]τον ναύκλερος — — vgl. Z. 26 τõν πλεόν[τον] und Z. 20 τὸ ἐπιβατικόν,
Z. 37 [τε]λόντον τὸ ἐπιβατ[ικόν].

94. Die ναυκληρικά als Einnahmequelle des Staates erscheinen in dem Gesetzfragment bei Androtion (Schol. Aristoph. Av. 1541 τοῖς δὲ ἰοῦσι Πυθῶδε θεωροῖς τοὺς κωλακρέτας διδόναι ἐκ τῶν ναυκληρικῶν ἐφόδιον ἀργύρια καὶ εἰς ἄλλο ὅτι ἂν δέῃ ἀναλῶσαι, wo freilich U. v. Wilamowitz-Moellendorff Arist. u. Ath. I 52 zu verbessern vorschlägt ἐκ τῶν ναυκραρικῶν.

95. IG II² 343 (vor 332/1), 3f.
[ἐπειδὴ οἱ ἔ]μπο[ροι καὶ να]|ύκληροι ἀπ[οφαίνου]σι [᾿Απολλω]νίδη[ν Δημητρ]|⁵ίου Σιδώνιο[ν.ι ...Λ. Ο ....θον κ......| [ο]ν τῶι δήμωι τῶν ᾿Αθηναί[ων δε]-δόχθαι. Die Ergänzung der ganz kurz ausgedrückten Verdienste des Apollonides ist noch nicht gelungen, die Reste führen auf ἀ[κ]ό[λου]θον, doch fehlen dann noch zwei Buchstaben, auch bleibt dann kein Platz mehr am Schlusse für [γενόμεν][ο]ν, das man erwartet.

96. IG II² 1012 (Syll.³ 706) 112/11 v. Chr., Z. 12
ἐπειδὴ πρόσοδον ποιησάμενος πρὸς|τὴν βουλὴν Διόγνητος ἐξ Οἴου ταμί|ας ναυκλήρων καὶ ἐμπόρων τῶν φε||¹⁵ρόντων τὴν σύνοδον τοῦ Διὸς τοῦ | Ξενίου ...

---

¹) Er war wohl selbst Kornhändler, vgl. Z. 29 τὸν ὑπάρχοντα αὐτῶι σῖτον εἰς τὴν τροφήν ἐξοίσειν εἰς τὴν ἀγοράν.

97. Delos. C. I. G. 2271 (Michel Rec. 998) Wilhelm, Beitr. 163 (nur Z. 1—27); vgl. Roussel, Délos 359, Archon Phaidrias 152/2 v. C.

τὸ κοινὸν τῶν Τυρίων Ἡρακλεϊστῶν ἐμπόρων καὶ ναυκλήρων, kürzer ἡ σύνοδος τῶν Τυρίων ἐμπόρων καὶ ναυκλήρων (Z. 49) — Z. 10 νῦν [ἔτι] μᾶλλον ἐπευξημένης αὐτῆς (nämlich τῆς συνόδου) μετὰ τῆς τῶν θεῶν εὐνοίας καὶ κατ' ἰ[δί]αν εὔνους ὑπάρχων ἑκάστωι τῶν πλοϊζομέ[νων] ἐμπόρων καὶ ναυκλήρων — vgl. Z. 22 πεφιλανθρωπηκὼς δὲ καὶ πλείονας ἐν τοῖς ἁρμόζουσιν καιροῖς, εἴρηκεν δὲ καὶ ὑπὲρ τῆς συνόδου ἐν τῷ ἀναγκαιοτάτωι καιρῶι (d. h. vor Gericht) τὰ δίκαια μετὰ πάσης προθυμίας καὶ φιλοτιμίας. — Z. 44 ἔστω δὲ ἀσύμβολος καὶ ἀλειτούργητος ἐν ταῖς γινομέναις συνόδοις πάσαις. Z. 54 τὸ δὲ ἐσόμενον ἀνήλωμα εἰς ταῦτα μερισάτω ὁ ταμίας καὶ ὁ ἀρχιθιασίτης.

98. Delos

τὸ κοινὸν τῶν ἐν Δήλωι Βηρυτίων Ποσειδωνιαστῶν ἐμπόρων καὶ ναυκλήρων καὶ ἐγδοχέων. Inschriften bei Poland, Griech. Vereinswesen S. 560 mit Neufunden bei Ch. Picard, Bull. hell. 45, 1920, 263—311 und Exploration archéologique de Délos VII 1920—21 L'établissement des Poseidoniastes de Bérytos. bes. S. 23f.

99. οἱ ἐν Λα[οδικείαι] τῆι ἐν Φοινίκηι ἐγδοχεῖς καὶ να[ύκληροι] Dittenb. Or. Gr. I 247 = Choix d'inscript. de Délos I N. 72, 178/75 v. C.

100. σύνοδος τῶν ἐν Ἀλεξανδρείαι πρεσβυτέρων ἐγδοχέων Bull. corr. hell. 11, 1887, 249 n. 2 (Dittenb. Or. Gr. 140) und n. 3 vgl. Roussel Délos 92. — Stracks Vorschlag Ztsch. f. neutestam. Wiss. IV, 232, dem auch Roussel folgt, hier die πρεσβύτεροι als Vereinsbeamte zu sehen, scheitert am Wortlaut, da es doch sonst mindestens πρεσβυτέρων τῶν ἐγδοχέων heißen müßte, abgelehnt auch von Poland, Griech. Vereinswesen 171.

101. Delos. Fougères Bull. hell. 13, 1889, 241. Roussel, Cultes égypt. n. 216, Zeit vor 156(?) vgl. Roussel, Délos 92.

προσλαβέσθαι τε αὐτοὺς εἰς | τὴν σύνοδον ἄνευ τοῦ καθήκοντος εἰσο|δίου, κλισίαν ἔχ[ον]τας ἔντιμον, ἀλειτουρ|[γήτ]ους ὄντας πάσης λειτουργίας καὶ καθ᾽ ἑ-|κάστην πόσιν στεφανοῦσθαι — — 24 πεμφθῆ[ναι δὲ τοῦ ψηφίσμα]-||25τος τούτου τὸ ἀντίγ[ραφον καὶ εἰς τὴν πατρί-|δα καὶ τῶι κοινῶι τῶι [ἐν Ἀλεξανδρείαι(?) τῶν ἡμε]-|τέρων πολιτῶν καὶ αὐτὸ [ἀναγραφῆναι — — —]; vgl. auch Z. 6 εὐσεβὲς ἅμα καὶ με|γαλόψυχον ὑπόδειγμα καὶ τοῖς ἄλ|λοις τοῖς ἐπ᾽ ἀλλοδημίας καταβαλλόμενος. Auch die Datierung nach dem Monat Mecheir weist nach Ägypten.

102. Alexandreia. Strab. p. 798 εἰς τοιοῦτον χωρίον ὅπερ μέγιστον ἐμπόριον τῆς οἰκουμένης ἐστί. — Pap. Berl. 13045 herausg. v. Kunst, Berl. Klass. Texte Heft VII, 13, Z. 28 αἱ μὲν γὰρ ἄλλαι πόλεις τῆς ὑποκειμέ[νης χώ]ρας πόλεις εἰσίν, Ἀλεξανδρείας δὲ κῶμαι· τῆς γὰρ οἰκουμένης Ἀλεξάνδρεια πόλις ἐστίν, vgl. dazu A. Körte, Arch. Pap. 7, 240.

103. Pap. Soc. Ital. 428, 56

ἐνεβαλόμε ⟨θ⟩ α ἐκ τῆς Τεττάφου (?) εἰς τὸ πλοῖον. Derselbe Ausdruck τὰ ἐνβαλόμενα bezeichnet in Myra (2. Jhr. n. Chr.) die Ladung oder Fracht (s. o. Anh. II 9: Ditt. Or. Gr. II, 572, 39).

104. Pap. Zenon Cairo 59021 Demetrios an Apollonios 24. Okt. 528 v. C. Erklärt von W. Schubart, Zeitschrift für Numismatik XXXIII, 68, ebenso kürzer von Schubart, Griech. Papyri, Bielefeld 1927, N. 2.

οἵ τε ξένοι | οἱ εἰσπλέοντες καὶ οἱ ἔμποροι καὶ οἱ | ἐγδοχεῖς καὶ ἄλλοι φέρουσιν τό τε | ἐπιχώριο[ν] νόμισμα τὸ ἀκριβὲς καὶ | τὰ τρίχρυσα, ἵνα καινὸν αὐτοῖς γέ-|νηται. . .
105. Gorgippia. Minns, Scythians and Greeks 1909 Append. N. 51.

— — Θεῷ Πο||⁵σειδῶνος [ἐπὶ] βασιλέως Σαυρομάτου, υἱοῦ μεγά|λου βασιλέως ῾Ροιμητάλκου, θέασος ναυκλήρων, | οἱ καὶ ποιήσαντες τὰ ἀγάλματα καὶ τὸν ναὸν ἐκ|θεμελίων ἀναστήσαντες, εἰς ἃ καὶ [ἐ]τείμησεν ὁ βα|σιλεὺς τὸν θεὸν καὶ τὴν θέασον [εἰ]σαγώγιον ἄρτα||¹⁰βῶν χειλίων. Θεασεῖται περὶ ἱερέ[α]ν ᾽Αθηνόδωρον | Σελεύκου πρῶτον ἐπὶ τῆς βα[σι]λείας καὶ συναγω|γὸν Μοιρόδωρον Νεοκλέους ὁ ἐπὶ τῆς Γοργιπείας | καὶ φροντιστὰς Κοσσοῦν ῎Αττα Κοσσοῦ καὶ Φαρνάκην Νου|μηνίου ἱερῶν οἰκονόμος. Θε[α]σεῖται Πανταλέων | ¹⁵ Φαρνάκου στρατηγού, Μοιρόδω [ρος ᾽Αταμ] άζου στρατηγός | Χρηστίων Πάπα, Μακάριος ᾽Αθη[νοδώρου] ἐνκυκλίων οἰκο[νόμ]ος, Γάγανος . . . . . . ἐν]κυκλίων οἰκονόμο[ς — — ᾽Ασποῦργος . . . . ἐνκυκλίων] οἰκονόμος. . . . .].
106. Koptos. Bull. de la Société franç. des Fouilles archéol. III 2, 1911, 65.
. . . . οσιον Ζαδδάλα Caλμά- | νου καὶ ᾽Ανεί[ν]α ῾Αδρια- | νῶν Παλμυρηνῶν | ναυκλήρων ᾽Ερυθραϊκῶν || ⁵ ἀναστήσαντα ἀπὸ θεμελίου | τὸ προπύλ[αιον] καὶ τὰς στουὰς (sic) | τρεῖς καὶ τὰ εὐερ[γήσαν]τα ἐκ καὶ- | νῆς τὰ πάντα ἐκ τῶν ἰδίων | αὐτοῦ φιλεκαγαθίας χάριν || ¹⁰ [῾Αδ]ριανοὶ Παλμυρηνοὶ (ἐν) | ἔμποροι τὸν φίλον. |
107. Ostia vgl. Picard, Bull. corr. hell. 45, 1920, 269, Calza, Bollet. commun. 43, 1915, 178f. (Plan) Notizie d. Scav. 1916, 138f., 321ff. 1920, 166 (Paribeni). Rostovtzeff, Social and economic hist.Rom.Empire, 1926, 533. —IG XIV 1918 οἱ ναύκληροι τοῦ πορευτικοῦ ᾽Αλεξανδρείνου στόλου machen eine Weihung zu Ehren des Kaisers Commodus — 917 (Weihung des G. Valerius Severus) dazu Poland Vereinswesen 115, Vogt, Die alexandrin. Münzen 1924, 154ff., ἐπιμελητὴς παντὸς τοῦ ᾽Αλεξανδρείνου στόλου, der zugleich νεωκόρος τοῦ μεγάλου Σαράπιδος ist, also wohl in Ostia ansässig, vielleicht als Schiffsmakler für die alexandrinische Getreideflotte, welche dort regelmäßig verkehrte.
108. Das älteste Beispiel von σιτοπομπία findet sich im 1. heil'gen Kriege, in welchem Kleisthenes von Sikyon die σιτοπομπία der Krisäer durch seine Flotte verhindert, vgl. schol. Pind. Nem. IX ².
109. Zu ὁρμητήριον trage ich nach den Vertrag Milet-Magnesia, Dittenberger Syll.³ 588, 48f.
110. Zum Export des syrischen Weins vgl. Strab. p. 752.
τοῖς μὲν οὖν ᾽Αλεξανδρεῦσιν αὕτη (sc. Λαοδίκεια) παρέχει τὸ πλεῖστον τοῦ οἴνου.
111. Das Verhältnis des Satyros I. zu den ἔμποροι in seinem Hafen findet seine Analogie in Tanais, wo im 2. Jh. n. C. die Einwohner geschieden werden in ῞Ελληνες καὶ Ταναεῖται IGOSPE II, 428, was sich sachlich deckt mit τῇ πόλει καὶ τοῖς ἐμπόροις 430, 13 ebenso 429, 1 433, 10 vgl. Latyscher a. a. O. S. LVI.
112. Marktgesetz von Chios oder Erythrai, Österr. Jahresh. 12, 1909, 142f. mit Kommentar von A. Wilhelm, gerichtet gegen den Zwischenhandel mit der Bestimmung, daß Händler und Wiederverkäufer die Wolle von der Herde selbst beziehen sollen. Im Übertretungsfalle verfällt die Ware der Beschlagnahme.

Index.

10*

Zeitfracht Medien GmbH
Ferdinand-Jühlke-Straße 7
99095 Erfurt, Deutschland
produktsicherheit@kolibri360.de